新行政复议法实务教程

周院生 / 主编

中国法制出版社
CHINA LEGAL PUBLISHING HOUSE

编写说明

习近平总书记指出，要发挥行政复议公正高效、便民为民的制度优势和化解行政争议的主渠道作用。2023年9月1日，十四届全国人大常委会第五次会议通过了新修订的《中华人民共和国行政复议法》（以下简称《行政复议法》），并于2014年1月1日起施行。此次修订深入贯彻习近平总书记的重要指示精神，强化行政复议吸纳和化解行政争议的能力，坚持复议为民，提高行政复议公信力，内容更加完善、程序更加合理、化解争议能力更强，为发挥行政复议化解行政争议的主渠道作用提供了法律保障。

为帮助各级行政复议机关工作人员全面掌握、准确运用《行政复议法》，提高各级行政机关工作人员依法接受行政复议监督的意识、能力和水平，向社会各界广泛宣传普及《行政复议法》，司法部行政复议与应诉局组织长期从事行政复议工作的人员编写了本书。本书系统介绍了行政复议制度的基本原理和基础知识，以及新修订的《行政复议法》的主要内容，包括行政复议概论、行政复议的基本原则、行政复议申请、行政复议受理、行政复议审理、行政复议决定、行政复议的期间和送达、行政复议法律责任、行政复议的指导与监督。同时，结合行政复议实践中的重点、难点问题分析，为读者提供丰富的实践指导和经验参考。

因时间和水平所限，本书如有不妥及疏漏之处，敬请批评指正。

编　者

2023 年 12 月

目 录

第一章 行政复议概论

第一节 行政复议的概念 …………………………………… 1
　一、什么是行政复议 ……………………………………… 1
　二、行政复议的特征 ……………………………………… 6
　三、行政复议与有关法律概念的关系 …………………… 8
第二节 行政复议的性质定位和功能作用 ………………… 13
　一、概　述 ………………………………………………… 13
　二、行政复议的法律属性 ………………………………… 16
　三、行政复议的功能定位 ………………………………… 19
　四、《行政复议法》修订对行政复议性质功能定位的
　　　回应 …………………………………………………… 25

第二章 行政复议的基本原则

第一节 行政复议基本原则概述 …………………………… 31
　一、行政复议基本原则的概念 …………………………… 31

二、行政复议基本原则的特征 …………………………………… 33

三、行政复议基本原则的分类 …………………………………… 34

四、行政复议基本原则的作用 …………………………………… 35

第二节 坚持党对行政复议工作的领导 ……………………………… 36

第三节 合法原则 ……………………………………………………… 39

一、合法原则的内涵与意义 ……………………………………… 39

二、合法原则的立法体现和实践要求 …………………………… 41

第四节 公正公开原则 ………………………………………………… 42

一、公正公开原则的内涵与意义 ………………………………… 42

二、公正公开原则的立法体现和实践要求 ……………………… 45

第五节 高效原则 ……………………………………………………… 49

一、高效原则的内涵与意义 ……………………………………… 49

二、高效原则的立法体现和实践要求 …………………………… 50

第六节 便民为民原则 ………………………………………………… 54

一、便民为民原则的内涵与意义 ………………………………… 54

二、便民为民原则的立法体现和实践要求 ……………………… 56

第三章 行政复议申请

第一节 行政复议申请的概念及内涵 ………………………………… 62

一、行政复议申请权 ……………………………………………… 62

二、行政复议申请人的权利 ……………………………………… 64

三、行政复议申请人的义务 ……………………………………… 64

四、行政复议申请权利的告知义务 ……………………………… 65

第二节　行政复议的范围 ... 68
一、行政复议范围的立法考量因素 ... 68
二、行政复议范围的立法考量方式 ... 69
三、行政复议范围的立法标准 ... 70
四、正确理解行政复议范围内的行政行为 ... 70
五、属于行政复议范围的行政行为 ... 75
六、不属于行政复议范围的事项 ... 83

第三节　行政复议申请的提出 ... 86
一、行政复议申请的条件 ... 86
二、行政复议申请的期限 ... 88
三、行政复议前置情形 ... 90
四、行政复议申请的方式 ... 91
五、行政复议申请的内容 ... 91
六、行政复议申请的补正 ... 92

第四节　行政复议参加人 ... 92
一、行政复议参加人的概念和范围 ... 92
二、行政复议申请人 ... 93
三、行政复议被申请人 ... 94
四、行政复议第三人 ... 96
五、行政复议共同参加人 ... 97
六、行政复议代表人与代理人 ... 98
七、行政复议申请人申请法律援助 ... 99

第五节　行政复议机关 ... 100
一、行政复议机关的概念 ... 100
二、行政复议机关的分类 ... 100

三、行政复议机关的职权 ················ 102
四、行政复议机关的职责 ················ 103

第六节　行政复议管辖 ····················· 104

第四章　行政复议受理

第一节　行政复议申请的审查 ················ 106
　　一、行政复议申请审查的意义 ············· 106
　　二、行政复议的受理条件 ··············· 107
第二节　行政复议申请的审查程序 ·············· 117
　　一、对行政复议申请的审查 ·············· 117
　　二、行政复议机关在审查环节的职责 ·········· 118
第三节　对行政复议申请的处理 ················ 120
　　一、行政复议申请的补正 ··············· 120
　　二、行政复议申请的受理 ··············· 122
　　三、决定不予受理 ·················· 126
　　四、驳回申请决定 ·················· 127
　　五、对不予受理决定的监督 ·············· 128

第五章　行政复议审理

第一节　行政复议审理概述 ·················· 133
第二节　行政复议的审理内容 ················· 134
　　一、对主体的审理 ·················· 135

二、对权限的审理 ………………………………………… 135

　　三、对事实的审理 ………………………………………… 136

　　四、对依据的审理 ………………………………………… 137

　　五、对程序的审理 ………………………………………… 138

　　六、对适当性的审理 ……………………………………… 138

第三节　行政复议审理程序的一般要求 …………………… 141

　　一、确定审理方式 ………………………………………… 141

　　二、指定行政复议人员办理案件 ………………………… 142

　　三、必要时的提级审理 …………………………………… 142

　　四、行政复议中止 ………………………………………… 143

　　五、行政复议终止 ………………………………………… 144

　　六、行政复议期间行政行为不停止执行 ………………… 145

第四节　行政复议审理的依据 ……………………………… 147

　　一、行政复议审理依据的概念 …………………………… 147

　　二、行政复议审理依据的主要类别 ……………………… 147

　　三、确定行政复议审理依据的标准 ……………………… 149

　　四、对错误适用依据的审理 ……………………………… 149

第五节　行政复议证据 ……………………………………… 150

　　一、行政复议证据种类 …………………………………… 150

　　二、行政复议举证责任 …………………………………… 151

　　三、行政复议阅卷权 ……………………………………… 152

第六节　行政复议审理的普通程序 ………………………… 153

　　一、行政复议答复 ………………………………………… 153

　　二、听取意见 ……………………………………………… 155

　　三、听　证 ………………………………………………… 157

四、行政复议委员会 …………………………………………… 159

第七节　行政复议审理的简易程序 ……………………………… 162
　　一、简易程序的适用标准 ………………………………………… 163
　　二、简易程序的答复 ……………………………………………… 164
　　三、简易程序可以适用书面审理方式 …………………………… 164
　　四、简易程序的转化 ……………………………………………… 165

第八节　行政复议附带审查 ………………………………………… 166
　　一、行政复议附带审查的范围和特点 …………………………… 166
　　二、行政复议附带审查的类型 …………………………………… 167
　　三、行政复议附带审查的内容 …………………………………… 168
　　四、行政复议附带审查的处理方式 ……………………………… 168

第六章　行政复议决定

第一节　行政复议决定的概述 …………………………………… 170
　　一、行政复议决定的概念 ………………………………………… 170
　　二、行政复议不加重原则 ………………………………………… 172

第二节　行政复议决定的期限 …………………………………… 175
　　一、行政复议决定期限的分类 …………………………………… 176
　　二、审理期限的起算 ……………………………………………… 177
　　三、审理期限的截止 ……………………………………………… 178
　　四、逾期作出行政复议决定的法律后果 ………………………… 178

第三节　行政复议决定的类型 …………………………………… 178
　　一、变更决定 ……………………………………………………… 179

二、撤销决定 ………………………………………… 180
  三、责令重作决定 …………………………………… 182
  四、确认违法决定 …………………………………… 185
  五、责令履行决定 …………………………………… 186
  六、确认无效决定 …………………………………… 188
  七、维持决定 ………………………………………… 190
  八、驳回决定 ………………………………………… 191
  九、责令赔偿决定 …………………………………… 192
  十、调解书 …………………………………………… 193
 第四节 行政复议决定的理由 ………………………… 194
  一、对认定事实的判断 ……………………………… 195
  二、对适用依据的判断 ……………………………… 196
  三、对程序合法性的判断 …………………………… 198
  四、对权限合法性的判断 …………………………… 200
  五、对内容合法性的判断 …………………………… 201
 第五节 行政复议决定的履行 ………………………… 203
  一、申请人、第三人的履行 ………………………… 203
  二、被申请人的履行 ………………………………… 205

第七章 行政复议的期间和送达

 第一节 行政复议期间 ………………………………… 207
  一、行政复议期间的概念 …………………………… 207
  二、行政复议期间的种类 …………………………… 208

三、行政复议期间的计算 …………………………………… 214

四、行政复议期间的耽误和顺延 …………………………… 216

五、违反期间的法律后果 …………………………………… 218

第二节　行政复议的送达 ……………………………………… 220

一、送达的概念 ……………………………………………… 220

二、法定的送达方式 ………………………………………… 221

三、送达回证的法律意义 …………………………………… 223

四、送达的法律效力 ………………………………………… 223

第八章　行政复议法律责任

第一节　行政复议法律责任概述 ……………………………… 225

一、行政复议法律责任的概念 ……………………………… 225

二、行政复议法律责任的特征 ……………………………… 226

三、行政复议法律责任的分类 ……………………………… 228

四、行政复议法律责任的发展 ……………………………… 230

第二节　行政复议法律责任主体 ……………………………… 232

一、行政复议机关、行政复议机构和行政复议人员………… 233

二、被申请人 ………………………………………………… 234

三、申请人 …………………………………………………… 236

四、其他人员 ………………………………………………… 237

第三节　行政复议法律责任内容 ……………………………… 237

一、关于行政复议机关不依法履行行政复议职责的法
　　律责任 …………………………………………………… 237

二、关于行政复议机关工作人员渎职或失职的法律责任 … 239

　　三、关于被申请人不履行行政复议法定义务的法律责任 … 241

　　四、关于妨碍行政复议人员调查取证的法律责任……… 243

第四节　行政复议法律责任追究 ………………………… 244

　　一、归责原则 …………………………………… 245

　　二、谁来追究责任 ……………………………… 246

　　三、怎么追究责任 ……………………………… 247

第九章　行政复议的指导与监督

第一节　加强行政复议指导监督工作的意义 …………… 250

第二节　行政复议指导监督工作的主要环节和方式 …… 252

　　一、规范行政复议案件办理 …………………… 252

　　二、加强行政复议质量管理 …………………… 253

　　三、充分发挥行政复议指导性案例和典型案例的示范作用 ……………………………………… 256

　　四、加强行政复议队伍专业化、职业化建设 … 257

　　五、加强行政复议信息化建设 ………………… 262

　　六、加强行政复议设施、工作经费保障 ……… 263

　　七、加强行政复议宣传 ………………………… 265

第三节　行政复议意见书的应用 ………………………… 267

　　一、确立行政复议意见书制度的意义 ………… 268

　　二、行政复议意见书制度的具体运用 ………… 269

　　三、行政复议意见书的落实 …………………… 270

第四节 行政复议建议书制度 ………………………………… 271
    一、确立行政复议建议书制度的意义 ……………………… 271
    二、行政复议建议书与行政复议意见书的区别 …………… 271

附　录

中华人民共和国行政复议法 ……………………………………… 273
  （2023 年 9 月 1 日）

第一章　行政复议概论

第一节　行政复议的概念

行政复议是行政复议机关基于公民、法人或者其他组织的申请，依法对行政争议作出裁决的制度。因其具有专业、便捷、高效、低成本的优势，世界范围内绝大多数国家在构筑本国的行政争议化解体系时创设了这一制度，行政复议成为化解行政争议的重要渠道。

一、什么是行政复议

（一）行政复议作为我国法律规范用语的由来

理论界普遍认为，"行政复议"或者"复议"一词作为法律规范上的用语，肇始于新中国成立之初。1950年12月15日政务院第六十三次政务会议通过、12月19日政务院公布并于同日施行的《税务复议委员会组织通则》，不仅创设了"复议"的法律概念，还对行政复议的宗旨、解决争议的性质、行政复议的体制、行政复议机构的组成、运作要求等作出了既简要又明晰的规定，一些制度理念至今仍未过时。比如，依照《税务复议委员会组织通则》第一条的规定，建立税务复议制度，是为了使"各大城市人民政府贯彻国家公平合理的税收政策"，这意味着行政复议的宗旨是促进公平正义的实现；税务复议"调整税务工作中的公私关系",则说明行政复议解决的争议是因公共利益和个人利益冲突引起的"民告官"案件。依照《税务复议委员会组织通则》第二条、第三条、第四条的规定,税务复议委员会"受当地人民政府领导",不依附税务部门而设立,具有较高的中立和超脱地位;税务复议委员会的成员具有广泛的代表性,并且注意吸收外部公正人士和专家参与,"复委会之委员除当地财政经济委员会、税务机关、工商管理机关、地政管理机关、工商业联合会、工会之代表为当然委员外,并由当地人民政府聘请公正人士或有关专家若干人充任之,其任期为一年","复委会设主任委员、副主任委员各一人,主任委员、副主任委员由当地人民政府就委员中指定之"。税务复议委员会的运作也体现了不同于一般行政程序的特点:一是实行相对人参与协商制度,"复委会于复议时,应邀请申请复议之纳税义务人列席申述理由,必要时并得邀请有关同业公会派员列席,参加协商"(第七条);二是实行委员议决制度,"复委会所为之决议,须经过半数委员之同意"(第八条);三是注意效率,"复委会接到纳税义务人申请复议书后,应迅速作成复议决议书,移送主管税务机关核转原申请人照办"(第六条);此外,如果税务部门认为税务复议委员会的"决议与税法规定有抵触时,应将决议及税务机关代表意见一并报请当地人民政府商同其上级税务机关解决之"(第八条)。

上述规定清楚地表明,新中国成立初期创立行政复议制度,本意是要在政府系统内部建立一套专门解决行政争议的法律救济机制,从行政复议机构较高的独立性、成员的广泛代表性和专业性、程序上的高度参与性以及按照少数服从多数原则进行议决等内容看,它既不同于单方处分相对人权利义务的行政执法,也不同于依托行政隶属关系进行的层级监督。这是因为,新中国成立初期还没有建立行政诉讼制度,层级监督在一定程度上代行行政诉讼的功能。因此《税务复议委员会组织通则》第六条规定，对行政复议决议不服，还可以向上级税务机关提出申诉，这意味着相对人还可以寻求层级监督作为最后的救济手段①。

尽管《税务复议委员会组织通则》为新中国行政复议制度的建立奠定了良好的基础，但是在此之后，行政复议制度的发展进程却较为缓慢。20世纪70年代后期，随着改革开放政策的实行，国家法制建设逐步得到恢复和发展，公民权益的保护和救济再次引起人们的重视，行政复议也相应得到有关行政管理立法的确认。1979年到1990年国务院制定《行政复议条例》的十余年间，"法律、法规对行政复议的名称规定得十分混乱，有的称为'申诉'，有的称为'复审'、'复查'或'复验'，只有一部分法律、法规称之为行政复议。因而，判定一项法律或法规是否规定行政复议，不能看是否规定了'复议'这个词，而要看它规定的其他名称的行为是否具备行政复议的特征"②。这种立法状况，导致人们对是否以行政复议为名来建立统一的制度产生了异议。在《行政复议条例》公布前，"行政法学界对行政复议制度也有不同的认识和称谓，相当一部分学者因为行政复议制度和行政诉讼制度一样具有解决行政争议的性质，而对两种制度不加区分，行政复议制度被作为广义的行政诉讼制度来看待。也有的学者提出了'行政复查'的学术概念，以区别于行政诉讼。1989年公布的行政诉讼法对这两种制度作了区分，并对两项制度相衔接的有关问题作了具体规定，明确使用了'复议'和'复议机关'的概念，对统一和规范行政复议制度起到了重要的导向作用。此后，行政法学界趋向于统一使用'行政复议'的概念。1990年《行政复议条例》正式颁布，'行政复议'概念从学术研究到制度层面得以全面确立"③。1999年，九届全国人大常委会第

---

① 胡建淼：《行政法学》（第二版），法律出版社2003年版，第516页。
② 国务院法制局编：《行政复议条例释义》，中国法制出版社1991年版，第2页。
③ 应松年主编：《行政法与行政诉讼法学》，法律出版社2005年版，第416页。

九次会议审议通过了《行政复议法》①，进一步发展和完善了行政复议法律制度。目前，行政复议和行政诉讼已成为我国行政监督和救济的两大基本制度。

（二）理论界关于行政复议内涵的认识过程

新中国成立后的相当长一段时期内，理论界对于行政复议的研究一直处于空白的状态。直到20世纪80年代中期，随着理论界开始研究制定我国的行政诉讼制度，行政复议才作为与行政诉讼相关联的制度被纳入研究范围。

这一时期，学者对行政复议的界定，主要是从行政复议活动和行政复议制度两个方面展开的。从活动方面概括行政复议的有三种提法：（1）行政复议即行政申诉，是指国家行政机关依照法律法规的规定，根据相对人的申请，对有争议的行政决定由该机关或上级主管机关进行复查的活动；（2）行政复议是个人、组织不服行政机关作出的影响其本身权益的决定，依法在规定的其他机关申请复查，作出决定的上级行政机关或法律规定的其他行政机关接受个人、组织的申请，对被指控的行政决定加以审查并作出裁决的活动；（3）行政复议是行政机关相对一方因不服行政机关的决定，请求作出原决定的行政机关或其上级行政机关，审查原决定妥当与否，并为一定决定的诉讼活动。从制度方面概括行政复议的有三种提法：（1）行政复议是不服行政主体所作行政决定的当事人（包括组织和个人）依法向一定的组织（行政复议机构）申请，请求重新处理，行政复议机构据此对原处理决定重新审议，依不同情况作出维持、变更或撤销裁决的法律制度；（2）行政复议是指行政机关依照法律规定，根据相对方的申请，对引起争议

---

① 本书引用的冠以"中华人民共和国"的法律、行政法规及相关草案等，统一略去"中华人民共和国"字样。此外，1999年通过的《行政复议法》，全书统称1999年《行政复议法》；2017年修正的《行政复议法》，全书统称2017年《行政复议法》。

的行政决定进行再次审查的制度；（3）行政复议是指法律规定某行政机关，就其主管事项与相对方发生争议时，根据相对方的申请，由该机关或其上级机关按行政程序，对其引起争议的决定进行复查的制度。①

1989年《行政诉讼法》和1990年《行政复议条例》公布后，受既有立法的影响，我国行政法理论研究逐渐以行政诉讼为中心，行政复议不仅被作为行政诉讼的配套制度，而且其本身也被归于行政行为的范畴。原国务院法制局关于《行政复议条例（草案）》的说明中明确提出，"行政复议（也称诉愿）是指公民、法人或者其他组织（相对人），不服行政机关的具体行政行为提出申诉，上一级行政机关或者法律、法规规定的其他机关，根据相对人的申请，依法对原具体行政行为进行复查并作出决定的一种具体行政行为"。此后一段时期内，理论界在论及行政复议时，往往将行政复议界定为行政行为，并将行政复议活动本身作为行政诉讼的标的。在这种情况下，行政复议的司法性被淡化，学者们转而强调其行政层级监督的特性。

1999年4月，全国人大常委会通过《行政复议法》、废止国务院《行政复议条例》，随着新的立法更重视行政复议的救济性、引入更多的"准司法"程序，理论界对行政复议的认识得到深化。对行政复议司法化的关注，也日益成为行政法研究的一个热点问题。在此之后，理论界和实务界发表的论文和出版的行政法著述涉及行政复议的有很多，但是鲜有将行政复议视为一般行政程序的主张，而是普遍强调行政复议是一项行政性司法活动、一种行政监督的形式，是对公民合法权益进行救济的制度。②但是，在行政复议司法化的具体含义和模式设置以及行政复议与行政诉讼的互动衔接上，则有许多不同的观点，尚

---

① 许崇德、皮纯协主编：《新中国行政法学研究综述（1949—1990）》，法律出版社1991年版，第404—405页。
② 关保英：《行政法教科书之总论行政法》（第二版），中国政法大学出版社2009年版，第559—562页。

未形成共识。2010年《行政复议法》修改正式列入国务院立法计划，随着法律修订工作的不断深入，学界和实务界对于行政复议制度一些重大理论问题的研究和认识进一步深化，尤其是关于行政复议的性质功能定位等基础理论问题，认识渐趋明晰统一，行政复议的"准司法"属性逐步得到普遍认同。特别是2020年2月中央全面依法治国委员会第三次会议明确指出，要发挥行政复议公正高效、便民为民的制度优势和化解行政争议的主渠道作用，进一步明确了行政复议的主导功能应当是化解行政争议这一"准司法"属性，并将公正高效、便民为民作为体现行政复议的"准司法"特征的根本要求。2023年9月十四届全国人大常委会第五次会议修订通过《行政复议法》。此次《行政复议法》修订，在注重体现行政复议争议解决功能，强化中立、公正、公开等程序性要求的同时，充分发挥行政复议的行政面向，将行政复议专业、高效、低成本、实质性等优势进一步激活并放大，从总则、受案范围、申请受理、审理程序、决定体系等各方面对行政复议制度做了全方位、系统性完善，为行政复议制度发挥化解行政争议的主渠道作用夯实了较为坚实的法律基础，也为行政复议基础理论研究的进一步深化提供了充分的理论注脚和实践素材。

二、行政复议的特征

（一）行政复议以行政争议为标的

从法律上讲，政治、经济和社会生活中的法律争议包括的类型有很多，有民事争议、行政争议等。行政复议仅以解决行政争议为目标。需要说明的是，并非全部的行政争议都可以通过行政复议来解决，不同国家和地区的行政复议范围都取决于自身法律规范的具体规定。我国《行政复议法》规定，凡是行政行为引起的行政争议，都可以通过行政复议的途径解决。因此，纯粹因抽象行政行为引起的行政争议，以及因人事处分行为引起的行政争议，目前还不能申请行政复议。此外，由于行政行为的内涵和外延带有一定的模糊性，实践中经常引发是否属于行政复议范围的争议。为了减少争议，本书倾向于从宽理解行政行为，从而把适宜通过行政复议解决的行政争议都纳入行政复议范围。

（二）行政复议以相对人提出申请为前提

行政复议是依据相对人申请而启动的法律救济机制，与行政诉讼同样实行"不告不理"的原则。尽管有人认为行政复议是为保障宪法赋予公民申诉权而设置的制度，但是申请行政复议是一种寻求法律保护的程序性权利，行政复议机关对相对人提出的行政复议申请，负有依法处理并作出答复的义务。因此，行政复议与广义上的申诉不能完全等同。由于行政复议是一种正式的法律程序，行政复议机关对相对人反映的事项负有必须处理的义务，因此，即使发生了行政争议，如果相对人不提出行政复议申请，而是选择接受或者诉诸其他渠道，行政复议程序也不会启动。

（三）行政复议是居中裁决的法律机制

行政复议虽然是以行政机关的名义进行的，但是作为一项解决行政争议的救济制度，行政机关在履行行政复议职责时的角色，与履行社会管理职责时有很大区别。行政机关履行行政复议职责，面对的是行政争议的双方当事人，为了通过行政复议活动消除争议、定分止争，行政复议机关必须像法官一样处于相对中立地位，与双方当事人保持同等距离。行政机关履行社会管理职责，属于行政执法主体，其活动往往体现为处置相对人的权利义务，带有很强的主动性、单方性和追究性。如果不将行政复议与行政执法严格加以区分，行政复议就难以摆脱相对人和社会公众对其"官官相护"的质疑。为了体现行政复议作为居中裁决机制的要求，行政复议机构不仅应当具备必要的专业性，更要表现出足够的超脱性。行政复议程序的设计也要体现行政复议居中裁决行政争议的要求，保障双方当事人在行政复议活动中的平等地位，为他们对等配置程序权利。

(四) 行政复议一般不具有终局性

司法最终原则是现代社会各国广泛认可的法治原则，是指任何适用法律引起的法律纠纷原则上只能由法院作出排他性的终局裁决。从域外情况看，各国行政法在对待行政复议与行政诉讼的程序衔接关系上，普遍选择了司法最终原则，即法院对行政争议拥有最终裁决权。行政复议与行政诉讼共同构成解决行政争议的两大法律制度，二者有着共同的目标和类似的功能，发挥着互为补充、相辅相成的作用。但是，与行政诉讼相比，行政复议更强调行政专业性和效率性，行政复议程序相对于司法程序而言更加简约，行政复议机构的独立性保障也天然弱于行政诉讼。因此，相对人如果对行政复议决定不服，应当赋予其向法院提起行政诉讼的机会。

需要注意的是，司法最终原则并不意味着每个行政争议只有经过行政诉讼才算是公正，而只是要求提供向司法机关上诉的可能性，也并不是要求每一个行政案件都必须实际经过行政诉讼阶段。实际上，鉴于行政复议在化解行政争议方面的高效便捷等优势，制度设计应当鼓励当事人把矛盾纠纷化解在行政复议环节；同时，对于行政案件的某些问题，特别是涉及较强专业性的事实认定问题，以及行政处理的适当性问题，行政复议裁决应当具有客观上的终局性。

三、行政复议与有关法律概念的关系

(一) 行政复议与行政执法

说到行政执法，通常都是相对于立法活动和司法活动而言的。应当讲，早期行政执法的内涵和外延是清晰的，仅仅指行政机关对立法

机关意志的纯粹执行行为。随着现代社会政府权力的迅速扩张，行政机关在传统执法权力以外，又涉入了传统上属于立法机关和司法机关的领域，在一定范围内行使着实质上的立法权和司法权，从而导致政府职权的大幅扩张。在这种情况下，如果简单把政府行使职权的活动都概括为行政执法，行政执法就将成为包括抽象行政行为、具体行政行为、行政裁判行为和人事管理行为（有学者称为内部行政行为）在内的无所不包的庞杂概念。因此，出于不同的研究目的，人们对行政执法的定义便有所不同。一般认为，行政执法是行政机关履行行政管理职权，将普遍适用的法律规范应用于具体的人和事并产生法律效果的行为。

受现行《行政诉讼法》和有关司法解释的影响，行政复议曾经被混同于行政执法行为。目前理论界和实务界普遍认为，行政复议不同于作为具体行政行为的行政执法活动，二者的界限是明确的。行政执法与行政复议的主要区别在于：第一，行为的目标不同。行政执法活动追求公共利益的最大化。行政复议作为居中裁决的机制，其追求的是公共利益与私人利益的平衡。第二，适用的程序不同。行政执法程序更多地体现出一种指挥与服从的关系，遵循行政首长负责制。行政复议适用的是类似司法审判的程序，而非一般的行政程序，否则就可能导致"审的不判、判的不审"，有违公正裁决的本质。第三，遵循的原则不同。总体上说，行政执法通常需要遵循合法、公开、公正的原则。行政复议除了遵循这些原则以外，还特别强调高效、便民为民和不加重申请人责任等原则。

（二）行政复议与层级监督

层级监督又称行政层级监督。我国行政法通说认为，行政机关内部对行政行为的监督包括层级监督和专门监督，其中"层级监督又可分为上级行政机关对下级行政机关的一般层级监督和行政复议监督；

专门监督又可分为监察监督和审计监督"①。行政复议从形式上可以被归于广义上的层级监督范畴，但是又不等同于一般的层级监督。一般性的层级监督，实际上是指上下级行政机关之间基于行政层级隶属关系，而由上级行政机关对下级行政机关及其工作人员的行政活动进行的检查、评判、督促和处理活动。一般层级监督的特点在于：第一，监督主体是被监督机关的上级行政机关；第二，监督对象是下级行政机关及其工作人员，而不是行政相对人；第三，监督活动是基于层级隶属关系进行的，监督方始终处于主导地位，被监督方始终处于从属地位；第四，监督活动具有广泛性、灵活性和经常性。② 这些年来，我国不少地方在总结实践经验的基础上，制定了相应的法规、规章和规范性文件，对一般层级监督进行了规范，司法部也在研究启动行政执法监督条例的起草工作。

行政复议与行政系统内的一般层级监督存在紧密联系，但二者也存在区别：第一，启动的方式不同。行政复议监督是由行政相对人的申请引起的，实行不告不理的原则，没有相对人的申请，就不会引起行政复议监督；而一般层级监督是由监督主体依职权主动进行的，不需要行政相对人提出申请。在实践中，有时一般层级监督是由公民的申诉、控告、举报引起的，但公民的申诉、控告与举报不是启动一般层级监督的必经程序。换言之，即使有公民的申诉、控告、举报，监督机关也可以不实施监督活动。第二，监督的范围不同。行政复议主要是监督行政机关作出的具体行政行为，而不直接监督行政机关的抽象行政行为；一般层级监督既监督行政机关的具体行政行为，也监督行政机关的抽象行政行为，特定情况下还监督行政机关的内部行政行为。第三，监督的程序不同。行政复议程序类似于司法程序，需要遵循合法、公正、

---

① 姜明安主编：《行政执法研究》，北京大学出版社2004年版，第243—244页。
② 姜明安主编：《行政执法研究》，北京大学出版社2004年版，第244—245页。

公开、高效、便民、为民的原则；一般层级监督则适用一般的行政程序，没有特定的要求。第四，监督的主体不同。行政复议机关与被申请人之间通常存在行政隶属关系，但是并非必须以行政隶属关系作为当然和唯一的基础，有时行政复议机关可以与被申请人没有任何行政隶属关系，少数情况下行政复议机关与被申请人还可以是同一机关；一般层级监督机关与被监督机关必然存在领导或指导的关系。第五，监督的权力不同。行政复议机关有权以撤销、变更或确认违法等方式作出行政复议决定，这些权力来自《行政复议法》的统一授权，不因行政复议机关的地位的差异而存在不同，因此行政复议权力与司法权力一样，具有鲜明的法定性而非职定性；一般层级监督的权力则因监督机关的地位不同而有明显的差异，一般来讲，具有领导权的上级行政机关对下级行政机关的行政行为享有撤销、改变的权力，而具有业务指导权的上级行政机关对下级行政机关的行政行为往往只能建议撤销、改变，不能直接撤销、改变，也就是说，一般行政层级监督的权力具有职定性。[1]

需要指出的是，行政复议与一般层级监督虽然存在以上区别，但也有一些共通之处。除了前文所述的行政复议属于政府系统内部的监督机制、行政复议机关通常是被申请人的上级行政机关以外，被申请人对行政复议机关的决定还具有服从的义务。被申请人对行政复议决定不服，不能再依法律救济程序进行抗争。同时，行政复议机关在审理案件时可以充分运用专业知识和行政资源。从这个意义上讲，本书认为可以将行政复议定位于广义上的层级监督。

（三）行政复议与行政裁决

裁决即裁处、决断，本义是经过考虑作出决定。一般认为，行政裁决是指行政机关根据法律法规授权，适用"准司法"程序裁决特定民事争议案件的制度。行政裁决的客体是民事争议，但并非所有的民

---

[1] 参见姜明安主编：《行政执法研究》，北京大学出版社2004年版，第246—247页。

事争议都可以申请行政裁决,只有与行政管理有关,或处理民事争议案件需要特定的专门技术和专门知识的,才可交由行政裁决处理。如有关自然资源所有权或使用权的争议、知识产权争议、侵权赔偿争议等。

我国现行法律对自然资源所有权、使用权争议的行政裁决作了较明确的规定。例如,《土地管理法》第十四条第一款和第二款规定:"土地所有权和使用权争议,由当事人协商解决;协商不成的,由人民政府处理。单位之间的争议,由县级以上人民政府处理;个人之间、个人与单位之间的争议,由乡级人民政府或者县级以上人民政府处理。"这里的"处理"就是裁决。

一方面,对照行政裁决的概念,行政复议与其有共同之处,"两者都是行政机关对纠纷的裁决,都是按照准司法性质的行政程序进行"①。在某些对公法、私法不作严格区分的国家,比如英国,行政复议与行政裁决的职能是合一的,并由同一裁判机构统一行使。从这个意义上讲,英国行政裁判所制度在我国对应的制度主要是行政复议,同时也包括行政裁决。另一方面,行政复议与行政裁决也有明显的区别:第一,解决的纠纷性质不同。行政复议旨在化解行政机关与相对人之间的行政争议,行政裁决则是为了解决法律规定的特定民事纠纷。第二,行为的性质不同。行政复议是一种法律救济制度,而行政裁决是行政机关在行政执法过程中附带实施的民事纠纷替代性解决机制。第三,适用的实体法依据不同。行政复议主要适用行政法律规范,行政裁决主要适用民事法律规范。

(四) 行政复议与申诉

我国《宪法》第四十一条规定,公民对任何国家机关和国家工作人员的违法失职行为,有向有关国家机关提出申诉、控告或检举的权利。广义上的申诉,包括正式法律救济机制中的申诉和非正式法律救

---

① 罗豪才主编:《行政法学》,北京大学出版社1996年版,第251页。

济机制中的申诉。实践中人们常说的申诉，则指行政复议、行政诉讼以外的申诉行为，主要包括：向党的各级组织、国家权力机关、司法机关和政府机关申诉（我国一般将这种申诉归入信访渠道）；向作出决定的行政机关要求复查复核；按照特定程序向有关行政机关提出特别申诉，目前主要是教师和学生就学校作出的有关决定不服向教育行政主管部门提出的申诉，以及公务员对本人所在机关的处分和其他人事处理决定不服向有关公务员主管部门提出的申诉。

第二节 行政复议的性质定位和功能作用

一、概 述

自行政复议统一立法以来，行政复议的性质定位及与此相适应的功能作用问题，一直是理论界和实务部门争论的焦点。正如有学者指出的，"极难发现有哪一领域的法律制度像行政复议立法这样长期纠结于性质定位问题，而且因性质功能的不同理解而给制度设计和实务操作带来如此巨大的影响"[①]。行政复议制度是在近代以来市场经济高度发展、市场失灵要求大规模的政府干预、行政争议数量迅猛增加、传统的司法机制应对乏力的背景下产生的，它不仅促成了行政纠纷解决体系从单纯依靠司法机制的一元架构向行政复议与行政诉讼二元架构的转变，也极大地丰富和拓展了现代行政法理论和实践的发展空间。事实证明，在行政复议制度的发展方面，理论仍然是实践的指南。有什么样的行政法理论，就会有什么样的行政复议实践。在行政复议理

[①] 方军：《论行政复议的性质界定与功能定位——兼议我国行政复议立法宗旨的变动》，载《河南财经政法大学学报》2020年第6期。

论方面，最为关键的是要处理好两个问题：一是如何确定行政复议的性质定位和制度功能。在整个行政法律救济机制当中，乃至于行政法律制度当中，行政复议究竟处在什么位置，发挥什么样的作用至关重要。其中，性质定位是制度功能的前提，制度功能是性质定位的结果。有什么样的性质定位，就有什么样的制度功能。二是行政复议的性质定位和制度功能，要体现到行政复议程序、裁决手段和法律效力的设计当中。具体而言，行政复议的性质定位和制度功能，决定着行政复议程序的设置，决定着行政复议裁决的性质和效力，并进而决定着行政复议与行政诉讼之间的相互关系。

　　法学是一门实践的学问。从理论上准确地界定行政复议的性质定位和功能作用，需要理论研究者解放思想，勇于创新，摆脱传统教条的束缚。

　　首先，要正确地认识和对待不同国家权力重新配置的客观现象。行政复议之所以被称为一种独特的行政法现象，就是因为其实质是将一部分大多由司法机关行使的裁判权转由行政机关以行政复议的形式行使。不同法系、不同国家和地区行政复议制度的差异，正是从理论上认识和解释行政复议性质和功能的结果。

　　其次，要正确认识和对待现代行政诉讼的作用。习近平总书记指出："我国国情决定了我们不能成为'诉讼大国'。我国有14亿人口，大大小小的事都要打官司，那必然不堪重负！"[①] 必须承认，在以"行政国家"和"福利国家"为标志的现代社会，单纯依赖行政诉讼实现公民权利救济的做法已经难以为继，行政诉讼的资源难以适应低成本、高效率化解大量行政纠纷的客观需要。于是，基于救济中需要有多种途径的设想，多种多样的诉讼替代机制应运而生。从这个意义上看，

[①] 习近平：《坚定不移走中国特色社会主义法治道路 为全面建设社会主义现代化国家提供有力法治保障》，载《求是》2021年第5期。

行政复议的产生是不可避免的。① 建立比较完善的行政复议制度，不仅是满足社会公众法律需求的有效措施，也是维护和提升行政诉讼权威、防止出现"诉讼爆炸"困境的必要手段。有了行政复议与行政诉讼的二元架构，发挥二者各自具备的不同优势，才有可能使行政诉讼更好地起到化解纠纷的最后一道防线的功能。

最后，要正确认识和对待不同的行政复议制度模式。目前存在各种行政复议制度模式，有的比较成功，有的则效果不彰，但是我们不能止步于效果的比较，而要分析每一种制度模式背后的政治、历史和文化原因，找到决定行政复议制度成败的内在因素。

我国统一的行政复议制度形成20多年来，行政复议工作取得了积极成效。但是，理论界与实务界都普遍认为，相对于实际生活中行政争议的现状，行政复议的优势和潜力还远远没有发挥出来，其中的主要原因，就是行政复议的性质定位和功能作用不够清晰。尽管1999年《行政复议法》相对于1990年国务院发布的《行政复议条例》有了一定的变化，把行政复议的立法宗旨表述为防止和纠正违法的或者不当的具体行政行为，以保护行政相对人的合法权益，进而保障和监督行政机关依法行使职权，但是立法说明和法律其他条文之间并没有完全体现这一定位。因此，新修订的《行政复议法》在对我国行政复议的性质、功能和定位进行系统优化的基础上，坚持了行政复议化解争议为主导功能前提下监督与救济并重的多重功能以及化解行政争议的主渠道定位，通过具体制度安排努力实现公平与效率、规范与弹性的合理平衡，全方位激活并发挥行政复议公正高效、便民为民的制度优势。

---

① 参见［日］南博方：《行政法》（第六版），杨建顺译，中国人民大学出版社2009年版，第152—153页。

二、行政复议的法律属性

法律制度的价值及其具体制度设计往往以其法律属性为基础。可以说，法律属性是法律制度的价值所在，决定着立法的价值取向，是探讨法律制度功能定位的基础。"行政复议的性质是行政复议的根本问题，它关系到设置行政复议制度、程序的内容、方式与模式，只有明确而恰当的定性，才会有自成一体的而不是自相矛盾的、正确的而不是偏差的制度模式与制度内容。"[①]

本书认为，科学界定行政复议的法律属性，应当考虑行政复议制度的起源特别是时代背景。综观世界各国，无论是大陆法系国家，还是普通法系国家，几乎都有类似于我国行政复议的制度。从其产生背景看，多数是作为对司法审查机制的补充，可概括为：弥补法院合理性审查或者事实审查方面的不足、减轻法院的工作负担以及加强行政的自我控制等。更重要的是，因应经济社会快速发展背景下传统司法审查机制对大量出现的专业性较强的行政争议的乏力，实质是为避免行政管理关系长期处于不稳定状态而导致社会失序，而在司法体制外，赋予行政机关以"准司法"权，以快速解决行政纠纷。[②] 早期的行政复议制度均比较强调其行政性的特质，注重发挥其便捷、高效、低成本替代性争端解决机制的作用。比如英国的行政裁判所制度，早先隶属于行政系统，是行政过程的一个阶段，与行政机关不分离，也不独立[③]，人事任免和财政均掌握在行政机关手里，具有很强的行政属性。法国的行政法院则直接设在行政系统，国家行政法院院长由政府总理担任，日常工作由国家行政法院副院长主持。

---

① 杨小君：《我国行政复议制度研究》，法律出版社2002年版，第1页。
② 参见沈岿、何于彬：《行政复议的性质与功能》，载于中国政法大学应松年教授主持的《"行政复议法修改"课题研究报告》。
③ Cf. Robert Carnwath, Tribunal justice-a new start (2009) Public Law 49.

行政复议是居中对矛盾纠纷进行裁断的活动，这就决定了单纯强调行政复议的行政性存在明显缺陷，突出表现为公正性不足。主要表现在两个方面：一是裁决机构的独立性问题。"审查活动的独立性，是行政复议对行政行为产生有效制约效果的基本条件，如果行政复议审查机构完全混同于一般的行政执法机关，或者附属于被审查机关的指挥机关，审查就必然流于形式，制约也必然归于乌有。"[1] 二是裁决程序的正当性问题。从某种意义上讲，程序的繁简与效率成反比，与公正成正比。强调行政性，意味着程序设计的相应简化，必然对裁决的公正性带来一定的影响。前述两个方面都会对行政复议的公正性和公信力带来较大的影响。

　　行政复议的发展实践证明，对行政复议的法律属性认定不宜简单二元对立或片面强调，单纯追求发挥行政复议高效、便捷、灵活的行政性优势，则有可能忽略其作为裁决机制的公正性和公信力，而"过度强调行政复议的'司法性'或'司法化'，反而会损害行政复议'方便快捷、程序灵活'的特殊优势，也反而妨碍实现社会公平正义的目标"[2]。

　　从行为特征看，行政复议在形式上构成行政机关行使职权的活动。但从活动内容上看，行政复议机关裁决行政争议是履职的具体表现。作为居中裁决者，行政复议机关在解决行政争议过程中实现了对老百姓权益的救济，具有明显的"准司法"特质：一是被动性，这与行政管理和一般执法监督迥异，行政复议是基于行政相对人的申请而启动的，不告不理是其基本原则。二是中立性，行政复议是三方行为，行政复议机关在行政复议活动中处于中立地位，居中对行政机关和行政相对人间的争议进行裁决。三是事后性，与一般意义上的行政执法监督不同，行政复议并非行政执法的过程性监督机制，而是属于事后监

---

[1] 方军：《论中国行政复议的观念更新和制度重构》，载《环球法律评论》2004年春季号。
[2] 杨海坤、朱恒顺：《行政复议的理念调整与制度完善——事关我国〈行政复议法〉及相关法律的重要修改》，载《法学评论》2014年第4期。

督与救济。

行政复议的"准司法"特性，充分展现出行政复议的二元面向，行政面向彰显出行政复议机关权力来源的属性，司法面向体现了复议程序启动的原点（即对老百姓权益的救济）以及行政复议权的基本内容（即化解行政争议）。《宪法》第四十一条规定，"中华人民共和国公民对于任何国家机关和国家工作人员，有提出批评和建议的权利；对于任何国家机关和国家工作人员的违法失职行为，有向有关国家机关提出申诉、控告或者检举的权利"。《地方各级人民代表大会和地方各级人民政府组织法》第七十三条规定，县级以上各级人民政府可以"改变或者撤销所属各工作部门的不适当的命令、指示和下级人民政府的不适当的决定、命令"。行政复议机关的宪法授权即来自此，而行政复议制度的优势也恰恰源自此。行政复议权作为行政复议机关基于行政层级管理而派生出的行政监督权，可以充分利用行政性的优势，增强监督的实效性，以更好地整合各类资源，切实解决申请人真正关心的利益诉求，便捷、高效、低成本地实现行政争议的彻底化解。在当前新时代的背景之下，对行政复议"准司法"属性的认识，对于充分把握行政复议在全面推进依法治国、加快法治政府建设、构建多元纠纷化解机制以及创新社会治理能力方面的重要地位，意义重大。

按照"准司法"的定位，相应地，就需要对现行复议制度进行审视并改造，突出表现在以下三个方面：一是实现行政系统内最大限度的中立性，可以考虑对行政复议体制和机制进行改造，确保复议机关最大限度的超然地位，以保证其能够较为中立地进行裁判活动；二是对行政复议程序进行适度优化，但不能完全司法化，实现效率和公正的最大化融合；三是处理好行政复议与行政诉讼制度的关系，确保这两种解纷机制得以优势互补、互融互治，打造中国特色化解行政争议法治体系的最优方案。

三、行政复议的功能定位

对行政复议功能定位的认知和判断,直接影响行政复议的立法目的,进而影响具体的程序设计,也是研究完善行政复议制度过程必须解决的重大问题。

"行政复议的功能应是多元的,不应偏狭于某一种或两种:行政复议一方面解决行政争议,同时又能实现行政救济和层级监督,助推公平正义。"[①] 而且随着时代的发展和进步,行政复议制度的内容也逐渐被充实,其在法治发展中发挥作用的形式也越来越多,未来可能还会产生更多的功能。但总的来看,快速低成本地解决行政争议是绝大多数国家行政复议制度产生和发展的根本动力,是行政复议不可或缺的基础功能。行政复议机关在解决行政争议的过程中,通过判明是非、依法裁决,实现了对权力的监督和对权利的救济。行政复议是行政系统内部重要的层级监督制度和争议化解制度,兼具监督权力运行、救济公民权利和化解行政争议等多重功能,主要表现在以下三个方面。

一是监督和保障行政机关依法行使职权。行政复议是设在行政系统内部的"民告官"制度,体现了人民监督与行政监督的有机融合,其立法依据是宪法,具体而言主要是《宪法》第二十七条规定的"一切国家机关和国家工作人员必须依靠人民的支持,经常保持同人民的密切联系,倾听人民的意见和建议,接受人民的监督,努力为人民服务"和第四十一条规定的"中华人民共和国公民对于任何国家机关和国家工作人员,有提出批评和建议的权利;对于任何国家机关和国家工作人员的违法失职行为,有向有关国家机关提出申诉、控告或者检举的权利","对于公民的申诉、控告或者检举,有关国家机关必须查明事实,负责处理"。公民和企业向行政机关提出行政复议申请,正是

---

① 曹鎏:《五国行政复议制度的启示与借鉴》,载《行政法学研究》2017年第5期。

行使宪法赋予的前述申诉权利的重要方式。因此监督是行政复议的基础功能，是行政复议的灵魂，离开有效的监督，救济行政相对人的合法权益和有效化解行政争议也将成为一句空话，无法得到落实。

二是维护公民、法人和其他组织的合法权益。社会主义民主政治的本质要求，就是最大限度地确认公民的权利和利益，并使之得到切实有效的保障。我国宪法确认公民具有广泛的权利，国家行政机关必须尊重并保护这些权利。作为国家权力机关的执行机关，行政机关作出的行政行为广泛涉及政治生活、经济生活和其他社会生活的各方面，涵盖了公民"从摇篮到坟墓"的各个领域，如户籍、教育、税收、房屋、土地、交通、卫生健康、社会保障等。行政机关在行使行政权过程中，一旦出现偏差就会给公民、法人和其他组织带来损害，而且不但其各种作为类的行政行为可能会给行政相对人的人身权、财产权、受教育权等切身利益造成不利影响，其消极履行法定职责的不作为，也会直接影响行政相对人的合法权益。"有权利必有救济"，按照"以人民为中心"的发展要求，当行政行为侵害了行政相对人的合法权益时，就必须通过行政复议等权利救济机制，给予行政相对人以有效的救济，保护其合法权益。行政复议机关经过对行政行为合法性和合理性的审查，应当重点围绕群众权益的有效维护，通过作出撤销或变更行政行为、确认行政行为违法或无效、责令行政机关履行法定职责或者履行赔偿义务等方式，满足行政相对人的合法合理诉求。同时，给公民、法人和其他组织的合法权益以便捷、高效、低成本、实质性的救济，也是行政复议能够赢得群众信任，真正树立制度公信力，进而在社会治理特别是矛盾纠纷化解方面发挥主渠道作用的关键。

三是实质性化解行政争议。理想状态下，行政复议的监督权力、救济权益和化解争议功能之间是互为充要条件，纠正了违法不当行为，就维护了群众的合法权益，也应当能化解行政争议。但实践中，三者既有关联也有张力，监督纠正违法不当行为往往并不能完全解决申请人的利益诉求，因而也不当然能化解行政争议。因此，行政复议制度在不同历史时期需要有一种功能作为主导功能，而且这一主导功能应当根据不同社会发展阶段的核心法治诉求而不断调适，以更好满足社会治理需要。1990 年《行政复议条例》和 1999 年《行政复议法》在立法目的中未提到化解行政争议，原因应是彼时正处于改革开放初期，社会矛盾还没有充分暴露，法治建设的主要问题是有法不依、执法不严，立法的主要目的更多是加强对行政执法的监督。随着我国改革发展进入关键时期，社会矛盾尤其是官民矛盾逐渐多发并多样化，严重影响社会稳定，迫切需要进一步健全完善预防和化解行政争议机制，将行政争议化解在基层、化解在初发阶段、化解在行政系统内部。为此，2007 年的《行政复议法实施条例》在立法目的中专门增加了"解决行政争议"，突出了行政复议化解矛盾的功能与作用。随着中国特色社会主义事业进入新时代，无论是"以人民为中心"的发展理念，还是"实质性化解行政争议"的社会治理要求，都决定着必须将化解争议这一功能摆在更为重要的地位。2020 年 2 月 5 日，习近平总书记主持召开中央全面依法治国委员会第三次会议，强调要"发挥行政复议公正高效、便民为民的制度优势和化解行政争议的主渠道作用"，这是新时期行政复议工作的根本遵循和行动指南，进一步明确了化解行政争议这一功能的重要地位。

　　需要注意的是，行政复议这三项功能之间是相互依托、和谐统一、缺一不可的。片面强调其中任何一项功能，都可能存在较大的问题。比如单纯强调行政复议监督功能，就很容易从规范行政主体行为的角度出发，更为强调效率而忽略行政相对人的程序性权利。如以书面审查为主的办案方式，层层审批的工作流程等。如果缺少申请人介入行政复议活动的程序机制，申请人在行政复议过程中只是一个监督活动的"启动者"、"旁观者"或"接收人",不能充分表达自己的观点,知情权、参与权、表达权和监督权得不到充分保障,就会大大降低对复议决定公正性的信任度。同样,单纯强调权利救济功能,则不利于维护个人利益与公共利益之间的适度平衡,容易忽视对公共利益的保护、对公共管理秩序和行政机关依法行政的维护。比如对近年来频繁出现的个别行政相对人滥用政府信息公开、举报投诉申请权,进而滥用行政复议、行政诉讼权利,大量耗费行政和司法资源的情况,就很难及时、快捷做出处理,简单按照权利救济的逻辑,也容易将行政复议的程序过分复杂化、形式化,也无法发挥出行政机关最大的效率、专业优势。

制度性质对其功能选择起着决定性的作用,有什么样的性质,就有什么样的功能选择。2023年修订的《行政复议法》围绕新时代法治政府建设对行政复议的新定位、新要求,充分挖掘并发挥行政复议兼具行政性和"准司法"性双重属性的制度优势,将解决行政争议作为主导功能,将权力监督作为基础功能,具有充分的自洽性和合理性。

一方面,行政性是行政复议的本质属性。主要表现在:其权力来源是行政系统内部的领导权和监督权;其监督范围涉及行政行为的全周期、各方面,其行为效力具有公定力、确定力、拘束力和执行力。基于行政性的特点,其优势具体表现在以下三个方面:一是审查内容更全面。法治政府建设不仅有合法性的基本标准,更有合理性的平衡尺度。行政复议对行政行为合理性的审查,能够更好地倒逼行政机关提升执法质量,实现良好行政。对行政规范性文件进行实质性审查和监督纠错,确保了行政复议不仅能够及时解决执法中的突出问题,还可以覆盖到"红头文件",进而实现对依法行政的全面监督推动。二是监督救济更有效。行政复议权源性质决定了其运行机制的高效执行力特征。行政复议机关往往是上级机关,复议决定的实效性具备法定层级强制保障；行政复议机关可以发挥资源调配优势，解决行政相对人的实际利益诉求，实质性化解争议。兼具行政、法律专业知识的复合型复议人员队伍，也使复议决定的科学性和实效性具备更可靠的智力支撑。三是解决争议更高效。从现代治理的角度看，行政机关应当拥有对行政争议的第一次判断权。域外经验证明，行政复议制度的产生和发展，主要源自以合法性判断为基石的司法审查无法适应也无力及时解决经济社会快速发展带来的大量专业性、时效性均较强的行政争议。从现阶段我国行政管理实践看，不少行政争议涉及对行政管理专业领域的事实认定、政策适用争议，以及因政策调整产生的历史遗留问题。根植于行政土壤，行政复议能够充分运用行政领域强制、高效、专业的执行力，快速有效应对"大而专"的行政争议，降低监督救济的程序和时间成本，适应复杂社会治理"短平快"的发展需要。强化行政机关的初次判断权，还可以在一定程度上起到缓解司法压力、减轻群众诉累的积极效果。①

另一方面，"准司法"性是行政复议的行为属性。主要表现在：其行为特征属于典型的三方行为，行政主体和行政相对人地位完全平等，行政复议机关居中对双方的争议进行裁断；其行为要求更加规范，不能仅适用行政机关内部相对灵活、封闭的行政管理规则，还应包括明确、稳定、可预期的外部明示规范；与一般的行政管理关系不同，作为事后救济，需要依行政相对人主观意愿启动，且行政复议不能加重原行政行为的不利后果。基于"准司法"性的特点，其优势也具体表现在三个方面：一是有助于实现对政府公信力的有效维护。行政复议机关在办案中的中立地位，使其能够显著区别于一般行政监督，减轻行政相对人对"官官相护"的顾虑和误解。相对独立、集中的行政复议机构，专业化的办案人员队伍、公开透明的审查机制，能够在很大

---

① 赵大程：《打造新时代中国特色社会主义行政复议制度体系》，载《中国法律评论》2019年第5期。

程度上实现行政监督救济客观公正,从而赢得行政相对人的信任,不断提升政府的公信力。二是有助于实现社会治理的现代化。随着依法治国实践的不断发展,公众参与治理已成为法治国家、法治政府、法治社会一体建设的重要内容。作为一种开放、免费、快捷的矛盾化解机制,行政复议可以通过畅通渠道引导群众依法主张权利、表达诉求;通过听证充分听取群众意见,弱化冲突强度从而防范风险;通过行政复议委员会等载体实现社会力量深度参与,推动政府与民众达成社会治理和法治建设标准的共识,进而实现由政府管理向多元主体共治的转变。三是有助于构建科学、合理、有效的多元纠纷化解机制。发挥行政复议的"准司法"性,可以使群众在司法程序外,找到一种更加便捷、高效、低成本的监督救济机制,真正使行政复议成为解决行政争议的主渠道,同时更好地发挥司法作为社会公平正义最后一道防线的功能,强化信访作为党和政府联系群众的纽带和听取社情民意的管道作用,形成化解行政争议的强大合力,将行政争议主要解决在基层、解决在初发阶段、解决在行政系统内部。

贯彻实施好新修订的《行政复议法》,必须充分发挥行政复议兼具行政性和"准司法"性的双重优势,努力将行政复议打造成为深化全面依法治国的重要抓手。比如通过加大办案监督纠错力度,倒逼行政机关提升执法水平,加强依法行政;通过对办案中共性问题的梳理,及时了解政府立法和重大决策的科学性及实际执行情况,不断推动完善立法、改进执法;通过对办案结果的大数据分析,精准查找行政执法的薄弱领域、地域、层级、环节以及突出问题,及时发现依法行政的"堵点""痛点""难点",通过加强督察检查,推动行政执法水平的提升,从而使行政复议真正成为倒逼依法行政的"助推器"和反映法治政府建设质量的"晴雨表"。

四、《行政复议法》修订对行政复议性质功能定位的回应

随着中国特色社会主义事业进入新时代，在加快推进全面依法治国的新形势下，党中央、国务院对加强和改进行政复议工作，深入推进全面依法治国伟大实践提出新的更高要求，人民群众对通过行政复议公正、及时、有效解决行政争议，切实维护自身合法权益也有了新的期待。在此背景下，《行政复议法》的修订，基于前述对行政复议法律属性和功能定位的最新理论研究成果，立足现实国情，坚持问题导向，既注重行政复议专业性、效率性和有效性优势的充分发挥，又以与行政诉讼差异化发展为目标，合理借鉴司法程序中的公正元素，通过体制机制的调整和程序的完善，切实提升行政复议的公信力和权威性，打造具有中国特色的行政复议制度。

总体来看，2023年修订的《行政复议法》，重点从以下四个方面对新时代行政复议的性质功能定位作出了回应。

（一）关于行政复议体制

体制问题涉及行政复议的效能和公信力，是行政复议制度发展完善的关键问题。基于行政复议裁决争议纠纷的"准司法"活动的性质，行政复议机关应当具备一定的中立性，以保证其可以不受干扰地作出行政复议决定，也有利于提高群众对行政复议机关的信任度。行政复议机关通常是作出行政行为机关的上级机关，具有一定的独立性。但"复议机关也是行政机关，与被申请人行使的同样是行政权，且复议机关与被申请人往往有着上下级隶属关系，所以复议机关的独立性是相对而非绝对的。两者的关系越近，其独立性就越弱"[①]。在行政复议活动中，具体办理行政复议事项的行政复议机构地位十分重要。我国行

[①] 孔繁华：《从性质透视我国行政复议立法目的定位——兼与行政诉讼之比较》，载《社会科学辑刊》2017年第4期。

政复议制度建立以来，采取的一直是行政复议机关普遍设置内设机构作为行政复议机构的做法，不要求建立专门的行政复议机构。《行政复议条例》沿袭了这一做法，条例第四条规定，"本条例所称复议机关，是指受理复议申请，依法对具体行政行为进行审查并作出裁决的行政机关。本条例所称复议机构，是指复议机关内设的负责有关复议工作的机构"。从管辖看，早期的行政复议主要是上级部门对下级部门的复议。直到1994年修订《行政复议条例》时，才将政府对所属部门的管辖补充进去。而各级行政机关负责法制工作的机构，特别是政府法制机构因其相对独立超脱，没有部门利益，而成为承担这一职责的理想之选。基于精简机构的总体考量，这一做法在1999年《行政复议法》出台时被确认下来。1999年《行政复议法》第三条规定，"依照本法履行行政复议职责的行政机关是行政复议机关。行政复议机关负责法制工作的机构具体办理行政复议事项"。同时，1999年《行政复议法》正式建立了"条块结合"的管辖模式。从实施效果看，这一体制存在诸多问题：一方面负责法制工作的机构往往力量较为薄弱，且主要从事的是制度建设等法制工作，难以集中精力办好行政复议案件；另一方面多头管辖既不利于统筹办案力量，打造专业化、职业化的队伍，也不利于统一办案标准，提高办案质量。

党的十八届三中全会通过的《中共中央关于全面深化改革若干重大问题的决定》强调"改革行政复议体制，健全行政复议案件审理机制"。党中央、国务院印发的《法治政府建设实施纲要（2015—2020年）》进一步明确要"改革行政复议体制，积极探索整合地方行政复议职责"。2020年中央全面依法治国委员会审议通过了《行政复议改革方案》，对行政复议制度改革作出具体部署。

2023年《行政复议法》修订，落实中央行政复议体制改革部署要求，通过立法全面完成集中行政复议职责的复议体制改革，即除中央垂直管理部门、税务和国家安全机关外，地方一级政府只设立一个行政复议机关，统一行使本级政府的行政复议职责。一方面增强了行政复议机关相对于被申请人的独立性，实现行政复议机构、人员的专门化，为下一步实现专业化、职业化打下基础；另一方面可以充分发挥政府对所属部门监督更有力的优势，进一步强化行政复议的监督纠错功能，倒逼依法行政，加快法治政府建设。同时新修订的《行政复议法》第五十二条还规定了县级以上各级政府要建立"相关政府部门、专家、学者等参与的行政复议委员会，为办理行政复议案件提供咨询意见，并就行政复议工作中的重大事项和共性问题研究提出意见"。这一规定进一步增强了行政复议体制集中后行政复议的专业性和公正性。为了确保专家、学者的意见被充分尊重，避免流于形式，新修订的《行政复议法》还规定，提请行政复议委员会提出咨询意见的行政复议案件，行政复议机关应当将咨询意见作为作出行政复议决定的重要参考依据。

（二）关于行政复议范围

行政复议受案范围应当远远大于行政诉讼，这是学术界和实务界的一个普遍共识。"作为带有监督性质的制度，行政复议的受案范围远比行政诉讼宽泛。除法律另有规定外，凡行政机关影响公民权利的行为都应该纳入复议的范围。"[1] 但这一理念在1999年《行政复议法》条文中并未得到充分体现，加之行政复议机构人手不足，人员认识不足、能动性不足，实践中所谓的"远远大于"并未出现，甚至在行政协议等个别领域还出现了可诉讼不能复议的现象。新修订的《行政复议法》充分发挥行政系统内部层级优势，扩大了复议审查范围，明确将行政协议、行政赔偿等纳入行政复议范围，基本上保证了行政复议能够实现所有行政争议的全覆盖，进而实现监督和纠错的无漏洞。同时，新

---

[1] 应松年：《把行政复议制度建设成为我国解决行政争议的主渠道》，载《法学论坛》2011年第5期。

修订的《行政复议法》还从发挥行政复议比较优势、提高行政复议利用率的角度，适度拓宽了复议前置范围。从域外情况看，复议前置主要有三种类型：自由选择型、必要前置型和任意前置型，每种类型的选择实际上是对本土需求的一个充分回应。比如，日本当事人对于审查请求和撤销诉讼是可以进行选择的，但是个别法也规定了"复议前置"的情形。韩国行政复议制度经历了强制性前置主义向任意性前置主义的转换，目前以任意的前置主义为原则，以必要的前置主义为例外。英国在税收方面主要采用自由选择型，主要是基于裁判所对于税的裁判所具有的专业优势，而社会保障方面则主要是复议前置型。综合以上国家的做法，行政复议与行政诉讼的衔接关系，主要受到以下因素影响：如何最大限度地保障当事人的诉权；行政争议案件量；案件本身的专业性；政府资金等支持力度等。[①] 基于此，要充分发挥行政复议的优势，客观上需要进一步扩大行政复议前置的范围。新修订的《行政复议法》第二十三条规定，对当场作出的行政处罚决定不服、对行政机关作出的侵犯其已经依法取得的自然资源的所有权或者使用权的决定不服、认为行政机关未履行法定职责、对行政机关不予公开政府信息不服等情形，应当适用复议前置。通过将这些事实简单、争议不大且数量较多、行政专业性较强的案件制度性优先导入复议程序，充分发挥行政复议便捷高效的优势，力争将行政争议解决在行政复议程序中。

（三）关于行政复议程序

程序改革也是我国行政复议制度改革的核心问题之一。从多年来行政复议工作实践看，行政复议程序方面的问题主要集中在四个方面：一是行政复议办案程序与复议机关内其他部门对普通行政事务的处理程序没有太大区别，均需按照内部流程逐级报批，没有体现复议活动

---

① 曹鎏：《五国行政复议制度的启示与借鉴》，载《行政法学研究》2017年第5期。

以解决行政争议为内容的特点。二是对行政复议申请人在复议过程中的程序性权利保障不够充分,书面审查的原则使复议工作人员对事实问题的查明更多依赖于被申请人提交的证据材料,不利于行政相对人表达诉求。三是行政复议证据规则、规范性文件附带审查规则和合理性标准等不够健全。四是行政复议过程公开度有待加强,影响行政复议制度的社会公信力,也不利于接受群众的监督。新修订的《行政复议法》既保留了行政复议高效、便捷的优势,又按照正当程序的基本要求改造了行政复议程序,强化了行政复议的公开度与参与度,以尽量实现"看得见的正义"。规定各级政府设立复议委员会,也进一步提升了行政复议的公正性和公信力。此外,新修订的《行政复议法》还充分发挥行政复议的行政优势,将约谈、通报等日常行政管理中行之有效的手段上升为法律规定,实现了对行政权更有效的监督。

(四)关于行政复议决定类型及结案方式

行政复议的行政性特质,决定了行政复议人员具备更多的行政管理经验,在解决行政争议所涉及的专业性问题,特别是行政裁量权的规制方面必然更具优势。同时,基于"准司法"的法律属性,行政复议应当具有规范性、灵活性、效率性和专业性的复合特点,从而在对行政争议的处理方式上具有更多的自主性和弹性。也有很多学者提出有必要"在修订后的新法律文本中对行政复议结案方式做出符合现代法治要求和行政复议实践要求,有效回应复杂的实际情况,更加丰富化、弹性化和类型化的制度设计,才能保证行政复议制度规范符合行政系统运行的效率性、灵活性和服务性等特点"[1]。特别是按照实质性化解行政争议的思路和目标,逐步建立"以变更决定和明确履职内容的履职决定为主的复议决定体系,侧重对行政实体法律关系直接进行

---

[1] 莫于川:《行政复议机制和方法创新路径分析——从修法提升行政复议规范性、效率性和公正性的视角》,载《行政法学研究》2019年第6期。

调整，与以撤销之诉为核心的行政诉讼形成合理分工"①。新修订的《行政复议法》基于"准司法"的性质和化解行政争议主渠道的定位，充分发挥行政复议的行政专业优势，加大了行政复议对行政行为合理性的审查力度，重构了以变更决定为主体的行政复议决定体系，规定对于能直接明确纠错内容的，要直接作出实体性裁判，避免程序空转，耗费行政资源；新增了行政行为无效的行政复议类型等。此外，还按照有效化解行政争议的目标，进一步完善行政复议的调解、和解制度，尤其是将调解作为行政复议的基本程序写入总则，将调解贯穿行政复议受理审理各环节，并进一步明确行政复议调解主体及行政复议调解文书效力，努力引导当事人达成合意，实现行政争议的实质性化解。

---

① 王万华：《行政复议法的修改与完善——以"实质性解决行政争议"为视角》，载《法学研究》2019年第5期。

第二章 行政复议的基本原则[①]

第一节 行政复议基本原则概述

一、行政复议基本原则的概念

行政复议的基本原则，是指由宪法和法律规定的，体现并反映行政复议的基本特点、客观规律和《行政复议法》精神实质的基本准则。这些基本原则贯穿《行政复议法》及行政复议活动的全过程，体现在全部行政复议具体规范之中，是对行政复议机关受理行政复议申请、作出行政复议决定提出的总体性、普遍性要求，是行政复议机关不得违反的具有约束力的法律规范，是行政复议机关履行行政复议职责必须遵循的基本行为准则，是行政复议的基础性、本源性法律准则，对于指导行政复议活动、保证行政复议活动顺利进行，实现《行政复议法》的立法目的和目标任务具有重要意义。

行政复议是指公民、法人或者其他组织认为行政机关的行政行为侵犯其合法权益，依法向行政复议机关提出复查该行政行为的申请，在行政复议机关的主持下，在申请人、被申请人和其他人员的共同参

[①] 本章相关内容系在部风涛主编的《行政复议法教程》（中国法制出版社 2011 年版）第三章"行政复议的基本原则"的基础上改编而来。

与下，由行政复议机关依照法定程序对被申请人的行政行为进行合法性、适当性审查，并作出行政复议决定的一项法律活动。在这一过程中，由于行政复议机关起着主导作用，因而行政复议机关能否正当履行行政复议职责对行政复议有直接的影响。新修订的《行政复议法》第三条规定："行政复议工作坚持中国共产党的领导。行政复议机关履行行政复议职责，应当遵循合法、公正、公开、高效、便民、为民的原则，坚持有错必纠，保障法律、法规的正确实施。"这一规定，从法律上全面而完整地明确了行政复议机关履行行政复议职责、进行行政复议活动应当遵循的基本原则，从总体上为行政复议机关行使职权确定了方向。深刻理解这些原则的精神实质及其内涵，把握它们在《行政复议法》中所体现的主要内容，是实施《行政复议法》的基本前提和重要保障。

我国行政复议制度建立的基本依据是《宪法》第四十一条关于公民有申诉、控告、检举权利，以及公民权利被侵犯而受到损失时有权取得赔偿的规定。这一规定体现在《行政复议法》确立的我国行政复议宗旨中，而行政复议宗旨又成为确立行政复议基本原则的指导思想。

《行政复议法》确立的行政复议制度的宗旨是，保护公民、法人和其他组织的合法权益，监督和保障行政机关依法行使职权。其中保护公民、法人和其他组织的合法权益是"为人民服务"的宗旨和"坚持以人民为中心"的发展思想在行政复议制度中的具体落实，也是行政机关依法行使职权的目的。而行政复议机关依法正确及时地审理行政复议案件，既是为了监督和保障行政机关依法行使职权，更是为了在监督层面上落实宪法的规定。

二、行政复议基本原则的特征

（一）法定性

法定性是行政复议基本原则的存在基础。行政复议的基本原则必须以宪法为依据，并由《行政复议法》明确规定。照此标准，行政复议的基本原则应当是那些不仅可以在行政复议实践中直接引用作为判案根据，而且可以直接用来解释《行政复议法》条文具体含义的原则。行政复议中的一切活动，凡涉及《行政复议法》条文的适用及解释的，都必须与行政复议的基本原则保持高度一致，绝不能与之相冲突、相抵触，否则就是对条文的违法适用或无效解释。

（二）客观性

行政复议基本原则的内容是着眼于建设中国特色社会主义法治体系，建设社会主义法治国家，适应行政管理活动的特点和需要，浓缩行政复议的规律和要求，在《宪法》特别是《行政复议法》中有明文规定的内容。

（三）指导性

行政复议的基本原则反映行政复议的精神实质，对《行政复议法》的具体条文既有统率作用，也有补充作用，能够普遍地指导行政复议活动。掌握行政复议的基本原则有助于灵活解决行政复议实践中出现的具体问题。在《行政复议法》对某些具体问题未作明确规定时，可以依据行政复议基本原则的精神加以处理。行政复议过程中遇到的疑难问题，实体法规定不明确甚至没有规定时，也可以依据行政复议的基本原则来解决。

（四）稳定性

行政复议的基本原则是宪法性规范在行政复议领域的具体落实，是行政复议宗旨的具体体现，也是构成行政复议制度整体框架的基本内容。由此决定了行政复议的基本原则必须在具有极强的概括性的同时，要有极大的稳定性。《行政复议法》的条文可以应时修改，而作为行政复议制度基石的基本原则应具有相对的稳定性，这既是法律稳定性的基本要求，也是行政复议制度健康、稳定、可持续发展的必要前提。

三、行政复议基本原则的分类

行政复议是一项解决行政争议的"准司法"制度，也是一项在行政系统内部解决行政争议的制度，必须根据行政复议自身的特点，抽象出具有特定内容、对行政复议有直接指导意义的原则。

行政复议基本原则既是立法机关设计行政复议具体程序的基本依据，也是评判行政复议实践活动正当性的标准。关于行政复议的基本原则包括哪些，不同学者有不同的理解和归纳，有的甚至归纳了十几条原则。本书认为确定行政复议的基本原则必须把握以下几点：第一，必须是行政复议制度所特有的，能够反映行政复议的本质属性和基本特点；第二，必须对行政复议的全过程具有普遍的指导意义，具有统率性；第三，必须是对行政复议的高度抽象，具有简练、概括的特点。为此，基本原则不宜过多，否则会丧失基本原则的本来意义，操作起来无所适从，导致理论和实践上的混乱。[①] 据此，根据我国《行政复议法》第三条的具体规定，并结合前述关于行政复议基本原则的概念及特点的简要论述，本书将我国行政复议的基本原则概括为五个：一是坚持党对行政复议工作的领导，二是合法原则，三是公正公开原则，四是高效原则，五是便民为民原则。

[①] 参见郭润生、陈贵民：《关于行政复议性质和原则的探讨》，载《山西大学学报（哲学社会科学版）》1993年第4期。

四、行政复议基本原则的作用

（一）有助于正确理解行政复议的本质和特点

行政复议是公民、法人或者其他组织获得行政救济的重要途径，这种救济是通过行政复议机关适用行政程序解决行政争议实现的。同时，行政复议也是上级行政机关对下级行政机关的行政行为进行监督的制度。这种制度的健全运作能够充分发挥促进行政机关依法行使职权，防止和纠正违法或不当的行政行为，及时全面保护公民、法人及其他组织合法权益的作用。掌握了行政复议的基本原则，就能更好地理解行政复议的本质和特点，认识行政复议在社会生活和行政管理中的重要地位，更好地发挥其在推进法治政府建设和全面依法治国中的作用。

（二）有助于正确了解行政复议与行政诉讼的联系和区别，从而更加准确地贯彻执行《行政复议法》和《行政诉讼法》

行政复议与行政诉讼都是解决行政争议的法律制度，两者有着紧密的联系，存在着许多共同适用的原则。同时，二者又是由不同的国家机关、在不同的系统、依据不同的程序解决行政争议的法律制度。行政复议是在行政系统内由行政复议机关适用行政程序解决行政争议的一项法律制度；行政诉讼是在司法系统内由人民法院适用司法程序解决行政争议的法律制度。与司法程序相比，行政程序简便、灵活，更注重高效。行政复议也是在行政系统内由上级机关对下级机关进行监督的一种监督制度，其监督的范围比司法监督的范围要广泛。行政复议可以作为行政诉讼的前置程序，但除法律特别规定外不能作为必经的前置程序。为尽快解决行政争议，恢复正常的行政管理秩序，基于公正和高效综合考量后的结果，根据《行政复议法》第十条的规定，除法律规定行政复议决定为最终裁决的外，行政复议案件经过一级行政复议机关的一次行政复议后即告终结，申请人对行政复议决定不服的，不能再次申请行政复议，但还可以向人民法院提起行政诉讼。从行政复议与行政诉讼的这些不同点，又可以概括出行政复议具有的不同于行政诉讼的特点，如实行全面审查、实行一级复议制、高效、便民等。掌握了行政复议的特点，可以从总体上区分行政复议与行政诉讼的异同，从而更娴熟地运用这两种法律制度，充分发挥其在解决行政争议，防止和纠正违法与不当的行政行为，保护公民、法人和其他组织的合法权益，促进行政机关依法行政中的作用。

（三）有助于解决行政复议活动中的疑难问题，更好地指导行政复议活动

尽管《行政复议法》的公布施行和不断修正，为行政复议活动的开展提供了法律依据和保障，但随着社会的不断发展，行政复议中仍然会遇到许多现行法中没有明确、具体规定的新情况和新问题。掌握了具有高度概括性的行政复议的基本原则，就可以在审理行政复议案件时较为合理地解决好这些问题。在行政复议基本原则指导下的行政复议实践，又会为行政复议制度的不断发展和完善提供丰富的实践素材。

第二节　坚持党对行政复议工作的领导

办好中国的事情，关键在党。坚持中国共产党的领导是中国特色社会主义最本质的特征，是中国特色社会主义制度的最大优势，是推进全面依法治国的根本保证。党政军民学，东西南北中，党是领导一切的。坚持中国特色社会主义法治道路，最根本的是坚持中国共产党的领导。行政复议是推进政府依法行政和法治政府建设的重要工作，

是推进全面依法治国的一项重要举措。坚持推进全面依法治国，就必须坚持党对行政复议工作的全面和绝对领导，把党的领导贯彻到行政复议工作的全过程、各方面和各环节，这是我国行政复议必须遵循的首要原则。

加强党的领导是做好行政复议工作的根本保证。我国社会主义政治制度优越性的一个突出特点，就是党总揽全局、协调各方的领导核心作用。党和国家历来高度重视行政复议工作，尤其是党的十八大以来，以习近平同志为核心的党中央从建设中国特色社会主义法治体系、建设社会主义法治国家的新高度，对行政复议体制改革和做好新时期行政复议工作做出了新部署，提出了新要求。2013年党的十八届三中全会通过的《中共中央关于全面深化改革若干重大问题的决定》要求，"改革行政复议体制，健全行政复议案件审理机制，纠正违法或不当行政行为"。2014年党的十八届四中全会通过的《中共中央关于全面推进依法治国若干重大问题的决定》要求，"完善调解、仲裁、行政裁决、行政复议、诉讼等有机衔接、相互协调的多元化纠纷解决机制"。2015年中共中央、国务院印发的《法治政府建设实施纲要（2015—2020年）》提出，"加强行政复议工作。完善行政复议制度，改革行政复议体制，积极探索整合地方行政复议职责"。2020年2月，习近平总书记主持召开中央全面依法治国委员会第三次会议时强调指出，"要落实行政复议体制改革方案，优化行政复议资源配置，推进相关法律法规修订工作，发挥行政复议公正高效、便民为民的制度优势和化解行政争议的主渠道作用"[1]。同年，中央全面依法治国委员会印发《行政复议体制改革方案》，对推进行政复议体制改革和加强行政复议化解行政争议主渠道作用建设作出明确的部署安排。

---

[1]《习近平主持召开中央全面依法治国委员会第三次会议强调 全面提高依法防控依法治理能力 为疫情防控提供有力法治保障》，载《人民日报》2020年2月6日，第1版。

行政复议工作坚持党的领导，就是要以习近平新时代中国特色社会主义思想特别是习近平法治思想为指导，充分发挥党的领导核心作用，在党中央集中统一领导下，全面贯彻党的路线方针政策，将党中央有关行政复议工作的决策部署贯彻落实到具体法律规定中，将党中央关于行政复议体制改革的各项要求全面、完整、准确体现到法律规定中，将新修订的《行政复议法》学习好、宣传好、贯彻落实好，坚持围绕中心、服务大局，大力加强行政复议化解行政争议主渠道建设，切实推动复议应诉工作高质量发展，不断推动中国特色社会主义行政复议事业取得新成就。

坚持党对行政复议工作的领导，要始终站稳人民立场。党的性质与宗旨决定了坚持党的领导和坚持以人民为中心是统一的。党的领导是根本政治保证，失去了党的领导，全面建设社会主义现代化国家就会失去主心骨；以人民为中心是价值引领，背离以人民为中心的根本立场，全面建设社会主义现代化国家就会失去力量之源。在行政复议工作中坚持以人民为中心，首要就是始终坚持党的绝对领导。要充分发挥党建引领作用，切实把党的领导贯彻到行政复议工作各领域、案件办理各环节、队伍建设各方面，确保行政复议工作始终在党的领导下沿着正确轨道进行。要始终坚持以人民为中心开展行政复议工作，坚决纠正违法或者不当行政行为，坚持"刀刃向内"，倒逼行政机关依法行政，切实维护人民群众合法权益，努力让人民群众在每一起行政复议案件中感受到公平正义，不断增强人民群众的法治获得感幸福感安全感。

坚持党对行政复议工作的领导，要准确把握党对行政复议事业全面领导的基本途径。一是加强党的政治领导，要筑牢政治忠诚，深刻领悟"两个确立"的决定性意义，增强"四个意识"、坚定"四个自信"、做到"两个维护"，坚定不移维护党中央权威和集中统一领导，自觉在政治立场、政治方向、政治原则、政治道路上同党中央保持高度一致，确保党中央决策部署在行政复议工作中得到不折不扣的执行。二是坚持用习近平新时代中国特色社会主义思想铸魂育人，认真落实意识形态工作责任制，牢牢掌握党对行政复议意识形态工作的领导权。三是加强党的组织领导，认真贯彻落实党中央关于干部队伍建设的要求和习近平总书记关于政法队伍建设"革命化、正规化、专业化、职业化"的重要指示精神，大力加强行政复议队伍政治建设、业务能力建设和作风建设，努力打造一支高素质的专业化职业化行政复议队伍，不断提升行政复议服务人民群众的能力。

第三节 合法原则

一、合法原则的内涵与意义

行政复议的合法原则是指行政复议机关必须严格依照宪法和法律法规规定的职责权限、范围条件和法定程序，受理行政复议申请，审查公民、法人或者其他组织申请复议的行政行为，并区分不同情况作出相应的行政复议决定。

行政复议机关履行行政复议职责，要遵循合法原则。合法原则是行政复议法律制度最基本的原则，在行政复议基本原则体系中处于基础性地位，具有重要作用。

（一）合法原则是全面依法治国的基本要求

我国《宪法》第五条第四款规定，"一切国家机关和武装力量、各政党和各社会团体、各企业事业组织都必须遵守宪法和法律"。这是我国根本法关于社会主义法治原则及其本质要求的确认，其核心是有法必依。行政机关的行政执法及其监督活动，实质就是要严格依法行政、严格依法办事。依法行政是全面依法治国的重要环节。依法行政要求各级政府及其工作人员严格依法行使其权力，依法处理国家各项事务。具体来说，行政复议活动的合法原则就是要求行政复议机关必须依法履行行政复议职责，法无授权不可为，法定职责必须为，即职权法定。行政复议机关依法履行行政复议职责，依法开展行政复议活动，正是全面依法治国的基本要求，是实现依法行政的重要保障。

（二）合法原则是实现行政复议功能的必然要求

行政复议具有行政救济和内部监督的功能，行政复议机关依照法定职责权限和法定程序，依法受理行政复议申请，依法对被申请人的行政行为进行合法性审查，对违反法律、法规、规章的行政行为，可以依法作出变更、撤销或者确认违法的行政复议决定，纠正违法的或者不当的行政行为，保护公民、法人和其他组织的合法权益，发挥行政复议化解行政争议的主渠道作用。

（三）合法原则是行政复议制度法律基本原则的基石

依法执法和依法进行层级监督，都是依法行政的重要方面。目前，我国依法行政已经取得了不小进步，但有法不依、执法不严、违法不究的现象在一些领域仍然比较突出。要改变这种状况，其中一个重要的方面，就是要严格加强行政执法监督。行政复议作为行政机关纠正违法和不当行政行为的一种层级监督活动，是推进依法行政的重要环节和必要保障。行政复议机关保障公民、法人和其他组织的合法利益，监督行政机关依法行使职权，执行的是法律、法规的规定。因此，行政复议的合法原则，是行政复议机关履行行政复议职责必须遵循的基本原则。合法原则贯穿行政复议活动的始终和各个方面，行政复议机关应当不折不扣地加以贯彻和执行，全力维护法律的权威和尊严。同时合法原则也是公正公开原则、高效便民为民原则的基础和前提，如果不合法，就不可能公正，公开、高效、便民、为民也就失去了意义。

二、合法原则的立法体现和实践要求

合法原则在《行政复议法》中有明确的体现，尤其是关于行政复议机关和行政复议机构的职责、行政复议管辖、受理、审理、决定、法律责任等章节和相关条文中，对行政复议机关履行行政复议职责的相关规范都有明确的要求。根据这些规定，行政复议应当遵循合法原则主要有以下三个方面的内容和具体要求。

（一）主体必须合法

主体必须合法是指履行行政复议职权的行政复议机关必须是依法成立并享有法律赋予的复议权的行政机关，并且在具体的行政复议案件中具有对该案件的管辖权，行政复议机构和人员必须是行政复议机关内专门从事复议工作的机构和人员。非行政机关、虽为行政机关但没有法律授予的行政复议权及对具体行政复议案件没有管辖权的行政机关若受理和审理行政复议案件即为主体不合法。

（二）程序必须合法

程序必须合法是指行政复议机关办理行政复议案件应当严格按照《行政复议法》和其他法律法规所规定的复议程序进行。复议程序可以概括为以下几点：一是步骤。复议程序表现为不同的步骤或阶段，行政复议不能越过或缺少某一或某些步骤和阶段。二是顺序。复议程序是复议阶段的顺序连接，即使复议经过了法律规定的所有阶段或步骤，但顺序颠倒了，仍然是违法的。三是形式。复议活动必须遵守法定的形式和要求。复议决定必须是书面的，不能是口头的，而且必须按照复议决定书的制式作出，不得任意简化。四是期限。期限也是复议程序的重要组成部分，复议机关必须在法定的期限内完成不同的复议步骤，超过法定期限也构成程序违法。

（三）决定必须合法

行政复议决定是行政复议的结果，它是行政复议机关行使复议职权的最直接体现。行政复议决定必须合法表现在三个方面：一是复议决定的依据必须合法。复议机关审理复议案件，应当以宪法、法律、行政法规、地方性法规和规章等为依据。行政复议机关的这些依据不得与较高效力等级的法律规范相抵触，必须是有权机关按合法程序制定和发布的，且必须向全社会公开，内部的规范不得作为复议依据。二是复议决定的内容必须合法，即复议决定是依照有关实体法的规定所作出的，符合法律规定。三是复议决定的种类和形式必须符合《行政复议法》和有关法律法规的规定。

第四节　公正公开原则

一、公正公开原则的内涵与意义

在行政复议基本原则体系中，公正公开是建立在合法原则基础之上的，只有遵循合法原则，才能有公正的标准和公开的效果。公正、公开是相互联系、不可分割的统一整体，公开是实现公正的必要前提，公正又是公开的必然结果。可以说，公正是目标，公开是保障。公正是行政复议法律制度追求的目标，公开则是合法、公正的外部保障，是实现公正的有效手段和有力保证，如果复议活动不公开，则很难保障行政复议的公正、合法。

具体而言，公正指的是行政复议机关在行使行政复议权时办事公道，在受理申请人的申请和认定、处理申请人与被申请人之间的行政争议时，必须坚持有错必纠，做到客观公正、不偏不倚，公正地对待双方当事人，不能有所偏袒，对申请人的合法权益和被申请人的行政管理权都给予同等保护和维护。公开指的是行政复议活动应当公开进行，行政复议案件的受理、调查、审理、决定等一切活动，都应当尽可能地向当事人及社会公众公开，使社会各界了解行政复议活动的具体情况，避免因暗箱操作而可能导致的不公正现象。公正是对行政复议活动过程和结果的基本要求，是评价行政复议正当性的重要准则。

行政复议公开是政务公开在行政复议活动中的特殊体现，也是政务公开对行政复议的特殊要求。公正公开对于实现行政复议制度的功能具有重要意义。

（一）公正公开原则是实现行政复议法律制度价值目标的重要保障

行政复议制度的宗旨，一是保护公民、法人和其他组织的合法权益，二是监督和保障行政机关依法行使职权。其主要功能包括救济权利与解决纠纷，以及监督依法行政。作为行政救济手段，行政复议要保障百姓的合法权益；作为内部监督手段，行政复议要纠正行政机关违法或者不当的行政行为。

但是，在实际工作中，履行行政复议职责可能会遇到一些干扰和困难：一方面，由于行政复议机关与作出行政行为的行政机关同属行政系统，申请人容易认为行政复议机关与被申请人"官官相护"；另一方面，个别被申请复议的行政机关不正确地认为行政复议答复和证据核查等工作干涉了本部门必要的行政管理活动。由于行政机关在行政管理活动中居于主导的、起支配作用的地位，而行政相对人则处于被主导、被支配的地位，因此，当发生行政争议时，行政复议机关能否坚持公正原则，不但直接影响到申请人的合法权益能否得到切实保护，而且关系到法律、法规能否正确地贯彻实施。所以，公正原则必然成为行政复议活动应当遵循的基本原则之一。行政复议是居中裁决的

"准司法"活动，行政复议机关独立地、客观公正地裁决案件，不受行政机关和其他外界因素的影响，公正是行政复议体现"准司法"活动的重要标志。

同时，行政复议还必须贯彻公开原则，公开进行行政复议工作，认真履行告知义务，让行政复议参与人依法了解与其权利密切相关的事项。我国是人民当家作主的社会主义国家，人民群众有权监督国家机关的活动。在行政复议活动中贯彻公开原则，有助于加强人民群众对行政机关执法活动的监督，有助于健全依法行政的权力制约机制，有利于密切行政机关与人民群众的联系，有利于促进行政机关全心全意地为人民服务。同时，也只有贯彻公开原则，增加行政机关办事的透明度，将行政复议机关的复议活动置于行政复议参与人和群众的监督之下，消除当事人内心对行政复议机关中立地位的怀疑，才能真正保证行政复议活动的公正性。

因此，行政复议机关必须依法、公正、公平、合理，无偏私地裁决，特别是在行政自由裁量权较大的情况下，必须公正复议，并坚持公开透明。只有这样，才能确保行政复议案件的质量，真正发现并纠正行政机关违法或者不当的行政行为，依法维护申请人的正当权益，保证复议制度真正取信于民，发挥其监督与救济的作用，确保实现行政复议法律制度的价值目标和功能。

（二）公正公开原则是增强行政复议权威和公信力的重要保障

公正作为行政复议机关履行复议职责的基本原则，既要求行政复议机关在行政复议中通过对复议案件的审理作出公平合理的复议决定，同时也要求行政复议机关在行政复议程序中平等对待复议申请人和被申请人，给予双方平等的参与机会，对各方的主张、意见予以同等的尊重和关注，不偏不倚。

行政复议作为解决行政争议的一种重要途径，与行政诉讼相比，具有简便、受案宽泛等特点，但由于行政复议机关本身即为行政机关，容易引起申请人内心对行政复议机关中立地位的怀疑，因此行政复议如何真正实现公正和不偏不倚就显得尤为重要且十分关键。只有严格依法办事，严格保持中立，遵循最基本的公正要求，不偏袒行政机关，行政复议才能树立起权威和公信力，老百姓才会对行政复议有信心，从而选择行政复议作为化解行政争议的主要方式。久而久之，随着行政复议制度公信力和使用率的逐步提升，行政复议制度就能保持旺盛的生命力，不断发展、壮大。同时，"阳光是最好的防腐剂"，公开增强了行政复议活动的透明性，减少了外界甚至行政系统内部对行政复议机关审理案件的影响，有利于行政复议机关依法、公正作出裁决。公开还能更为充分地听取当事人的意见，通过听证等公开形式，当事人能够充分地陈述和辩解，行政复议机关掌握更为全面的事实和理由，从而客观、公正地审理案件并作出裁决。程序透明有利于促使当事人及时提交证据，也有利于行政复议机关在较短的时间内分清当事人争议的焦点、查清事实，减少不必要的干预，这都使得行政复议机关可以更快地解决行政争议，提高行政复议效率。行政复议案件的公开审理和行政复议决定的公开，能使更多的群众了解这一制度。同时，行政复议活动公开产生的良好效果，也起到了宣传行政复议优势、引导群众通过行政复议这一法定途径化解行政争议的作用。

因此，要始终坚持行政复议审理过程的透明和审理结果的客观公正，才能消除人民群众对行政复议的顾虑，使人民群众更加信服行政复议的审理结果，增强行政复议决定的权威性和公信力。

二、公正公开原则的立法体现和实践要求

（一）立法体现

《行政复议法》多处规定体现了公正公开原则。

关于公正原则，《行政复议法》第三条第二款规定："行政复议机关履行行政复议职责，应当遵循合法、公正、公开、高效、便民、为民的原则，坚持有错必纠，保障法律、法规的正确实施。"除此之外，《行政复议法》的许多具体规定也体现了该项原则。例如，第四十九条规定，"适用普通程序审理的行政复议案件，行政复议机构应当当面或者通过互联网、电话等方式听取当事人的意见，并将听取的意见记录在案"。第五十条第一款和第二款规定："审理重大、疑难、复杂的行政复议案件，行政复议机构应当组织听证。行政复议机构认为有必要听证，或者申请人请求听证的，行政复议机构可以组织听证。"第五十二条规定："县级以上各级人民政府应当建立相关政府部门、专家、学者等参与的行政复议委员会，为办理行政复议案件提供咨询意见，并就行政复议工作中的重大事项和共性问题研究提出意见。……审理行政复议案件涉及下列情形之一的，行政复议机构应当提请行政复议委员会提出咨询意见：（一）案情重大、疑难、复杂；（二）专业性、技术性较强；（三）本法第二十四条第二款规定的行政复议案件；（四）行政复议机构认为有必要。行政复议机构应当记录行政复议委员会的咨询意见。"

关于公开原则，除前述《行政复议法》第三条第二款的规定外，第四十七条规定："行政复议期间，申请人、第三人及其委托代理人可以按照规定查阅、复制被申请人提出的书面答复、作出行政行为的证据、依据和其他有关材料，除涉及国家秘密、商业秘密、个人隐私或者可能危及国家安全、公共安全、社会稳定的情形外，行政复议机构应当同意。"第四十九条、第五十条、第五十一条、第五十二条关于听证和听取意见的规定也体现了公开原则。第七十九条第一款还明确规定："行政复议机关根据被申请行政复议的行政行为的公开情况，按照国家有关规定将行政复议决定书向社会公开。"在程序方面，《行政复议法》第三十九条第三款规定："行政复议机关中止、恢复行政复议案件的审理，应当书面告知当事人。"第六十二条规定，适用一般程序审理的行政复议案件，情况复杂，不能在规定期限内作出行政复议决定的，经行政复议机构的负责人批准，可以适当延长，但是应当书面告知当事人。这些规定，充分体现了公开原则的要求，有助于增强当事人执行行政复议决定的自觉性，有助于增强人民群众对依法行政和全面依法治国的信任和信心。

（二）实践要求

公正、公开是分不开的，但它们也各自有一些相对特殊的要求。

1. 行政复议遵循公正原则的实践要求

一是行政复议机关及其工作人员必须保持中立。行政复议人员如果与案件有利害关系，应当主动回避。

二是平等对待各方当事人。对待申请人、被申请人一视同仁，对原行政行为的适当性进行审查，要严格以法律规定为尺度，不厚此薄彼，不得擅自减轻被申请人在行政复议程序中的法定义务，如随意延长被申请人提交答复的期限，也不得任意增加申请人的法定义务。

三是保持行政复议决定的统一性和稳定性。行政复议机关应当统一案件审理标准，对于案情基本相同的案件，要作出基本相同的行政复议决定，行政复议决定一旦作出就应该保持其稳定性，不得朝令夕改，随意变更。

四是充分听取当事人和行政复议委员会意见。《行政复议法》规定，适用普通程序审理案件，要采取多种方式听取当事人的意见；对重大、疑难、复杂案件要举行听证或者提请行政复议委员会提出咨询意见，对此类案件要结合听证笔录作出复议决定，并将行政复议委员会咨询意见作为作出行政复议决定的重要参考依据。

五是适用法律依据正确。行政复议是对行政行为是否合法与适当作出裁决，这一裁决要做到公正，必须正确适用法律。它要求行政复议机关审查行政复议案件时，依据调查清楚的事实，准确地适用法律并作出决定。

六是裁量适当。行政复议决定还应当在裁量适当中体现公正原则。大量的、形式多样的行政行为在实施时，往往根据法律、法规或者规章的一些原则性条文，有可供行政机关选择的措施和处理的幅度，因此，行政机关可以根据具体情况具体处理，拥有自由裁量权。但是这种处理是否适当、是否合理、是否客观、是否适度、是否符合公正公平正义等法治原则，行政复议机关需要予以审查和裁量，以促使行政机关和行政人员谨慎行使权力，提高依法行政水平。行政复议公正原则要求行政复议机关及其工作人员在行使裁量权时，坚持做到裁量适当。

2. 行政复议遵循公开原则的实践要求

一是行政复议组织机构、场所和工作制度要公开。行政复议机关要通过媒体报道、网站公开、发放免费资料等方式，主动向社会公布行政复议机构的基本情况、办公地点、工作制度、行政复议法律规范等。

二是行政复议案件的材料要向当事人公开。在审理行政复议案件中，行政复议机关收集的有关材料，包括被申请人提交的作出行政行为的案卷材料以及作为执法依据的法律、法规、规章和其他具有普遍约束力的决定、命令，除涉及国家秘密、商业秘密和个人隐私或者可能危及国家安全、公共安全和社会稳定的情形外，都允许当事人依法查阅。

三是行政复议过程要公开。在审理案件过程中，行政复议机关要依照法律的规定，采用听取意见、听证、调解等比较灵活的办案方式，公开行政复议审理过程。

四是行政复议结果要公开。行政复议机关作出行政复议决定，要制作行政复议决定书，并送达行政复议参加人。行政复议决定书要载明行政复议机关认定的事实、理由、法律依据和审理结果。同时，行政复议机关要根据被申请行政复议的行政行为的公开情况，按照国家有关规定将行政复议决定书向社会公开。

第五节　高效原则

一、高效原则的内涵与意义

高效原则是指行政复议机关在查明事实、分清是非的基础上，在法律规定的期限内，尽快完成行政复议案件的审理工作，这是实现行政复议制度目的的要求。这一原则的核心内容是，行政复议机关必须按照《行政复议法》所规定的受理、审理、作出决定的期限执行，延长期限也必须严格按照法律规定，要有法律依据。

高效原则是行政管理活动特殊性的要求。由于行政管理涉及的领域非常广泛，行政争议的数量庞大，行政争议的存在常常会影响行政管理的效率。作为化解行政争议主要渠道的行政复议就肩负着促进和提高行政管理效率的责任。行政管理活动是特别讲求效率的活动，它要求行政机关对社会生产、生活诸多方面的问题及时地作出处理，以保证生产和生活秩序的稳定。如果延时滞日，不但有的证据难以收集，而且由于在行政复议期间原行政行为不停止执行，这直接涉及申请人的合法权益能否得到切实保护。因此，当行政机关在行政管理活动中与行政相对人发生纠纷或争议时，一旦行政相对人依法提出行政复议申请，行政复议机关就必须高效进行审查并作出决定。行政复议是行政系统内部监督的一种方式，与行政诉讼程序相比，行政复议具有迅速、高效解决行政争议的制度优势。新修订的《行政复议法》将以前的"及时"原则修改为"高效"原则，意思接近，但"高效"二字既是贯彻落实党中央关于"发挥行政复议公正高效、便民为民的制度优势"决策部署的直接体现，也更能体现行政复议制度的特色和效率优势。

（一）高效体现了行政复议制度的优势

与行政诉讼制度相比，行政复议制度更强调高效。从受理案件、审理方式到作出行政复议决定的时限，都体现了高效原则。行政系统内部的救济不同于司法救济，司法救济是最终救济，而行政系统内部的救济则应当是首选救济。正是由于高效、简便，行政复议才成为司法救济前对行政行为实施行政救济的一种途径。

（二）高效适应了行政机关活动的需要

行政效率是行政机关进行行政管理的生命。如果将所有的行政争议都直接推向法院，不仅法院不堪重负，行政机关的行政效率也将受到极大的影响。因此，行政复议强调高效原则，既符合行政救济的特点，也是为了适应行政机关进行行政管理的需要。

（三）高效可以更好地保护申请人的合法权益

申请人都希望通过行政复议快速地化解行政争议，以维护自身合法权益。根据《行政复议法》的规定，行政复议期间原则上不停止原行政行为的执行。因此，行政复议机关在保证公正的前提下，高效地办理行政复议案件，可以缩短申请人等待的时间，并尽可能减少原行政行为对申请人带来的不利影响，从而更好地保护申请人的合法权益。

二、高效原则的立法体现和实践要求

（一）立法体现

《行政复议法》第三条第二款规定："行政复议机关履行行政复议职责，应当遵循合法、公正、公开、高效、便民、为民的原则，坚持有错必纠，保障法律、法规的正确实施。"高效原则在《行政复议法》中的贯彻，主要体现在行政复议机关受理申请、增设"繁简分流"审理模式和作出行政复议决定的期限等环节。

受理和补正期限的规定体现了高效原则。《行政复议法》第三十条规定，"行政复议机关收到行政复议申请后，应当在五日内进行审查。"第三十一条第一款和第二款规定："行政复议申请材料不齐全或者表述不清楚，无法判断行政复议申请是否符合本法第三十条第一款规定的，行政复议机关应当自收到申请之日起五日内书面通知申请人补正。补正通知应当一次性载明需要补正的事项。申请人应当自收到补正通知之日起十日内提交补正材料。有正当理由不能按期补正的，行政复议机关可以延长合理的补正期限。无正当理由逾期不补正的，视为申请人放弃行政复议申请，并记录在案。"

普通程序和简易程序审理期限的规定也体现了高效原则。《行政复议法》第三十六条第一款规定，"行政复议机关受理行政复议申请后，依照本法适用普通程序或者简易程序进行审理"。第四十八条规定："行政复议机构应当自行政复议申请受理之日起七日内，将行政复议申请书副本或者行政复议申请笔录复印件发送被申请人。被申请人应当自收到行政复议申请书副本或者行政复议申请笔录复印件之日起十日内，提出书面答复，并提交作出行政行为的证据、依据和其他有关材料。"第五十四条第一款规定："适用简易程序审理的行政复议案件，行政复议机构应当自受理行政复议申请之日起三日内，将行政复议申请书副本或者行政复议申请笔录复印件发送被申请人。被申请人应当自收到行政复议申请书副本或者行政复议申请笔录复印件之日起五日内，提出书面答复，并提交作出行政行为的证据、依据和其他有关材料。"第六十二条规定："适用普通程序审理的行政复议案件，行政复议机关应当自受理申请之日起六十日内作出行政复议决定；但是法律规定的行政复议期限少于六十日的除外。情况复杂，不能在规定期限内作出行政复议决定的，经行政复议机构的负责人批准，可以适当延长，并书面告知当事人；但是延长期限最多不得超过三十日。适用简易程序审理的行政复议案件，行政复议机关应当自受理申请之日起三十日内作出行政复议决定。"

在复议前置方面，新修订的《行政复议法》扩大了前置范围，将案件数量较多的当场作出的行政处罚类和不予公开政府信息类案件纳入复议前置范围，使相对简单的行政争议能够快速解决在行政系统内部。该法第二十三条规定："有下列情形之一的，申请人应当先向行政复议机关申请行政复议，对行政复议决定不服的，可以再依法向人民法院提起行政诉讼：（一）对当场作出的行政处罚决定不服；（二）对行政机关作出的侵犯其已经依法取得的自然资源的所有权或者使用权的决定不服；（三）认为行政机关存在本法第十一条规定的未履行法定职责情形；（四）申请政府信息公开，行政机关不予公开；（五）法律、行政法规规定应当先向行政复议机关申请行政复议的其他情形。对前款规定的有关情形，行政机关在作出行政行为时应当告知公民、法人或者其他组织先向行政复议机关申请行政复议。"

在对有关规范性文件的行政复议附带审查方面，新修订的《行政复议法》设置专章作了规定，这些规定充分体现了高效原则。第五十六条规定："申请人依照本法第十三条的规定提出对有关规范性文件的附带审查申请，行政复议机关有权处理的，应当在三十日内依法处理；无权处理的，应当在七日内转送有权处理的行政机关依法处理。"第五十七条规定："行政复议机关在对被申请人作出的行政行为进行审查时，认为其依据不合法，本机关有权处理的，应当在三十日内依法处理；无权处理的，应当在七日内转送有权处理的国家机关依法处理。"第五十八条第一款规定："行政复议机关依照本法第五十六条、第五十七条的规定有权处理有关规范性文件或者依据的，行政复议机构应当自行政复议中止之日起三日内，书面通知规范性文件或者依据的制定机关就相关条款的合法性提出书面答复。制定机关应当自收到书面通知之日起十日内提交书面答复及相关材料。"第六十条规定："依照本法第五十六条、第五十七条的规定接受转送的行政机关、国家机关应当自收到转送之日起六十日内，将处理意见回复转送的行政复议机关。"

（二）实践要求

1. 及时审查决定是否受理。行政复议机关收到行政复议申请后，应当在五日内及时审查，对符合《行政复议法》规定的行政复议申请，应当决定予以受理；对不符合《行政复议法》规定的行政复议申请，应当在审查期限内决定不予受理并说明理由；对不属于本机关管辖的，还应当告知申请人向有管辖权的行政复议机关提出。除此之外，行政复议申请的审查期限届满，行政复议机关未作出不予受理决定的，审查期限届满之日起视为受理。

2. 及时审理并作出行政复议决定。行政复议机关决定受理行政复议申请后，应当抓紧调查取证，及时收集案件材料进行分析研究，在查明案件事实的基础上，依据法律及时作出行政复议决定。行政复议机关应当在受理行政复议申请之日起六十日内作出行政复议决定，特殊情况需要延长的，经批准可以延长，但延长期限最多不得超过三十日。

3. 及时处理行政复议决定执行中的问题。对申请人、第三人逾期不起诉又不履行行政复议决定书、调解书的，或者不履行最终裁决的行政复议决定的，应当区分不同情况，由作出行政行为的行政机关或者行政复议机关依法强制执行或者申请人民法院强制执行。对被申请人不履行或者无正当理由拖延履行行政复议决定书、调解书、意见书的，行政复议机关应当责令其限期履行，并按程序追究或移送有关机关追究相关人员的法律责任，以维护行政复议决定的严肃性和权威性，促进行政争议得到较快的解决。

第六节 便民为民原则

一、便民为民原则的内涵与意义

便民，就是要求行政复议活动坚持为民宗旨，保证公民、法人和其他组织能够方便、快捷地行使行政复议申请权，不因行政复议造成诉累。具体来讲，行政复议工作要尽量考虑便于行政相对人申请行政复议，在行政复议过程中要尽量为行政相对人提供方便。为民，则要求行政复议机关切实维护公民、法人和其他组织申请人的法律权利，认真对待公民、法人和其他组织的呼声等。简单地说，复议为民要求行政复议工作在复议范围、管辖、申请渠道和方式、受理时限、审理方式和时限、决定种类和期限及履行等各个环节都要便民、利民、护民、暖民、惠民。便民和为民在目标和价值导向上是一致的，两者相辅相成、互为表里、不可分割，其中，为民具有引领性作用，便民则是为民的外在体现和保障。

遵循便民为民原则，是坚持以人民为中心的发展思想在行政复议中的直接体现和根本要求，对于实现行政复议的功能和目标具有极为重要的意义。

（一）便民为民原则体现了社会主义法治的本质要求

执法为民是我国社会主义法治的本质要求。行政复议活动之所以要遵循便民为民原则，是由我国的性质和社会主义法治的本质特征决定的。我国是人民民主专政的社会主义国家，国家机关的一切活动在本质上都是为人民服务。保护国家安全、维护社会稳定、保障人民群众的合法利益是我国法律的宗旨。因此，行政复议活动理所当然地要贯彻便民为民原则。《行政复议法》把便民为民原则作为行政复议活动的一项基本原则，充分体现了我国社会主义法律的性质和特点。

（二）便民为民原则体现了"复议为民"的宗旨

行政争议的双方在行政管理过程中地位的差异往往会延及行政复议阶段，申请人各项权利的行使可能会受到某些条件的限制。这就要求复议活动尽可能地方便行政复议申请人，不使申请人因为复议活动而增加负担，不使申请人因某些条件的限制而无法维护自身合法权益。因此，行政复议制度必须强调复议为民宗旨，在行政复议各个环节的制度设计上尽量为行政相对人提供便利，方便老百姓通过行政复议来维护自身权益。便民为民原则就是这一要求的体现。

（三）便民为民原则有助于发挥行政复议化解行政争议的主渠道作用

党的十八大以来，党中央将行政复议制度改革作为法治政府建设的重要内容，十分重视发挥行政复议公正高效、便民为民的制度优势和化解行政争议的主渠道作用。行政复议要成为化解行政争议的主渠道，一要便民为民，二要实实在在化解矛盾，其中便民为民是基础。只有便民为民，老百姓才会愿意选择行政复议这种权利救济方式，使行政复议成为行政诉讼前的一道有效过滤程序，成为化解行政争议的主渠道。

（四）便民为民原则节省了申请人的成本

高效原则、便民为民原则是相互统一的，高效地解决行政复议案件，正是便民为民的体现，而行政复议机关迅速地解决行政争议，也可以提高行政效率。坚持便民为民原则，可以最大限度地节省申请人的时间、精力和费用，使其不因行政复议活动而增加过大的负担，从而确保其完整地参加行政复议过程，这对于保护申请人的合法权益来说，恰恰又兼顾了高效。

二、便民为民原则的立法体现和实践要求

（一）立法体现

《行政复议法》第三条第二款规定："行政复议机关履行行政复议职责，应当遵循合法、公正、公开、高效、便民、为民的原则，坚持有错必纠，保障法律、法规的正确实施。"新修订的《行政复议法》在继承原《行政复议法》便民原则规定的基础上，对行政复议的申请、受理、审查、决定等具体的制度规定了更加简便易行的程序和方式，并增加了为民原则的规定，更加充分地体现了便利和保护申请人的精神。便民为民原则在《行政复议法》中的贯彻，同样体现在行政复议机关受理申请、增设"繁简分流"审理模式和作出行政复议决定的方式种类和期限等各个环节和各个方面。

1. 一个窗口对外受理申请，方便公民、法人和其他组织申请行政复议

2020年，中央全面依法治国委员会第三次会议审议通过的《行政复议体制改革方案》要求，集中地方行政复议职责，明确县级以上一级地方人民政府只保留一个行政复议机关。根据改革方案要求，新修订的《行政复议法》对行政复议管辖体制作了相应调整。这样修改，贯彻了行政复议"便民为民"的原则，既有利于申请人第一时间"找对门"，方便公民、法人和其他组织申请行政复议，也便于优化行政复议资源配置，将分散的职责进行有机整合并实现重心下移，将矛盾解决在基层和萌芽状态，有助于解决"同案不同判""资源碎片化"等难题。《行政复议法》第二十四条规定："县级以上地方各级人民政府管辖下列行政复议案件：（一）对本级人民政府工作部门作出的行政行为

不服的；（二）对下一级人民政府作出的行政行为不服的；（三）对本级人民政府依法设立的派出机关作出的行政行为不服的；（四）对本级人民政府或者其工作部门管理的法律、法规、规章授权的组织作出的行政行为不服的。除前款规定外，省、自治区、直辖市人民政府同时管辖对本机关作出的行政行为不服的行政复议案件。省、自治区人民政府依法设立的派出机关参照设区的市级人民政府的职责权限，管辖相关行政复议案件。……"需要注意的是，对海关、金融、外汇管理等实行垂直领导的行政机关、税务和国家安全机关作出的行政行为不服的，仍然维持原来的管辖体制，向上一级主管部门申请行政复议。第二十七条规定："对海关、金融、外汇管理等实行垂直领导的行政机关、税务和国家安全机关的行政行为不服的，向上一级主管部门申请行政复议。"

2. 完善便民举措

第一，方便当事人知悉可以申请行政复议的范围。一是将"具体行政行为"这一学理概念修改为"行政行为"，便于群众理解。新修订的《行政复议法》第一条规定："为了防止和纠正违法的或者不当的行政行为，保护公民、法人和其他组织的合法权益，监督和保障行政机关依法行使职权，发挥行政复议化解行政争议的主渠道作用，推进法治政府建设，根据宪法，制定本法。"二是将行政协议、行政赔偿等行政行为都纳入复议范围，对行政争议应收尽收，满足人民群众对行政复议的需求。新修订的《行政复议法》第十一条具体规定了行政机关的哪些行为属于行政复议范围。此外，第十三条规定了对行政规范性文件附带审查的具体文件类型。

第二，更充分保障当事人申请行政复议时的选择权。一是在申请形式上，《行政复议法》第二十二条规定："申请人申请行政复议，可以书面申请；书面申请有困难的，也可以口头申请。书面申请的，可以通过邮寄或者行政复议机关指定的互联网渠道等方式提交行政复议申请书,也可以当面提交行政复议申请书。……口头申请的,行政复议机关应当当场记录申请人的基本情况、行政复议请求、申请行政复议的主要事实、理由和时间。……"二是在便利申请人申请和参加行政复议上,充分保障人民群众的申请权。第八条规定:"行政复议机关应当加强信息化建设,运用现代信息技术,方便公民、法人或者其他组织申请、参加行政复议,提高工作质量和效率。"第十七条第一款规定:"申请人、第三人可以委托一至二名律师、基层法律服务工作者或者其他代理人代为参加行政复议。"新增第十八条规定:"符合法律援助条件的行政复议申请人申请法律援助的,法律援助机构应当依法为其提供法律援助。"第二十二条第二款规定:"……行政机关通过互联网渠道送达行政行为决定书的,应当同时提供提交行政复议申请书的互联网渠道。"第三十一条第一款规定,行政复议申请材料不齐全或者表述不清楚,行政复议机关无法判断是否符合受理条件的,应当在五日内书面通知申请人补正。第三十二条第一款规定,对当场作出或者依据电子技术监控设备记录的违法事实作出的行政处罚决定不服申请行政复议的,可以通过作出行政处罚决定的行政机关提交行政复议申请。三是在行政复议权利告知上,《行政复议法》第二十条第三款规定,行政机关作出行政行为时,未告知公民、法人或者其他组织申请行政复议的权利、行政复议机关和申请期限的,申请期限自公民、法人或者其他组织知道或者应当知道申请行政复议的权利、行政复议机关和申请期限之日起计算,但是自知道或者应当知道行政行为内容之日起最长不得超过一年。四是在不服省部级行政机关行政行为的救济途径上,第二十六条规定:"对省、自治区、直辖市人民政府依照本法第二十四条第二款的规定、国务院部门依照本法第二十五条第一项的规定作出的行政复议决定不服的,可以向人民法院提起行政诉讼;也可以向国务院申请裁决,国务院依照本法的规定作出最终裁决。"五是对司法行政机关的复议管辖作出特殊规定,第二十八条规定:"对履行行政复议机构职责的地方人民政府司法行政部门的行政行为不服的,可以向本级人民政府申请行政复议,也可以向上一级司法行政部门申请行政复议。"

3. 强化为民举措

第一,在行政复议受理方面。一是增设对行政复议申请的补正制度,解决群众"不会复议"的问题。第三十一条第一款和第二款规定:"行政复议申请材料不齐全或者表述不清楚,无法判断行政复议申请是否符合本法第三十条第一款规定的,行政复议机关应当自收到申请之日起五日内书面通知申请人补正。补正通知应当一次性载明需要补正的事项。申请人应当自收到补正通知之日起十日内提交补正材料。有正当理由不能按期补正的,行政复议机关可以延长合理的补正期限。无正当理由逾期不补正的,视为申请人放弃行政复议申请,并记录在案。"二是完善行政复议推定受理制度,方便群众知悉案件受理进度。第三十条规定:"行政复议机关收到行政复议申请后,应当在五日内进行审查。……行政复议申请的审查期限届满,行政复议机关未作出不予受理决定的,审查期限届满之日起视为受理。"

第二,在行政复议审理方面。一是规定"繁简分流"的审理模式,简案快办、繁案精办,减少群众请求救济的时间成本。第三十六条第一款规定:"行政复议机关受理行政复议申请后,依照本法适用普通程序或者简易程序进行审理。行政复议机构应当指定行政复议人员负责办理行政复议案件。"第四十八条、第五十四条、第六十二条分别对适用普通程序和简易程序审理复议案件的相关时限作了规定。二是对按照普通程序审理的案件,新修订的《行政复议法》第四十九条将办案原则由书面审查修改为应当当面或者通过互联网、电话等方式听取群众意见,实现开门办案、阳光复议,提高群众参与度。

第三,在行政复议决定方面。一是对经听证或者行政复议委员会提出咨询意见的案件如何作出复议决定作出专门规定，满足群众的公正性期待。《行政复议法》第五十条、第五十一条、第五十二条对此作了明确规定。二是将调解确立为办案原则，充分利用行政系统资源优势实质性化解行政争议。第五条规定："行政复议机关办理行政复议案件，可以进行调解。调解应当遵循合法、自愿的原则，不得损害国家利益、社会公共利益和他人合法权益，不得违反法律、法规的强制性规定。"第七十三条规定："当事人经调解达成协议的，行政复议机关应当制作行政复议调解书，经各方当事人签字或者签章，并加盖行政复议机关印章，即具有法律效力。调解未达成协议或者调解书生效前一方反悔的，行政复议机关应当依法审查或者及时作出行政复议决定。"三是完善作出复议决定的期限，适用简易程序的案件在三十日内审结，满足群众的时效性要求等。第五十四条第一款规定："适用简易程序审理的行政复议案件，行政复议机构应当自受理行政复议申请之日起三日内，将行政复议申请书副本或者行政复议申请笔录复印件发送被申请人。被申请人应当自收到行政复议申请书副本或者行政复议申请笔录复印件之日起五日内，提出书面答复，并提交作出行政行为的证据、依据和其他有关材料。"第六十二条第二款规定："适用简易程序审理的行政复议案件，行政复议机关应当自受理申请之日起三十日内作出行政复议决定。"四是明确变更决定适用情形，并将其作为行政复议决定类型的第一选择，促使复议机关积极作出变更决定，加大监督纠错力度，注重实质性化解行政争议，使更多行政争议和群众关心的实际利益问题以更低成本、更高效率在行政复议程序中得到有效解决。第六十三条规定："行政行为有下列情形之一的，行政复议机关决定变更该行政行为：（一）事实清楚，证据确凿，适用依据正确，程序合法，但是内容不适当；（二）事实清楚，证据确凿，程序合法，但是未正确适用依据；（三）事实不清、证据不足，经行政复议机关查清事实和证据。行政复议机关不得作出对申请人更为不利的变更决定，但是第三人提出相反请求的除外。"五是直接作出赔偿决定。第七十二条规定："申请人在申请行政复议时一并提出行政赔偿请求，行政复议机关对依照《中华人民共和国国家赔偿法》的有关规定应当不予赔偿的，在作出行政复议决定时，应当同时决定驳回行政赔偿请求；对符合《中华人民共和国国家赔偿法》的有关规定应当给予赔偿的，在决定撤销或者部分撤销、变更行政行为或者确认行政行为违法、无效时，应当同时决定被申请人依法给予赔偿；确认行政行为违法的，还可以同时责令被申请人采取补救措施。申请人在申请行政复议时没有提出行政赔偿请求的，行政复议机关在依法决定撤销或者部分撤销、变更罚款，撤销或者部分撤销违法集资、没收财物、征收征用、摊派费用以及对财产的查封、扣押、冻结等行政行为时，应当同时责令被申请人返还财产，解除对财产的查封、扣押、冻结措施，或者赔偿相应的价款。"

（二）实践要求

1. 方便当事人申请

行政复议制度设计首先要确保渠道畅通，申请人能较为便利地申请行政复议，这是以后各个环节顺利运行的前提。从申请方式到受理机关的规定，都要考虑到申请人是否方便。

2. 不收取任何费用

《行政复议法》第八十七条规定："行政复议机关受理行政复议申请，不得向申请人收取任何费用。"不收取费用，最大限度地降低了申请人申请行政复议的成本。

3. 切实解决问题

行政复议机关应当想方设法为利害关系人排难解忧，促进行政争议实质性化解，力争把争议消解在行政复议阶段，使利害关系人不致再将争议诉讼到法院，以节省当事人的时间与财力。

第三章　行政复议申请

第一节　行政复议申请的概念及内涵

行政复议申请，也称行政复议提起，是指公民、法人或者其他组织认为行政机关的行政行为侵犯其合法权益，向行政复议机关提出请求，要求对行政行为是否合法、适当进行审查，并要求变更或者撤销该行政行为，以保护其合法权益的行为。行政复议申请是启动行政复议程序的一个法定环节，没有申请人的申请，行政复议机关不能主动作为。但是申请并不必然导致行政复议发生，还须经过行政复议机关的审查。经审查申请符合法律规定的条件，行政复议机关应当予以受理，否则需承担相应的法律责任。对不符合法定条件的申请，行政复议机关有权不予受理。

一、行政复议申请权

行政复议是保护公民、法人或者其他组织人身权利、财产权利、受教育权利等合法权益的法律救济制度。"有权利必有救济"，合法权益受到侵害必然要求有申请救济的权利。如果法律仅仅规定了享有权利，而当权利遭受侵害时并不能提供救济，那么这个"权利"只是流于纸面上的权利。行政复议申请权是公民、法人或者其他组织依照行政复议法规定，申请行政救济的法定权利。行政复议是一种依申请而非依职权的活动，公民、法人或者其他组织行使行政复议申请权，是启动行政复议程序的前提。

行政复议申请权同时也体现为行政复议申请人的资格条件，行政复议作为一种由政府提供的行政争议解决法律服务产品，[①] 属于政府向社会提供的公共服务，而任何公共物品都是有成本的，需要公共财政来支撑。因此，行政复议资源是有限的，为了节约成本，提高行政复议资源的利用效率，行政复议机关应当将有限的人力、物力用于保护那些具有行政复议申请权的公民、法人或者其他组织，否则，就可能导致行政复议申请权被滥用。

符合行政复议申请人的资格条件是公民、法人或者其他组织成为行政复议申请人的前提和基础。如果不具有行政复议申请权，其行政复议申请将会因为申请人不适格而不被受理。同样，具有行政复议申请权的公民、法人或者其他组织，只有真正提出行政复议申请，才能变成行政复议申请人，实现行政复议申请权。

要符合行政复议申请人的资格条件，必须是公民、法人或者其他组织认为合法权益受到行政行为侵犯。关键要素有三个：一是行政行为。公民、法人或者其他组织只有在认为行政行为（包括行政不作为）侵犯其合法权益时，才享有行政复议申请权。因为行政行为能引起行政相对人权利义务的增减。部分抽象行政行为只有在作为行政行为依据时，才能由当事人在对行政行为申请行政复议时一并提出审查要求。二是合法权益。必须是当事人自身的人身权、财产权、受教育权等合法权益受到侵犯，非法权益不受法律保护。三是主观认为。只要公民、法人或者其他组织主观上认为行政行为侵犯了其合法权益即可，至于客观上是否真正侵犯其合法权益，则留待行政复议机关审查确定。

[①] 李大勇：《行政复议与行政诉讼的制度竞争》，载《法律科学（西北政法大学学报）》2023年第2期。

二、行政复议申请人的权利

《行政复议法》赋予行政复议申请人一系列申请选择权：

1. 申请人可以书面申请，书面申请有困难的，也可以口头申请。《行政复议法》规定可以口头申请，但前提条件是书面申请有困难的，保留口头申请是为了便民为民。

2. 申请复议内容的选择权。申请人既可以单独对行政行为申请复议，也可以附带提出对抽象行政行为的审查申请。

3. 行政赔偿请求权。申请人在申请行政复议时可以一并提出行政赔偿请求。《行政复议法》规定，对行政机关作出的赔偿或者不予赔偿决定不服的，可以单独申请行政复议。

4. 撤回复议申请权。行政复议决定作出前，申请人要求撤回行政复议申请的，经说明理由，可以撤回。撤回行政复议申请的，行政复议终止。

5. 查阅材料权。申请人、第三人可以查阅被申请人提出的书面答复、作出行政行为的证据、依据和其他有关材料，除涉及国家秘密、商业秘密、个人隐私或者可能危及国家安全、公共安全、社会稳定的情形外，行政复议机关不得拒绝。

三、行政复议申请人的义务

行政复议申请人既享有权利，同样也要履行义务：

1. 如实填写行政复议申请书，并按照要求提交有关证明材料；

2. 除《行政复议法》第四十二条规定以外，在行政复议期间执行被申请人作出的行政行为；

3. 行政复议机构认为需要申请人协助调查取证的，申请人应当予以配合；

4. 履行已经发生法律效力的行政复议决定。

四、行政复议申请权利的告知义务

（一）行政复议申请权利告知义务的现行法律规定

行政机关作出行政行为时，应当告知行政相对人是否有权申请行政复议、行政诉讼，以及如何申请行政复议、行政诉讼。我国由于还没有制定统一的行政程序法，除了《行政处罚法》《行政许可法》等法律规定行政机关作出行政处罚、不予许可决定等要告知当事人可以依法申请行政复议等之外，对于行政行为是否需要告知行政复议申请权，法律没有统一规定，为此《行政复议法》第二十条第三款规定了行政机关作出行政行为时，未告知公民、法人或者其他组织申请行政复议的权利、行政复议机关和申请期限的法律后果，体现了倒逼行政机关及时全面告知的立法目的。

（二）行政复议申请权利告知义务的作用

明确行政复议权利告知义务，一是有利于行政相对人运用行政复议制度，维护自身的合法权益；二是有利于及时稳定行政法律关系，如果行政相对人知道行政复议权而不及时行使，则行政行为确定生效，这有助于提高行政效率。在我国，目前行政复议法律制度知晓率还不够高，在这种情况下，如果当事人仅仅是因为不知道或者不会申请行政复议导致超期或者错误申请行政复议，行政复议机关对此不予受理，实际上是对行政相对人行政复议救济权的无形剥夺。因此，从维护行政相对人合法权益的角度而言，明确行政执法的告知义务，有利于保护行政相对人的合法权益；同时，由于行政相对人可以通过行政复议质疑行政行为的合法性和合理性，还可以提醒行政机关，必须依法行政，确保所作决定合法适当，经得起后续的行政复议的审查监督。此外，行政复议权利告知制度，也是对行政复议制度的有力宣传，可以促进行政复议工作的发展，有助于推动依法行政和法治政府建设。

行政复议权利告知制度，既是公民、法人或者其他组织依法享有的权利，也是行政机关应当履行的义务，它规范的是行政机关的行政行为，属于行政程序法的内容，必须引起各行政机关足够的重视，并通过规范执法程序、完善执法文书格式等方式加以贯彻落实。

（三）行政复议申请权利告知义务的适用范围、内容

1. 行政机关告知义务的范围：限于其作出的对公民、法人或者其他组织的权利、义务产生不利影响的行政行为。所谓"不利影响"主要有两种情形：一种是增加义务或影响权利的行政行为，如行政处罚、行政强制、行政征收等；另一种是授益性行政行为中低于法定标准的行为。

2. 行政机关告知义务的内容、形式：一是申请行政复议的权利、行政复议机关和行政复议申请期限。即应尽可能详细地告知行政相对人，如其对收到的行政行为不服，是否可以申请行政复议；如果申请行政复议，向哪个行政机关提起，在多长的期限内提起等内容。二是行政机关应当采用书面告知形式，既可以在行政决定文书上一并告知，也可以在补充告知行政行为时告知，否则行政机关可能因为证据不足而处于不利地位。告知的时间应当是在作出行政行为的同时，如果作出行政行为时没有告知的，应事后补充告知。

（四）不履行告知义务的法律后果

1. 不履行行政复议权利告知义务的法律后果，主要包括两种情形：一是未进行告知；二是错误告知。不履行告知义务的法律后果包括：一是没有告知行政复议权利，行政复议申请期限自行政相对人知道行政复议申请权时起算。二是行政复议申请期限告知错误的，告知期限少于法定期限的，按照法定期限计算；行政复议机关告知错误并导致行政相对人错误提出行政复议申请，因此耽误正确的行政复议申请期限的，视为具有正当理由。

2. 修订前的《行政复议法》未对行政机关不履行告知义务的法律后果作出明确规定。因此，实践中对行政机关未履行告知义务或者错误告知的，应当承担什么责任，颇有争议。第一种观点认为，行政复议权利告知义务是行政机关对法律规定的重述义务，不是行政机关的法定义务，同时作为一种"事后告知"，不履行此义务，不影响行政行为本身的合法性。第二种观点认为，告知义务属于行政程序的一个组成部分，如果行政机关不履行告知义务，应当视为不履行法定程序，可以撤销行政行为，这样可以强化行政机关履行告知义务的力度。第三种观点认为，告知义务虽然是行政机关的法定义务，但是它与行政机关作出何种行政行为所依据的事实、依据等没有关系，因此，不应导致撤销行政行为的法律后果。而且仅仅因为这个程序瑕疵就撤销行政行为，对行政机关过于严厉，可能造成程序反复，不利于提高行政效率。

为了保护行政相对人的行政复议申请权，防止因行政机关不履行告知义务而影响公民、法人或者其他组织申请行政复议，不履行告知义务应当产生不影响申请人行政复议权利行使的效果，即由于行政机关没有履行告知义务，导致申请人超过行政复议申请期限或者找错行政复议机关的，都应当视为在法定期限内提出行政复议申请，行政复议机关都应当予以受理。行政机关告知错误的，也要比照未履行告知义务处理。

新修订的《行政复议法》第二十条从行政相对人的权利角度作出了规定：一是公民、法人或者其他组织认为行政行为侵犯其合法权益的，可以自知道或者应当知道该行政行为之日起六十日内提出行政复议申请；但是法律规定的申请期限超过六十日的除外。因不可抗力或者其他正当理由耽误法定申请期限的，申请期限自障碍消除之日起继续计算。二是行政机关作出行政行为时，未告知公民、法人或者其他组织申请行政复议的权利、行政复议机关和申请期限的，申请期限从公民、法人或者其他组织知道或者应当知道行政复议权利、行政复议机关和申请期限之日起计算，但是从知道或者应当知道行政行为内容之日起最长不得超过一年。

第二节 行政复议的范围

行政复议范围，又称行政复议的申请范围、行政复议的受案范围，是《行政复议法》的重要问题，直接决定了行政复议化解行政争议的能力及其贡献度。它既是公民、法人或者其他组织提出行政复议申请的范围，又是行政复议机关可以审查的行政行为或者处理的行政争议的范围。从行政法理论上讲，对行政行为不服，绝大部分都可以申请行政复议。所以，法律对行政复议范围加以明确，可以使行政机关和行政相对人都知晓哪些事项可以申请行政复议，哪些事项不能申请行政复议。行政复议范围直接关系到对行政机关进行监督以及对行政相对人进行救济的广度和深度，是行政复议制度的核心问题之一。

一、行政复议范围的立法考量因素

行政复议范围的立法考量，不是立法者的一种偶然选择，它是一个国家政治、经济、文化和法治状况的综合反映。行政复议范围一般应考虑公民权利意识的强弱、行政权力的疆域、行政复议机关解决行政争议的能力以及行政法治背景等因素。[1] 从世界范围看，各国行政复议范围呈现逐步扩大趋势。我国行政复议范围也经历了一个逐渐扩大的过程。自新中国成立到20世纪80年代末，多数单行法律法规将行政

---

[1] 石佑启、杨勇萍编著：《行政复议法新论》，北京大学出版社2007年版，第78页。

复议范围局限于行政处罚行为。1990年12月国务院公布实施的《行政复议条例》，从当时的实际情况出发，参照《行政诉讼法》规定的行政诉讼受案范围，规定行政复议范围主要是法律法规规定的涉及人身权、财产权的行政行为。1999年《行政复议法》扩大了行政复议范围，对于行政行为，不论是涉及人身权、财产权还是受教育权，只要是可能侵犯相对人合法权益，又可以通过行政复议解决的问题，都可以申请行政复议。随着我国法治政府建设的推进以及公民法律意识的提升，2023年修订的《行政复议法》再次扩大了行政复议范围。

二、行政复议范围的立法考量方式

行政复议范围的立法方式主要分为三种：概括式、列举式和混合式。（1）概括式，是指法律规定用一个抽象概括的法律概念或者原则标准，来确定可以提起行政复议的案件类型，如利害关系、合法权利或者合法权益等。它的优点是简单、全面，包容性强，灵活性大；缺点是不够明确，容易产生争议，行政复议机关也不易把握受案尺度，更容易使行政复议事项泛化，引发权利滥用问题。（2）列举式，是指法律用逐一列举的方式，明确规定可以申请行政复议的案件类型。凡是肯定列举的行政争议都可以申请行政复议，凡是排除列举的事项都不能申请行政复议。它的优点是明确、具体、易于掌握；缺点是分散、繁杂、不便执行或者列举不全等。（3）混合式，是指混合使用概括式和列举式，法律既规定可以申请行政复议的概括标准，又明确列举可以受理的行政复议案件类型。这样既能充分保障相对人的申请行政复议权，又能够通过肯定或者否定列举的方式，明确属于或者不属于行政复议范围的事项，使行政复议范围既明确具体又避免以偏概全。

我国《行政复议法》采用了概括和列举相结合的混合式，对行政复议范围作出了规定。《行政复议法》第二条规定，公民、法人或者其他组织认为行政机关的行政行为侵犯其合法权益，向行政复议机关提出行政复议申请，行政复议机关办理行政复议案件，适用本法。此条规定是对行政复议范围的总体性概括。第十一条前十四项列举了可以申请行政复议的十四种具体情形，第十五项作为兜底条款，对目前难以全面列举但可能逐步纳入行政复议范围的其他行政行为作了补充。第十三条将部分抽象行政行为纳入了行政复议的附带审查范围，但不是行政复议的直接受案范围。同时，参照《行政诉讼法》，《行政复议法》第十二条采取否定列举方式，排除了四种不能申请行政复议的事项。

三、行政复议范围的立法标准

行政行为属于行政复议范围必须达到两个基本标准：一是必须是行政行为；二是行政相对人"认为"行政行为侵犯其合法权益。合法权益界定要素：（1）侵犯的是行政相对人本人的权益而非他人权益；（2）侵犯的是行政相对人的合法权益而不是非法利益；（3）行政相对人认为侵犯其合法权益，而无须先证明实际侵犯其合法权益。

四、正确理解行政复议范围内的行政行为

理解我国行政复议范围的关键是准确把握"行政行为"的含义。2014年修正的《行政诉讼法》将"具体行政行为"修改为"行政行为"。新修订的《行政复议法》将"具体行政行为"也修改为"行政行为"。修改理由：一是原法用具体行政行为的概念，是相对于"抽象行政行为"而言的，主要考虑的是限定可申请复议的范围。对此，法律已作了明确列举，哪些案件应当受理，哪些案件不应当受理，界限是清楚的，可以根据实践的发展不再从概念上作出区分。二是实践中存在行政复议机关不愿意受理行政复议案件，以被申请复议的行为不

是具体行政行为为由不予受理的现象,修改之后,可以堵住这个"漏洞"。三是从立法技术上看,与"具体行政行为"相比,"行政行为"更具弹性,解释的空间更大,这有助于行政复议机关及时回应时代发展和实践需求,而无须频繁地修改法律。

(一)行政行为的含义

"行政行为"的两条标准:对象的特定性和内容适用的一次性。[①]一般认为,行政行为是行政主体在行使行政职权中针对特定行政相对人作出或者不作出,并对其权利义务产生法律效果的行政行为。行政行为主要包括以下五个方面的内容。

一是行政行为主体。行政主体一般包括行政机关和法律、法规、规章授权的组织两大类,它们承担着管理社会的重要职责。上述两类主体以外的机关作出的行为不是行政行为,比如国有资产监督管理委员会作为代表政府履行对国家出资企业出资人职责的特设机构,不行使政府的社会公共管理职能,因此,国有资产监督管理委员会依法履行出资人职责的行为不是行政行为。

二是行政行为主体法定职责。行政行为必须是行政机关对外行使公共管理职责的行为,既不是对内部事务进行管理、不涉及行政相对人的内部行政行为,比如行政机关内部上下级之间的请示、审批、授权、计划以及制定内部规则等事项;也不包括以平等主体身份实施的民事法律行为,比如行政机关签订民事合同、购买办公用品等。

三是行政行为产生影响。行政行为必须是对权利义务产生影响的行为。行政行为会带来相对人权利义务产生、变更或者消灭等法律后果,其内容必须是对特定事项的处理。因此,那些不以产生、变更或者消灭当事人法律上权利义务为目的的行政活动(如重复处理行为)以及为最终作出影响权利义务的行政行为所进行的程序性、阶段性行

---

① 姜明安:《行政诉讼法》(第二版),法律出版社2007年版,第147—148页。

政活动等，都不属于可以申请行政复议的行政行为。

四是行政行为相对人必须是特定的行政相对人。这就排除了行政机关制定行政法规、规章等行政立法行为，也不应当包括针对不特定对象发布的能够反复适用的行政规范性文件，即通常所说的抽象行政行为。但是，现实社会中，有时很难找到一条绝对的界限，什么是"特定人"的界定有时会比较模糊。比如某市政府发布通知要求关闭该市三环路以内的加油站，从形式上看该通知的对象是不特定的，但是从实际来看，该市三环路以内的加油站数量又是特定的，因此不能说该通知就不是行政行为，从而排除在行政复议范围之外。行政复议人员作为准法官，首先是要依照法律条文办事，其次是在没有法律条文或者法律条文含义不明确时，要按照法律的理念、原则或者惯例来办事。比如，在判断行政行为与抽象行政行为的标准上，为了更好地实现《行政复议法》及其实施条例有效保护行政相对人合法权益的立法目的，就应当坚持"应收尽收"的原则，在不违反一般法理和不损害社会公益的前提下，从宽把握行政行为的界限，将尽可能多的行政行为纳入行政复议范围。

五是不作为的行政行为。主要是指行政主体消极的不作为，通常表述为"不履行有关法定职责"。一般认为，要满足以下三个条件：第一，行政机关有法律、法规、规章规定的法定职责；第二，行政机关的职责是对外实施具体管理的法定职责，不是内部的层级监督职责，也不是抽象行政行为的法定职责，更不是内部行政行为的管理职责；第三，行政机关没有履行法定职责，比如不予许可决定、不予受理决定等。

（二）行政行为相关概念

法律对行政行为的内涵和外延均未作明确规定，导致实践中对相关概念的含义把握不准，因此，有必要对行政行为等相关概念进行界定，以正本清源，澄清有关认识。同时，行政复议作为与行政诉讼并列的两大救济制度，在受案范围上具有衔接性，《行政诉讼法》及其司法解释对某些行政行为是否属于受案范围作了明确，行政复议如何与其衔接，也需要进一步说明。

1. 行政行为与事实行为

行政行为是行政法上的一个基本概念，但是由于人们对行政的定义不同，行政法学界也对行政行为下过各种各样的具体定义，其中有观点认为，行政行为是指"行政主体在实施行政管理活动、行使行政职权过程中所作出的具有法律意义的行为"[①]。这一定义列出了行政行为的几个核心要素，有助于我们把握行政行为的本质：一是行政主体作出的行为；二是行政主体行使行政职权、履行行政职责的行为；三是具有法律意义的行为。行政行为从内容上来说，是对行政相对人权利、义务作出的某种处理和决定。具体表现为赋予权益或者科以义务、剥夺权益或者免除义务、变更法律地位、确认法律事实与法律地位等。

事实行为是与法律行为相对的一个概念。法律法规中没有规定事实行为，但是事实行为在我国行政管理实践中是客观存在的。一般认为，事实行为是行政主体实施的，不以形成、变更或者消灭法律关系为目的，对当事人不产生法律上的拘束力，但是影响或者改变了事实状态的行为。事实行为也会产生侵犯申请人合法权益的情形。关于常见的事实行为的类型，我国台湾地区学者将其概括为四大类：日常实行活动的事实行为（如开辟道路、砍伐树木、救火等事务性行为）；执行性的事实行为（如对违规依核准之补助款数而为付款的行为、对违规汽机车的托吊、对古物采取的维护措施等）；无拘束力的提供资讯与通报行为（如提供就业信息、警告抽烟有害健康的通报、行政指导等）；行政上的非正式行为（如行政与私人间基于相互利益而订立无法

[①] 罗豪才主编：《行政法学》，北京大学出版社1996年版，第105—106页。

律效果的、取代行政处理的非正式行政协议等)。① 上述对事实行为的类型化概括,可以为我们理解事实行为提供参考。

实践中,有时行政法律行为与行政事实行为的界限比较模糊,难以判断。因此,我国有学者在研究行政诉讼受案范围时,提出并借用了准行政行为的概念,并认为行政法上的准行政行为通常包括通告行为、证明行为等。实践中,对这些行为是否属于行政复议范围存在争议,判断的关键是看这些行为是否对当事人权利义务产生了实际影响。

2. 内部行政行为与外部行政行为

行政行为以其适用对象的范围为标准,可以分为内部行政行为与外部行政行为。内部行政行为,是指行政主体在内部行政管理组织中所作的只对行政组织内部产生法律效力的行为,一般涉及行政主体的内部组织关系、隶属关系、人事关系等方面,其法律效果影响行为对象的职务、职责、职权等,如行政处分、上级行政机关对下级行政机关所下达的行政命令等。外部行政行为,是指行政主体在对社会实施行政管理活动过程中针对公民、法人或者其他组织所作出的行政行为,如行政许可、行政处罚行为等。② 对于内部行政行为,因为不影响行政相对人的合法权益,所以不能提起行政复议或者行政诉讼;外部行政行为则恰恰相反,是产生外部效果、直接影响行政相对人合法权益的行政行为,行政相对人可以通过提起行政复议或者行政诉讼来进行救济。内部行政行为与外部行政行为的区分,并不存在绝对的界限,实践中有时会发生混淆、争议。把握两者的区别可以从主体、所针对的事项和法律依据、行为内容和法律效果等几个角度来考虑,其中最关键的一点是行政行为是否产生外部效果,即是否对公民、法人或其他组织等行政相对人的权利义务产生影响。如果行政行为的内容是关

---

① 翁岳生编:《行政法》(下册),中国法制出版社2009年版,第890—891页。
② 罗豪才主编:《行政法学》,北京大学出版社1996年版,第115—116页。

于社会管理方面的事项，法律效果上影响到了公民、法人或者其他组织的权利义务，则不管其是以什么形式作出的，都应当视为外部行政行为。比如，某行政机关通过会议纪要的形式决定对某居民的房屋进行拆迁，或者某省政府针对下级政府请示作出的同意征收某农村集体经济组织土地的批复等。

五、属于行政复议范围的行政行为

（一）行政处罚行为

行政处罚是指行政机关依法对违反行政管理秩序的公民、法人或者其他组织，以减损权益或者增加义务的方式予以惩戒的行为。行政处罚的种类包括：警告、通报批评；罚款、没收违法所得、没收非法财物；暂扣许可证件、降低资质等级、吊销许可证件；限制开展生产经营活动、责令停产停业、责令关闭、限制从业；行政拘留；法律、行政法规规定的其他行政处罚。因此，《行政复议法》第十一条第一项规定，对行政机关作出的行政处罚决定不服，属于行政复议范围。

（二）行政强制行为

根据《行政强制法》，行政强制包括行政强制措施和行政强制执行，2023年修订的《行政复议法》将行政强制执行纳入行政复议的范围。

1. 行政强制措施，是指行政机关在行政管理过程中，为制止违法行为、防止证据损毁、避免危害发生、控制危险扩大等情形，依法对公民的人身自由实施暂时性限制，或者对公民、法人或者其他组织的财物实施暂时性控制的行为。行政强制措施的种类包括：限制公民人身自由；查封场所、设施或者财物；扣押财物；冻结存款、汇款；其他行政强制措施。实践中，限制人身自由的行政措施主要包括强制戒毒、强制带离现场、强制隔离治疗、扣留、限制出境等。限制财产流通的行政强制措施包括查封、扣押、冻结、强制收购、强行收缴、强制销毁、强制检定等形式，其中最常见的是查封、扣押和冻结。所谓查封，是指行政机关对行政相对人的财产依法就地封存，加贴封条，以防止行政相对人任意使用、处分的行为。扣押是指行政机关为了防止案件当事人以及相关人员处分、转移财产而依法将涉案的财产扣押于一定地点并置于行政机关控制下的行为。冻结是指银行根据行政机关的要求，冻结当事人的账户，不准其动用存款的行为。

2. 行政强制执行，是指行政机关或者行政机关申请人民法院，对不履行行政决定的公民、法人或者其他组织，依法强制履行义务的行为。对于行政强制执行，法律规定了严格的方式，包括加处罚款或者滞纳金；划拨存款、汇款；拍卖或者依法处理查封、扣押的场所、设施或者财物；排除妨碍、恢复原状；代履行；其他强制执行方式。需要特别注意的是，行政强制执行只能由法律设定。法律没有规定行政机关强制执行的，作出行政决定的行政机关应当申请人民法院强制执行。因此，《行政复议法》第十一条第二项规定，对行政机关作出的行政强制措施、行政强制执行决定不服，属于行政复议范围。

（三）行政许可行为

行政许可是指行政机关根据公民、法人或者其他组织的申请，经依法审查，准予其从事特定活动的行为。有关行政机关对其他机关或者对其直接管理的事业单位的人事、财务、外事等事项的审批，不属于行政许可行为。行政许可是行政机关对社会实施的一种外部管理性行政行为，是依相对人申请、准予相对人从事特定活动的行政行为。行政机关颁发的许可证、执照、资质证、资格证等证书，是公民、法人或者其他组织获得某种资格或者能力的法律凭证，也是从事某种活动的前提条件，如果行政机关决定变更、中止或者撤销，就意味着从事某种特定活动能力的丧失或者受到限制，直接或者间接影响行政相对人的合法权益。因此，《行政复议法》第十一条第三项规定，申请行政许可，行政机关拒绝或者在法定期限内不予答复，或者对行政机关作出的有关行政许可的其他决定不服，属于行政复议范围。

（四）行政确权行为

行政确权行为属于行政确认的一种，是行政机关对有关自然资源的所有权或者使用权权属的确认。我国《土地管理法》《草原法》《森林法》《矿产资源法》等法律规定，对土地、矿藏、水流、森林、山岭、草原、荒地、海域等自然资源的所有权或者使用权予以确认和核发证书，是县级以上各级人民政府的法定职责。实践中，行政确权行为包括两种情形：一种是直接的行政确权行为，如确认宅基地、核发土地所有权证书、出让或者划拨土地等行为；另一种是通过行政裁决的确权行为，比如土地、森林、水面等自然资源的权属问题发生争议时所作出的裁决决定。《行政复议法》第十一条第四项规定，对行政机关作出的关于确认自然资源的所有权或者使用权的决定不服，属于行政复议范围。

（五）行政机关作出的征收征用决定

行政征收是指行政主体凭借国家行政权，根据国家和社会公共利益的需要，依法向行政相对人强制征集其财产所有权的一种行政行为。征收对象主要是土地等不动产；征收是为了公用事业，特别是公路、铁路等基础设施建设工程；征收以完全补偿为要件，而且大多是事先补偿。《宪法》第十三条第三款规定："国家为了公共利益的需要，可以依照法律规定对公民的私有财产实行征收或者征用并给予补偿。"

行政征收和征用的相同之处在于都是为了公共利益的需要；它们的区别在于征收一般是指对公民财产所有权的限制或剥夺，而征用仅是指对公民财产使用权的暂时剥夺（用完之后还要归还），征用大多适用于紧急状态或者军事、战争等特殊紧急情况下。因此，《行政复议法》第十一条第五项规定，对行政机关作出的征收征用决定及其补偿决定不服，属于行政复议范围。

（六）赔偿或者不予赔偿决定

行政赔偿，是指国家行政机关及其工作人员在行使职权的过程中侵犯公民、法人或其他组织的合法权益并造成损害，由国家承担赔偿责任的制度。《国家赔偿法》第十四条规定，赔偿请求人对赔偿义务机关作出的赔偿或者不予赔偿决定不服，可以向法院起诉。新修订的《行政复议法》第十一条第六项将行政机关作出的赔偿决定或者不予赔偿决定纳入行政复议范围。

（七）不予受理工伤认定申请的决定或者工伤认定结论

工伤范围是工伤认定的前提，一般由法律直接规定。各国及地区的工伤保险法律对工伤范围的规定主要采取以下几种立法模式：概括式立法模式、列举式立法模式、混合式立法模式。我国《工伤保险条例》对工伤范围采取列举式立法模式，通过肯定性列举和否定性列举相结合的方式，明确了工伤范围。《工伤保险条例》规定，社会保险行政部门应当自受理工伤认定申请之日起六十日内作出工伤认定的决定，并书面通知申请工伤认定的职工或者其近亲属和该职工所在单位。社会保险行政部门对受理的事实清楚、权利义务明确的工伤认定申请，应当在十五日内作出工伤认定的决定。社会保险行政部门作出认定为工伤的决定后发生行政复议、行政诉讼的，行政复议和行政诉讼期间不停止支付工伤职工治疗工伤的医疗费用。根据《工伤保险条例》的规定，应当认定为工伤的情形包括：（1）工作时间和工作场所内，因工作原因受到事故伤害的；（2）工作时间前后在工作场所内，从事与工作有关的预备性或者收尾性工作受到事故伤害的；（3）在工作时间和工作场所内，因履行工作职责受到暴力等意外伤害的；（4）患职业病的；（5）因工外出期间，由于工作原因受到伤害或者发生事故下落不明的；（6）在上下班途中，受到非本人主要责任的交通事故或者城市轨道交通、客运轮渡、火车事故伤害的;(7)法律、行政法规规定应当认定为工伤的其他情形。视同工伤的情形包括:(1)在工作时间和工作岗位,突发疾病死亡或者在48小时之内经抢救无效死亡的;(2)在抢险救灾等维护国家利益、公共利益活动中受到伤害的;(3)职工原在军队服役,因战、因公负伤致残,已取得革命伤残军人证,到用人单位后旧伤复发的。

工伤认定是社会保险行政部门作出的行政行为,因此,《行政复议法》第十一条第七项规定,对行政机关作出的不予受理工伤认定申请的决定或者工伤认定结论不服,属于行政复议范围。

(八)侵犯经营自主权、农村土地承包经营权、农村土地经营权的行为

经营自主权是市场主体依法享有的依照自己意愿调配和使用人力、物力、财力,独立开展生产经营活动,在产供销环节中自主决定不受干涉的权利。根据《市场主体登记管理条例》的有关规定,市场主体是指在中华人民共和国境内以营利为目的从事经营活动的下列自然人、法人及非法人组织:(1)公司、非公司企业法人及其分支机构;(2)个人独资企业、合伙企业及其分支机构;(3)农民专业合作社(联合社)及其分支机构;(4)个体工商户;(5)外国公司分支机构;(6)法律、行政法规规定的其他市场主体。经营自主权包括生产经营决策权、定价权、购销权、资产处置权、联营兼并权、人事管理权等,行政机关不能干涉企业的经营自主权。

农村土地承包经营权是指承包农户以从事农业生产为目的,对集体所有或国家所有的由农民集体使用的土地进行占有、使用和收益的权利。

农村土地经营权是从农村土地承包经营权中分离出的一项权能,承包农户将其承包土地流转出去,由其他组织或者个人经营,其他组

织或者个人取得土地经营权。《农村土地承包法》第三十七条规定，土地经营权人有权在合同约定的期限内占有农村土地，自主开展农业生产经营并取得收益。

因此，《行政复议法》第十一条第八项规定，认为行政机关侵犯其经营自主权或者农村土地承包经营权、农村土地经营权，属于行政复议范围。

（九）滥用行政权力排除或者限制竞争的行为

行政机关和法律、法规、规章授权的具有管理公共事务职能的组织不得滥用行政权力，排除或者限制竞争。《反垄断法》规定，行政机关和法律、法规授权的具有管理公共事务职能的组织不得滥用行政权力实施以下行为：（1）限定或者变相限定单位或者个人经营、购买、使用其指定的经营者提供的商品。（2）通过与经营者签订合作协议、备忘录等方式，妨碍其他经营者进入相关市场或者对其他经营者实行不平等待遇，排除、限制竞争。（3）妨碍商品在地区之间的自由流通，包括对外地商品设定歧视性收费项目、实行歧视性收费标准，或者规定歧视性价格；对外地商品规定与本地同类商品不同的技术要求、检验标准，或者对外地商品采取重复检验、重复认证等歧视性技术措施，限制外地商品进入本地市场；采取专门针对外地商品的行政许可，限制外地商品进入本地市场；设置关卡或者采取其他手段，阻碍外地商品进入或者本地商品运出；妨碍商品在地区之间自由流通的其他行为。（4）以设定歧视性资质要求、评审标准或者不依法发布信息等方式，排斥或者限制经营者参加招标投标以及其他经营活动。（5）采取与本地经营者不平等待遇等方式，排斥、限制、强制或者变相强制外地经营者在本地投资或者设立分支机构。（6）强制或者变相强制经营者从事垄断行为。

因此，《行政复议法》第十一条第九项规定，认为行政机关滥用行政权力排除或者限制竞争,属于行政复议范围。

(十) 非法要求行政相对人履行义务的行政行为

依照法律法规的规定,公民、法人或者其他组织负有某种行政法上的义务时,必须及时履行,如纳税、缴费、服兵役、提供劳务、协助执行公务等。但是,除了法定义务之外,行政机关不得违法要求相对人履行法外义务,比如违法集资、乱摊派、乱收费等行为,这是违法加重行政相对人负担的行为,是对相对人合法权益的一种侵害。因此,《行政复议法》第十一条第十项规定,行政机关违法集资、摊派费用或者违法要求履行其他义务的行为,属于行政复议范围。

(十一) 不履行保护人身权、财产权和受教育权法定职责的行为

人身权利又称人身非财产权,是指与人身直接相关而没有经济内容的权益,属公民的基本权利之一,包括生命健康不受侵犯、人身自由不受侵犯、人格尊严不受侵犯等。财产权是指可单独转让或与其他权利一并转让的权利,旨在使持有者获得物质利益。受教育权,是指公民有获得文化科学知识和不断提高思想觉悟、道德水平的权利。

依照有关法律法规的规定,行政机关负有保护公民、法人或者其他组织人身权、财产权和受教育权的法定职责,当行政相对人的人身权、财产权和受教育权受到侵犯时,行政机关应当依法履行积极保护的义务,否则就是一种失职行为,也就是通常所称的"行政不作为",应当承担相应的法律责任。因此,《行政复议法》第十一条第十一项规定,申请行政机关履行保护人身权利、财产权利、受教育权利等合法权益的法定职责,行政机关拒绝履行、未依法履行或者不予答复,属于行政复议范围。行政相对人对行政机关不履行保护人身权、财产权和受教育权的行政不作为提出行政复议,必须满足三个条件:一是行政相对人正面临着人身权、财产权或者受教育权方面的侵害,这种侵害不是虚构的,而是必须基于一定的客观事实;二是行政机关具有法

律、法规、规章规定的保护人身权、财产权和受教育权的法定职责；三是行政机关没有履行法定职责。

（十二）不依法发放抚恤金、社会保险金或最低生活保障费的行为

当前，我国建立了社会保险、伤亡抚恤等民生保障制度，政府要承担发放抚恤金、社会保险金或者最低生活保障费的义务。（1）抚恤金，是公民因公或因病致残、死亡时发给本人或者其家属，用以维持本人或者家属日常生活的费用，主要包括给因公死亡人员遗属的死亡抚恤金和给因公致伤、致残者本人的伤残抚恤金。（2）社会保险金是参加社会保险的公民在丧失劳动机会或者劳动能力时依法领取一定金额的生活费用，具体包括养老保险金、失业保险金、医疗保险金、工伤保险金和生育保险金。（3）最低生活保障费是指向城镇居民发放的维持其基本生活需要的社会救济金，目前我国实行农村低保制度，农民可以领取最低生活保障费。抚恤金、社会保险金和最低生活保障费事关公民的生存权，如果行政机关不依法发放，就是对行政相对人合法权益的侵犯。因此，《行政复议法》第十一条第十二项规定，申请行政机关依法给付抚恤金、社会保险待遇或者最低生活保障等社会保障，行政机关没有依法给付，属于行政复议的范围。

（十三）不依法订立、不依法履行、未按照约定履行行政协议的行政行为

《最高人民法院关于审理行政协议案件若干问题的规定》中明确，行政协议是行政机关为了实现行政管理或者公共服务目标，与公民、法人或者其他组织协商订立的具有行政法上权利义务内容的协议。主要包括：（1）政府特许经营协议；（2）土地、房屋等征收征用补偿协议；（3）矿业权等国有自然资源使用权出让协议；（4）政府投资的保障性住房的租赁、买卖等协议；（5）符合规定的政府与社会资本合作协议；（6）其他行政协议。行政机关订立的不属于行政诉讼范围的协

议包括：(1) 行政机关之间因公务协助等事由而订立的协议；(2) 行政机关与其工作人员订立的劳动人事协议。上述规定，行政复议工作中也可以参考。

(十四) 政府信息公开侵犯合法权益的行政行为

政府信息是指行政机关在履行行政管理职能过程中制作或者获取的，以一定形式记录、保存的信息。行政机关应当坚持以公开为常态、不公开为例外，遵循公正、公平、合法、便民的原则，及时、准确地公开政府信息。公开政府信息有两种方式：主动公开和依申请公开。在经济全球化和信息化的时代，瞬息万变的信息已成为社会经济发展的重要因素。其中，政府信息既是公众了解政府行为的直接途径，也是公众监督政府行为的重要依据。为规范各级行政机关的政府信息公开行为，《行政复议法》第十一条第十四项规定，认为行政机关在政府信息公开工作中侵犯其合法权益，属于行政复议范围。

(十五) 其他行政行为

这是除了上述明确列举的十四类事项之外，对行政机关侵犯公民、法人或者其他组织合法权益的行政行为的总的概括。现代社会，行政管理领域普遍而广泛，行政机关作出的行政行为各种各样，有的很难归类到某一行政行为类型。因此，为了避免列举不全面可能带来的遗漏，《行政复议法》第十一条第十五项作了兜底性规定，只要公民、法人或者其他组织认为行政机关的行政行为侵犯其合法权益的，就可以申请行政复议，这样可以更好地保护公民、法人或者其他组织的合法权益。

六、不属于行政复议范围的事项

《行政复议法》既对行政复议范围作了肯定列举，也作了明确否定列举，第十二条明确规定四类事项不属于行政复议范围：一是国防、外交等国家行为；二是行政法规、规章或者行政机关制定、发布的具有普遍约束力的决定、命令等规范性文件；三是行政机关对行政机关工作人员的奖惩、任免等决定；四是行政机关对民事纠纷作出的调解。

（一）国防、外交等国家行为

《最高人民法院关于适用〈中华人民共和国行政诉讼法〉的解释》第二条对国家行为的概念作了界定：国家行为是指国务院、中央军事委员会、国防部、外交部等根据宪法和法律的授权，以国家的名义实施的有关国防和外交事务的行为，以及经宪法和法律授权的国家机关宣布紧急状态的行为。行政复议中对国家行政行为含义的理解，也可以参照该解释。国家行为的主要特征是：其一，国家行为是特定国家机关作出的行为。特定机关包括国务院、中央军事委员会、国防部、外交部等。其二，国家行为是带有重大政治性的行为。这种重大政治性主要体现在国防、外交事务，宣布紧急状态，施行戒严、总动员。其三，国家行为是依据宪法和法律的特别授权作出的行为。其四，国家行为是由整体意义的国家承担行为后果的行为。也就是说，国家行为的后果不可能由哪一个行政机关来承担，而必须由在国际关系中具有主权地位的整体意义上的国家承担。

（二）规范性文件

规范性文件指由有权机关在履行职责过程中形成的具有特定效力和规范格式、可以反复适用的立法性文件和非立法性文件，是各级机关、团体、组织制发的各类文件中最主要的一类，因其内容具有约束和规范人们行为的性质，故称为规范性文件。规范性文件是行政机关及法律、法规、规章授权的具有管理公共事务职能的组织，在法定职权范围内依照法定程序制定并公开发布的针对不特定的多数人和特定事项，涉及或者影响公民、法人或者其他组织权利义务，在本行政区域或其管理范围内具有普遍约束力,在一定时间内相对稳定、能够反复适用的行政措施、决定、命令等的总称。鉴于规范性文件是针对不特定的多数人,具有反复适用特性,因此不属于行政复议范围。

(三) 行政机关对行政机关工作人员的奖惩、任免等决定

行政机关对行政机关工作人员的奖惩、任免等决定是内部行政行为的范畴,是行政机关内部管理事项,它涉及的是行政机关工作人员的权益,与影响行政相对人合法权益的外部行政行为不同。"奖"包括嘉奖、记三等功、记二等功、记一等功、授予称号等。"惩"包括警告、记过、记大过、降级、撤职、开除等处分,是行政机关按照管理权限和规定程序,给予有违法违纪行为,尚未构成犯罪或者虽然构成犯罪但是依法不追究刑事责任的行政机关工作人员的一种内部行政制裁。行政机关工作人员对于行政机关作出的处分或者其他人事处理不服的,可以依照《公务员法》或者《监察法》的规定,申请复核或者提出申诉。《公务员法》第九十五条规定,公务员对涉及本人的有关人事处理不服的,可以自知道该人事处理之日起三十日内向原处理机关申请复核;对复核结果不服的,可以自接到复核决定之日起十五日内,按照规定向同级公务员主管部门或者作出该人事处理的机关的上一级机关提出申诉;也可以不经复核,自知道该人事处理之日起三十日内直接提出申诉。

鉴于法律、法规对奖惩、任免行为另行规定了复核、申诉、再申诉等救济渠道,同时这类行为属于内部行政行为,因此《行政复议法》未将其纳入行政复议范围。

(四) 行政机关对民事争议调解行为

行政调解行为是指行政机关对民事纠纷作出的调解。一般来讲,行政机关对于民事纠纷没有受理和处理的权力,民事纠纷由司法机关最终解决是各国的普遍做法。而且,从行政权与民事活动的关系看,

行政机关主要是通过对社会实施行政管理,制裁违法行为,来为民事活动提供保障,而不宜过多地涉足民事纠纷的处理。但是,由于现代社会经济关系的迅猛发展,民事活动的范围不断地扩大,民事关系日趋复杂,其中不少与行政机关的管理活动密切相关。司法机关的力量很难完全承担起民事关系的调整需要。因此,法律也将一些与行政机关行使职权相关的民事纠纷,授权有关行政机关先行处理,对经过行政机关处理仍然未能解决的民事纠纷,才由司法机关最终解决。这样做,既可以发挥有关行政机关在人员和专业上的优势,有利于民事纠纷的及时解决,也可以有效地减轻法院的负担。从法理上讲,行政机关处理民事纠纷的权力是民事审判权的一种延伸。因此,行政机关在处理法律授权其处理的民事纠纷时,其地位和职责与司法机关审理民事案件是相似的。也就是说,行政机关置身于民事纠纷双方当事人之外,处于居中裁决者的地位,而且行政机关作出处理后,也不影响当事人依照法律规定寻求民事诉讼或者仲裁的解决渠道。鉴于行政机关的调解所解决的纠纷本质上属于民事纠纷而不是行政纠纷,而且已经有救济渠道,为避免救济程序上的循环,提高纠纷解决的效率,《行政复议法》将其排除在行政复议范围之外。

第三节　行政复议申请的提出

一、行政复议申请的条件

行政复议申请的条件,是行政相对人向行政复议机关申请行政复议必须具备的法定条件。行政复议是一种法定救济机制,《行政复议法》和《行政复议法实施条例》规定了行政复议申请的条件,这有助于当事人事先了解申请行政复议的基本要求，便于正确及时地申请行政复议，也有利于及时有效地解决行政争议。依照法律规定，申请行政复议应当具备以下七个条件。

（一）适格的申请人

行政复议申请人，是指认为行政机关的行政行为侵犯其合法权益，以自己名义向行政机关提出申请，要求对行政行为进行审查并依法作出决定的公民、法人或者其他组织。第一，申请人应当是作为行政相对人的公民、法人或者其他组织。第二，申请人必须与申请行政复议的行政行为具有法律上的利害关系，即该行为对申请人的权利义务产生了不利影响。第三，申请人认为自己的合法权益受到行政机关行政行为侵犯，只要相对人主观上认为自己的合法权益受到侵犯就可以申请行政复议，而暂不论客观上是否受到实际侵害。

（二）明确的被申请人

公民、法人或者其他组织提出行政复议申请时，应当指明实施侵犯其合法权益的行政机关。否则，无法确定行政复议答复机关，也就无从审查是非、解决争议。

（三）有具体的行政复议请求

申请人必须明确表示要求行政复议机关解决什么问题以及所要达到的目的，比如是要求撤销、变更行政行为，还是要求确认行政行为违法并要求赔偿，抑或是要求履行法定职责，必须在行政复议申请书中予以明确。

（四）属于行政复议范围

申请事项是行政行为，属于《行政复议法》第十一条规定的行政复议范围。如果申请人要解决的问题不属于行政复议范围，其行政复议申请将不会被行政复议机关受理。

（五）属于受理行政复议机关管辖

申请人必须向正确的行政复议机关提出行政复议申请，否则，行政复议申请将不被受理。当然，实践中有时申请人可能不知道行政复议机关，如果申请人找错了行政复议机关，为了保护其合法权益，《行政复议法》规定，接受该行政复议申请的行政机关应当告知申请人向有权的行政复议机关申请行政复议。

（六）在法定的期限内提出行政复议申请

申请行政复议有时间上的限制，一般为知道或应当知道行政行为之日起六十日内。超过法定期限提出的，将不被受理。这就要求当事人必须在法定期限内及时提出行政复议申请。

（七）法律、法规规定的其他条件

除了符合《行政复议法》及其实施条例规定的一般条件外，某些行政复议申请还必须符合法律、法规规定的其他特殊条件，比如就纳税争议申请行政复议的，需要依照《税收征收管理法》的规定先缴纳税款或者提供担保等。

二、行政复议申请的期限

《行政复议法》第二十条、第二十一条规定了具体行政复议期限。

（一）一般期限

依照《行政复议法》第二十条的规定，公民、法人或者其他组织认为行政行为侵犯其合法权益的，可以自知道或者应当知道该行政行为之日起六十日内提出行政复议申请；但是法律规定的申请期限超过六十日的除外。

行政机关作出行政行为时，未告知公民、法人或者其他组织申请行政复议的权利、行政复议机关和申请期限的，申请期限自公民、法人或者其他组织知道或者应当知道行政复议权利、行政复议机关和申请期限之日起计算,但是自知道或者应当知道行政行为内容之日起最长不得超过一年。

(二) 期限中断

行政复议申请期限,因遇到不可抗力或者其他正当理由耽误的,申请期限自障碍消除之日起继续计算,也就是行政复议申请期限的中断。所谓不可抗力,是指不能预见、不能避免且不可克服的客观事实,比如发生地震、火灾、洪水等自然灾害,或者爆发战争、武装冲突等社会动乱。其他正当理由通常包括:申请人在生产、生活或工作中发生重大变故,比如发生急病、重病等;行政机关胁迫或者阻挠申请人申请行政复议;因人身自由受到限制而不能申请行政复议的;其他非因申请人自身原因耽误申请期限的情形。

(三) 期限计算

由于行政复议申请期限是自知道行政行为之日起算,因此,把握这个问题的关键是如何理解"知道",这与行政行为的送达方式密切相关。一般推定为送达即知道,行政行为只有送达相对人,才能视为相对人知道该行政行为。因为送达是申请人"知道"行政行为的最基本方式。

依照《行政复议法实施条例》第十五条的规定,不同送达方式下的知道行政行为的起算时间也各不相同:(1) 行政行为当场作出的,自行政行为作出之日起计算。(2) 载有行政行为的文书直接送达的,自被送达人签收之日起计算。(3) 载有行政行为的文书邮寄送达的,自被送达人在邮件签收单上签收之日起计算;没有邮件签收单的,自被送达人在送达回执上签名之日起计算。(4) 行政行为依法通过公告形式告知被送达人的,自公告规定的期限届满之日起计算。(5) 行政机关作出行政行为时未告知公民、法人或者其他组织,事后补充告知的,自该公民、法人或者其他组织收到行政机关补充告知的通知之日起计算。(6) 被申请人能够证明公民、法人或者其他组织知道行政行为的，自证据材料证明其知道行政行为之日起计算。（7）行政机关作出行政行为，依法应当向有关公民、法人或者其他组织送达法律文书但是没有送达的，视为该公民、法人或者其他组织不知道该行政行为。

以上规定是关于作为的行政行为的行政复议申请期限的起算。关于行政不作为情形下行政复议申请期限如何计算，《行政复议法实施条例》第十六条也作了规定：（1）履行期限有规定的，自履行期限届满之日起计算；（2）履行期限没有规定的，自行政机关收到申请满六十日起计算；（3）公民、法人或者其他组织在紧急情况下请求行政机关履行保护人身权、财产权的法定职责，行政机关不履行的，行政复议申请期限不受前述规定的限制。

（四）最长期限

《行政复议法》第二十一条对最长行政复议申请期限作了规定：因不动产提出的行政复议申请自行政行为作出之日起超过二十年，其他行政复议申请自行政行为作出之日起超过五年的，行政复议机关不予受理。

三、行政复议前置情形

《行政复议法》第二十三规定了五种行政复议前置情形，对下列五种情形，申请人应当先向行政复议机关申请行政复议，对行政复议决定不服的，可以再依法向人民法院提起行政诉讼：

1. 对当场作出的行政处罚决定不服；

2. 对行政机关作出的侵犯其已经依法取得的自然资源的所有权或者使用权的决定不服；

3. 认为行政机关存在《行政复议法》第十一条规定的未履行法定职责情形；

4. 申请政府信息公开，行政机关不予公开；

5. 法律、行政法规规定应当先向行政复议机关申请行政复议的其他情形。

符合上述行政复议前置的情形，行政机关在作出行政行为时应当告知公民、法人或者其他组织先向行政复议机关申请行政复议。

四、行政复议申请的方式

行政复议坚持便民原则，申请人可以采取书面和口头两种方式申请行政复议。申请人书面申请行政复议的，可以采取当面递交、邮寄、传真或者互联网等方式提出行政复议申请。行政复议机关应当接受以电子邮件形式提出的行政复议申请。申请人采取传真或者电子邮件方式提交的，行政复议机关还需要对申请的真实性进行进一步确认。

书写有困难的申请人，可以口头申请行政复议，行政复议机关应当当场制作行政复议申请笔录交申请人核对或者向申请人宣读，并由申请人签字确认。据此，申请人口头申请行政复议原则上必须由申请人到行政复议机关当面提出，不允许仅以电话方式提出行政复议。

五、行政复议申请的内容

依照《行政复议法实施条例》第十九条的规定，行政复议申请应当包括以下五项内容：一是申请人的基本情况，包括公民的姓名、性别、年龄、身份证号码、工作单位、住所、邮政编码；法人或者其他组织的名称、住所、邮政编码和法定代表人或者主要负责人的姓名、职务；二是被申请人的名称；三是行政复议请求、申请行政复议的主要事实和理由；四是申请人的签名或者盖章；五是申请行政复议的日期。当然，以上行政复议申请的内容不能求全责备，面面俱到，只要主要内容具备即可。对于申请内容不齐全或者表述不清楚的，行政复议机关应当告知申请人进行补正。

六、行政复议申请的补正

有些申请人对行政复议制度并不了解，行政复议申请材料的形式和内容可能不符合要求，因此，《行政复议法》第三十一条规定了行政复议申请补正制度。行政复议申请材料不齐全或者表述不清楚的，行政复议机关可以自收到该行政复议申请之日起五日内书面通知申请人补正。补正通知应当一次性载明需要补正的事项。当申请人收到补正通知后，无正当理由逾期不补正的，视为申请人放弃行政复议申请。通过行政复议申请补正制度，既可以防止对行政复议申请简单地不予受理、一推了之，又可以使行政复议机关准确把握申请人的诉求和理由，便于依法及时审理行政复议案件。同时，补正在期限计算上具有双重效果：对申请人而言，申请人提出不完善申请的时间计算为行使申请权的时间，即只要申请人在法定行政复议申请期限内提出了行政复议申请，无论此后行政复议申请的补正花了多少时间，都不计算在行政复议申请期限内，而一律视为申请人按期提出了行政复议申请；对行政复议机关而言，收到补正材料的时间为行政复议受理审查期限的起算时间，即补正申请材料所用的时间也不计入行政复议受理审查及审理期限。

第四节　行政复议参加人

一、行政复议参加人的概念和范围

行政复议参加人包括以自己名义参加行政复议活动并保护自己合法权益的人和以他人名义参加行政复议活动、代他人参加行政复议活动并保护其合法权益的人。前者指行政复议申请人、被申请人、第三人，合起来又称行政复议当事人，他们是行政复议争议的主体，并受行政复议决定的约束。后者指行政复议代理人。证人、鉴定人、翻译人员等不属于行政复议参加人。行政复议参加人必须具备法律规定的资格和条件，并在行政复议活动中享有权利和承担义务。

二、行政复议申请人

行政复议申请人，是认为行政行为侵害其合法权益，并以自己的名义向行政复议机关提出行政复议申请，要求对该行政行为进行审查并作出行政复议决定的公民、法人或者其他组织。

（一）行政复议申请人的特征

行政复议申请人具备以下特征：一是申请人必须是行政管理的相对人，包括公民、法人和其他组织。二是申请人必须以自己的名义申请行政复议，不能以他人的名义申请行政复议。三是申请人是认为行政行为侵犯其合法权益的相对人，申请人要与被申请行政复议的行政行为有法律上的利害关系。申请人不能为了别人的利益申请行政复议，也不能因为公共利益而提出行政复议申请。四是申请人必须在法定期限内提出行政复议申请。

（二）行政复议申请人的类型

行政复议申请人的类型包括公民、法人和其他组织。

公民包括：（1）具有中华人民共和国国籍的中国公民；（2）受中国法律管理的具有中华人民共和国以外的国籍的外国公民；（3）受中国法律管理的不具有任何国家国籍的无国籍人。严格来说，无国籍人并不是公民，但其属于自然人的一种。上述公民在不服行政机关的行政行为时都有权申请行政复议。

法人，是指具有民事权利能力和民事行为能力，依法独立享有民事权利和承担民事义务的组织，即依法成立的有一定的财产或者经费及自己的名称、组织机构和场所，能够独立承担民事责任的组织。具体可分为营利法人、非营利法人与特别法人。

其他组织，即法人之外的依法成立的组织。这类组织虽不具有法人资格，但可以成为行政管理的对象。依照《行政复议法实施条例》第六条、第七条的规定，经依法核准登记的合伙企业和未经核准登记的全体合伙人均可以作为行政复议申请人，股份制企业的股东大会、股东代表大会、董事会也可以企业的名义申请行政复议。至于具体由谁代表企业申请行政复议，经核准登记的合伙企业由执行合伙事务的合伙人代表该企业参加行政复议；其他合伙组织由合伙人共同申请行政复议。同时，根据《行政复议法》第八十九条的规定，外国组织也可以申请行政复议。需要注意的是，非法民间组织不具备行政复议申请人资格。

（三）行政复议申请人资格的变更

申请人的资格可能因法定情形的发生而变更，例如有权申请行政复议的公民死亡的，其近亲属可以以申请人的身份申请行政复议。依照法律规定，近亲属包括配偶、父母、子女、兄弟姐妹、祖父母、外祖父母、孙子女、外孙子女等。

（四）行政复议申请人的权利义务

在行政复议活动中，申请人享有查阅有关证据和资料、撤回行政复议申请、要求听证审理、委托代理人、要求停止执行行政行为、提起行政赔偿、与被申请人和解、要求履行行政复议决定等权利。同时，申请人也要承担服从行政复议机关安排、就特定事项举证、履行行政行为确定的义务、执行行政复议决定等法定义务。

三、行政复议被申请人

行政复议被申请人，是其行政行为被公民、法人或者其他组织提起行政复议，由行政复议机关通知参加行政复议活动的行政机关和法律、法规、规章授权的组织。

（一）行政复议被申请人的特征

行政复议被申请人是行政机关及授权组织而非自然人。行政复议被申请人具有以下特征：一是具有行政主体资格，能够以自己的名义对外行使行政管理职能，并能独立承担因此引起的法律责任；二是申请人对不作为行为提出行政复议申请的，被申请人是法定行政管理职责的实际承担者；三是接受行政机关委托行使一定行政管理职能的单位或者组织不能成为被申请人，委托人是被申请人。

（二）行政复议被申请人的类型

在行政复议活动中，行政主体是恒定的被申请人。行政主体包括行政机关和法律、法规、规章授权的组织两大类。

由于我国尚未制定统一的行政组织法，实践中行使行政职权、作出行政行为的行政机关比较复杂，加之行政机构改革，有时行政复议被申请人不易确定。一般按照权责统一，"谁行为，谁负责"的原则来确定行政复议被申请人。依照《行政复议法》和《行政复议法实施条例》的规定，按照以下原则确定某一具体行政复议申请的被申请人：(1) 公民、法人或者其他组织对行政机关的行政行为不服申请行政复议的，作出该行政行为的行政机关是被申请人。这是确定行政复议被申请人的一般原则。(2) 法律、法规、规章授权的组织作出行政行为的，该组织是被申请人。(3) 两个或者两个以上的行政机关或者法律、法规、规章授权的组织以共同的名义作出行政行为的，共同作出行政行为的行政机关或者法律、法规、规章授权的组织是共同被申请人。(4) 行政机关委托的组织作出行政行为的，委托的行政机关是被申请人。(5) 县级以上地方人民政府依法设立的派出机关作出行政行为的，该派出机关是被申请人。我国的派出机关主要是管委会、开发区和街道办事处。(6) 行政机关设立的派出机构、内设机构或者其他组织作出行政行为的，有法律、法规、规章授权的，该派出机构、内设机构或者其他组织是被申请人；未经法律、法规、规章授权的，该行政机关为被申请人。(7) 作出行政行为的行政机关被撤销的，继续行使其职权的行政机关或者撤销该行政机关的行政机关是被申请人。(8) 下级行政机关依照法律、法规、规章规定，经上级行政机关批准作出行政行为的，批准机关为被申请人。

(三) 行政复议被申请人的权利义务

在行政复议活动中，被申请人负有对行政行为合法性和适当性进行举证、依法参加行政复议活动接受审查、不得自行收集证据、履行行政复议决定等义务；同时，也享有依法举证和反驳、决定是否停止执行行政行为以及强制执行行政复议决定等权利。

四、行政复议第三人

行政复议第三人，是指认为自己与被申请行政复议的行政行为或者案件处理结果有利害关系，而参加到已经开始的行政复议活动中来的公民、法人或者其他组织。《行政复议法》第十六条规定，申请人以外的同被申请行政复议的行政行为或者案件处理结果有利害关系的公民、法人或者其他组织，可以作为第三人申请参加行政复议，或者由行政复议机构通知其作为第三人参加行政复议。第三人不参加行政复议，不影响行政复议案件的审理。

(一) 行政复议第三人的特征

行政复议第三人具有以下特征：一是行政复议申请人和被申请人以外的公民、法人或者其他组织，具有独立的法律地位；二是与被申请行政复议的行政行为或者案件处理结果有法律上的利害关系；三是以自己的名义，为维护自己的合法权益而参加行政复议活动；四是在行政复议案件受理后，行政复议决定作出之前参加到已经开始的行政复议中来。

（二）行政复议第三人制度的功能

第三人既可以自行申请参加行政复议，也可以应行政复议机关依职权通知参加行政复议。第三人不参加行政复议，也不影响行政复议案件的审理。但是，允许第三人参加行政复议，既有助于行政复议机关及时查清全部案件事实，准确把握和分析有关法律问题，正确地作出行政复议决定；又可以避免因同一问题产生新的行政复议，妥善处理好各方面的利益；同时也有助于保护第三人的合法权益，促进"案结事了"。因此，行政复议机关应当尽可能地通知第三人参加行政复议。

五、行政复议共同参加人

多数情况下，行政复议当事人是单一的。但是在特殊情况下，行政复议的申请人或者被申请人可能是两个或者两个以上，这就出现了行政复议共同参加人。行政复议申请人为两个或两个以上的，为共同申请人；行政复议被申请人为两个或两个以上的，为共同被申请人；两者统称为行政复议共同参加人。建立行政复议共同参加人制度，可以通过合并案件审理提高行政复议效率，也可以避免行政复议机关就相同问题作出相互矛盾的决定。

根据成立条件的不同，行政复议共同参加人可以区分为必要的行政复议共同参加人和普通的行政复议共同参加人。前者是指两个或者两个以上的申请人对同一行政行为提起行政复议，共同申请人或者被申请人具有相同的权利义务。行政复议机关对此可以实行合并审理。后者是指两个或者两个以上的申请人对几个事实和理由基本相同的行政行为提起行政复议的情形，实质上是几个独立的案件而非一个案件，行政复议申请之间并非具有不可分割的联系，这些行政复议申请可以分别审查，分别裁决。①

六、行政复议代表人与代理人

（一）行政复议代表人

行政复议代表人，是指同一行政复议案件申请人人数众多的，由所有申请人推选出来，作为代表参加行政复议的申请人。行政复议代表人制度主要适用于多数申请人就同一行政行为申请行政复议的情况。由推选出来的行政复议代表人参加行政复议，既可以保证行政复议申请人正常参加行政复议，又符合行政复议经济效率原则，有利于行政复议机关及时审理案件。《行政复议法》第十五条规定，同一行政复议案件申请人人数众多的，可以由申请人推选代表人参加行政复议。代表人参加行政复议的行为对其所代表的申请人发生效力，但是代表人变更行政复议请求、撤回行政复议申请、承认第三人请求的，应当经被代表的申请人同意。

（二）行政复议代理人

行政复议代理人，是指根据法律规定、行政复议机关指定或者当事人及其法定代理人的委托，以被代理人的名义为维护被代理人的利益参加行政复议活动的人。《行政复议法》第十七条规定，申请人、第三人可以委托一至二名律师、基层法律服务工作者或者其他代理人代为参加行政复议。申请人、第三人委托代理人的，应当向行政复议机构提交授权委托书、委托人及被委托人的身份证明文件。授权委托书应当载明委托事项、权限和期限。申请人、第三人变更或者解除代理人权限的，应当书面告知行政复议机构。

行政复议代理人的特点是：第一，行政复议中只有申请人和第三

---

① 参考石佑启、杨勇萍编著：《行政复议法新论》，北京大学出版社2007年版，第148—149页。

人能够委托代理人。被申请人不得委托行政机关外部的人员独自代理参加行政复议活动，因为参加行政复议活动是行政机关的法定职责。第二，代理人以被代理人的名义，为维护被代理人的利益而参加行政复议。第三，代理人必须在代理权限范围内实施代理行为，代理行为的法律后果由被代理人承担。第四，同一行政复议活动中，代理人不得同时代理相互对立的几方当事人。

行政复议代理人分为法定代理人和委托代理人两种。

1. 法定代理人。这是指依照《行政复议法》第十四条第三款的规定，对于无民事行为能力或者限制民事行为能力的行政复议申请人，代其参加行政复议的人。法定代理人的代理权来源于法律的直接规定，其代理权限是全权代理，地位与行政复议当事人相当。法定代理人一般由无民事行为能力人或者限制民事行为能力人的监护人承担。

2. 委托代理人。这是行政复议代理人中最常见的一种。代理人的代理权来源于被代理人的委托，代理事项和代理权限由被代理人的授权委托决定。代理人可以是律师、基层法律服务工作者，也可以是当事人的近亲属或者其他公民。申请人、第三人可以委托一至二名代理人参加行政复议。申请人、第三人委托代理人的，应当向行政复议机构提交授权委托书。授权委托书应当载明委托事项、权限和期限。公民在特殊情况下无法书面委托的，可以口头委托。口头委托的，行政复议机构应当核实并记录在卷。申请人、第三人解除或者变更委托的，应当书面报告行政复议机构。

七、行政复议申请人申请法律援助

法律援助是指由政府设立的法律援助机构组织律师为经济困难或特殊案件的人无偿提供法律服务的一项法律保障制度。保障经济困难的公民获得必要的法律服务是政府的责任。为行政复议申请人提供法律援助可以更好地维护申请人的合法权益，提高行政复议质量。《行政复议法》第十八条规定，符合法律援助条件的行政复议申请人申请法律援助的，法律援助机构应当依法为其提供法律援助。

第五节 行政复议机关

一、行政复议机关的概念

行政复议机关，是指依照《行政复议法》和《行政复议法实施条例》的规定，履行行政复议职责的行政机关，即依照法律规定，受理行政复议申请，依法对行政行为的合法性与适当性进行审查并作出行政复议决定的行政机关。

行政复议机关具有以下特征：第一，是行政机关；第二，具有独立法人地位；第三，具有行政复议职权并履行行政复议职责。

二、行政复议机关的分类

在我国，行政复议机关一般由作出行政行为的行政机关的上一级行政机关担任，只有在对国务院部门或者省、自治区、直辖市人民政府的行政行为不服申请行政复议时，才由作出原行政行为的行政机关担任行政复议机关。此外，《行政复议法》第二十六条规定，对省、自治区、直辖市人民政府、国务院部门作出的行政复议决定不服的，可以向人民法院提起行政诉讼；也可以向国务院申请裁决，国务院依照《行政复议法》的规定作出最终裁决。

行政复议机关具体包括：

（一）人民政府

中央人民政府，即国务院，它是最高国家权力机关的执行机关，是最高国家行政机关，对国家行政事务进行全面管理，统一领导全国的行政工作。三级地方人民政府：省、自治区、直辖市人民政府；设区的市、自治州人民政府；县、自治县、旗、市、设区的市所辖的区人民政府。地方人民政府是本级国家权力机关的执行机关，在上一级人民政府的领导下，管理本地区的行政工作，领导并监督所属工作部门和下级人民政府。

（二）国务院部门

行政复议体制改革后，政府部门中只有中央人民政府即国务院的所属部门仍是行政复议机关，对本部门自身行政行为引发的原级行政复议案件，以及本部门依法设立的派出机构、本部门管理的授权组织引发的行政复议案件依法享有行政复议管辖权。

（三）实行垂直领导的行政机关、税务和国家安全机关

从中央和地方的职责分工来看，有些行政管理事项属于中央专属管理的事项，比如海关、金融、外汇管理等。这些部门为了行使自身职责，也在地方设置了由本部门垂直领导的行政机关。由于这些行政机关不受所在地人民政府的管辖，所以申请人不能向地方人民政府申请行政复议，只能向实行垂直领导的上一级机关申请行政复议。此外，税务和国家安全机关也保留行政复议职责，对这两类行政机关的行政行为不服的，向其上一级主管部门申请行政复议。

（四）人民政府的派出机关

如行政公署、盟，这是依照《地方各级人民代表大会和地方各级人民政府组织法》的规定，由省、自治区人民政府设立的派出机关，管理所属地区的行政事务。经过多年的发展，行政公署、盟已经越来越少，越来越实体化，与设区的市的地位和职权基本相当。

（五）司法行政部门

行政复议体制改革后，各级政府集中行使行政复议权，实践中绝

大多数由本级司法行政部门作为行政复议机构办理行政复议案件。其中，对于以司法行政部门自身作为行政复议被申请人的案件，为避免"自己审自己"，《行政复议法》规定可以向本级政府申请复议，也可以向上一级司法行政部门申请行政复议。因此，市级以上各级司法行政部门依法属于行政复议机关。

以下几类行政机关，由于处于行政机关序列的最基层，没有下级政府或者部门，不具有行政复议管辖权，不能成为行政复议机关：(1) 乡镇人民政府，是我国最基层的人民政府，没有所属工作部门；(2) 县、自治县、市辖区、不设区的市人民政府设立的派出机关，其地位等同于乡镇人民政府。

另外，行政复议体制改革后，地方各级人民政府所属工作部门不再履行行政复议职责，不具有行政复议管辖权。县级以上地方人民政府司法行政部门除外。

三、行政复议机关的职权

行政职权是国家政权的转化形式，是行政主体实施国家行政管理活动的资格及其权能。行政职权大体上包括行政立法权、行政决定权、行政命令权、行政执行权、行政处罚权、行政强制执行权等内容。

行政复议机关实际上与行政机关是互为一体的国家机关。一方面，作为行政机关，它承担组织、指挥、协调、监督等多种行政管理职责，它行使的行政复议权就是一种行政领导权，也是对被申请行政主体进行层级监督的权力；另一方面，行政复议机关又以第三方的身份，运用类似司法程序的行政复议程序，对被申请行政复议的行政行为进行合法、适当性审查，解决行政争议，具有"准司法"功能。[1]

---

[1] 参见胡建淼：《行政法学》（第二版），法律出版社2003年版，第525页。

四、行政复议机关的职责

行政职责是行政主体在行使国家赋予的行政职权，实施国家行政管理活动中，所必须承担的法定义务。行政复议机关的职责，是行政机关在作为行政复议机关时所必须承担的法定义务。它与行政复议机构的职责不同，行政复议机构的职责是具体承办行政复议事项，但是对外作出行政复议决定并承担法律责任的是行政复议机关。依照《行政复议法》和《行政复议法实施条例》的规定，行政复议机关的职责包括以下内容。

（一）领导责任

行政复议机关履行行政复议法定职责，首先要担负起对行政复议工作的领导责任。

（二）支持责任

行政复议机关支持本级行政复议机构依法办理行政复议事项，是行政复议机关履行行政复议职责的重要体现。支持责任主要体现在：行政复议机关的行政首长要经常听取行政复议机构的工作汇报，认真研究解决行政复议工作中遇到的困难和问题；排除有关方面对行政复议机构审理案件的非法干预，保证行政复议机构依法、公正审理案件；采取有效措施加强行政复议机构和队伍建设；为行政复议机构开展工作创造良好的工作条件和工作环境；等等。

（三）保障责任

解决行政复议工作中面临的突出问题，为行政复议工作的顺利开展提供保障。一是依照有关规定配备、充实、调剂专职行政复议人员。二是保证行政复议机构的办案能力与工作任务相适应。三是要通过加强对行政复议人员的培训，依法进行表彰和奖励，依法保障行政复议正常办案经费，落实必要的办案条件等。

（四）履行责任

行政复议权力属于行政复议机关，而不是行政复议机构，行政复议机关要对有关规定进行附带审查或者转送审查、依法作出不予受理决定或行政复议决定，对外发生法律效力的行政复议决定应当加盖行政复议机关印章或者行政复议专用章。因此，各级行政复议机关的行政首长，是本机关行政复议工作的责任人，要责无旁贷地履行好法定职责，认真负责地签署有关法律文书。

（五）其他职责

行政复议机关对外还要依法履行将重大行政复议决定报上级行政复议机关备案、对下级行政机关无正当理由不予受理或者不履行行政复议决定进行监督等职责。

第六节　行政复议管辖

行政复议管辖体制是行政复议的制度基础，行政复议管辖是指行政复议机关受理行政复议申请的权限与分工，即某一行政争议发生后，应由哪一个行政机关来行使行政复议权。2023年《行政复议法》修订，将建立统一、科学的行政复议管辖体制作为重要内容，主要有以下规定。

（一）县级以上地方各级人民政府行政复议案件的管辖

一是对本级人民政府工作部门作出的行政行为不服的，由本级人民政府管辖；二是对地方人民政府作出的行政行为不服的，由上一级人民政府管辖；三是对本级人民政府依法设立的派出机关作出的行政行为不服的，由本级人民政府管辖；四是对地方人民政府或者其工作部门管理的法律、法规、规章授权的组织作出的行政行为不服的，均由本级人民政府管辖；五是对本级人民政府工作部门依法设立的派出机构依照法律、法规、规章规定，以自己的名义作出的行政行为不服的，由本级人民政府管辖。其中，对直辖市、设区的市人民政府工作部门按照行政区划设立的派出机构作出的行政行为不服的，也可以由其所在地的人民政府管辖。

除上述规定外，省、自治区、直辖市人民政府同时管辖对本机关作出的行政行为不服的行政复议案件，即进行原级复议。省、自治区人民政府依法设立的派出机关参照设区的市级人民政府的职责权限，管辖相关行政复议案件。

（二）部门行政复议案件的管辖

一是对海关、金融、外汇管理等实行垂直领导的行政机关、税务和国家安全机关的行政行为不服的，向上一级主管部门申请行政复议；二是对国务院非实行垂直领导部门作出的行政行为不服的，由本部门原级复议；三是对国务院部门依法设立的派出机构依照法律、行政法规、部门规章规定，以自己的名义作出的行政行为不服的，由该国务院部门管辖；四是对国务院部门管理的法律、行政法规、部门规章授权的组织作出的行政行为不服的，由该国务院部门管辖。

（三）履行行政复议机构职责的司法行政部门的行政行为案件管辖

司法行政部门自身的行政复议案件管辖，为避免既当裁判员又当运动员，《行政复议法》第二十八条规定，对履行行政复议机构职责的地方人民政府司法行政部门的行政行为不服的，可以向本级人民政府申请行政复议，也可以向上一级司法行政部门申请行政复议。

第四章　行政复议受理

行政复议的受理既关系到公民、法人或者其他组织行使行政复议申请权的实际效果，也直接影响行政复议活动的正常进行。《行政复议法》第三章"行政复议受理"，是关于行政复议机关对公民、法人或者其他组织提出的行政复议申请进行审查并依法处理的规定。该章不仅规定了行政复议申请的受理条件和审查期限、行政复议申请材料的补正，还规定了审查后的不同处理结果以及相应的监督和救济。

第一节　行政复议申请的审查

一、行政复议申请审查的意义

对行政复议申请设置审查环节，主要是基于两方面的考量：一是权利救济的必要性。行政复议是一项权利救济制度，即只有行政相对人的权益受损有救济必要性时才能纳入行政复议渠道加以解决，而设立行政复议申请的审查制度就是为了对相对人权利救济的必要性作出判断。二是行政资源的有限性。行政资源是有限的，对于不应当纳入行政复议予以解决的复议申请，设置审查环节将其排除在行政复议实体审查之外，而将有限的行政资源真正用于合法权益因行政行为受到损失的行政相对人，也是必要和有现实意义的。

行政相对人提出行政复议申请后，并不必然意味着行政复议申请的成立，行政复议机关对行政行为的实体审查也并不因此开始。因为行政复议申请反映的是公民、法人或者其他组织要求进行行政复议的意愿，这一意愿能否为行政复议机关所接受，还需要行政复议机关对行政复议申请进行审查，以决定是否受理。

行政复议机关对行政复议申请的审查，是对行政复议申请作出准确处理的前提。行政复议机关在收到行政复议申请书后，应当认真进行审查，看其是否符合法定的申请条件，从而保证申请人正确地行使行政复议申请权，避免盲目立案。这不是单纯的手续问题，而是做好行政复议案件受理工作的关键，是行政复议程序的第一道工序。

二、行政复议的受理条件

申请人提出的行政复议申请，应当形式规范、内容清楚，这样行政复议机关才能及时进行审查，并决定是否受理，这有利于提高行政复议效率。《行政复议法》对行政复议机关在决定是否受理前应从哪些方面对收到的行政复议申请进行审查作了集中统一规定。一方面，可以指导和帮助申请人理解如何申请行政复议，进而正确行使行政复议申请权；另一方面，也有助于行政复议人员掌握审查的重点和主要方面，以便提高工作效率。经审查，对符合下列条件的行政复议申请，行政复议机关应当予以受理。

（一）有明确的申请人和符合《行政复议法》规定的被申请人

首先，关于申请人。《行政复议法》第十四条规定："依照本法申请行政复议的公民、法人或者其他组织是申请人。有权申请行政复议的公民死亡的，其近亲属可以申请行政复议。有权申请行政复议的法人或者其他组织终止的，其权利义务承受人可以申请行政复议。有权申请行政复议的公民为无民事行为能力人或者限制民事行为能力人的，其法定代理人可以代为申请行政复议。"第八十九条规定："外国人、无国籍人、外国组织在中华人民共和国境内申请行政复议，适用本法。"因此，申请行政复议必须明确是哪一个公民、法人、其他组织或者外国人、无国籍人、外国组织来申请。同时，"有明确的申请人"还应当包括以下要求：一是有权利能力和行为能力。自然人的权利能力始于出生，终于死亡，有权申请行政复议的自然人死亡的，不能再以其名义申请行政复议，可由其近亲属以自己名义申请行政复议。自然人不具有行为能力的，由其法定代理人以被代理人名义代为申请行政复议。有权申请行政复议的法人或者其他组织应当是依法成立的，并应办理必要的登记手续。依法不能认定为法人或者其他组织的，应以自然人名义申请行政复议。比如合伙企业应当以核准登记的企业为申请人；其他合伙组织申请行政复议的，由合伙人共同申请行政复议。有权申请行政复议的法人或者其他组织终止的，承受其权利的法人或者其他组织可以申请行政复议。二是有相应的基本信息。比如公民的姓名、性别、年龄、身份证号码、住所，法人或者其他组织的名称、住所、法定代表人或者主要负责人的姓名及职务、组织机构代码证等，用以对申请人进行特定化、明确化。三是有签名、盖章或者当场口述。四是有真实意愿。申请人的签名、盖章或者当场口述是其本人作出，而非他人伪造或者被欺诈胁迫作出的。代表法人和其他组织表达意愿的负责人或者内设机构，依法应当具有相应权限。比如股份制企业的股东大会、股东代表大会、董事会等认为行政机关作出的行政行为侵犯企业合法权益的，可以企业名义申请行政复议。

其次，关于被申请人。《行政复议法》第十九条规定："公民、法人或者其他组织对行政行为不服申请行政复议的，作出行政行为的行政机关或者法律、法规、规章授权的组织是被申请人。两个以上行政机关以共同的名义作出同一行政行为的，共同作出行政行为的行政机关是被申请人。行政机关委托的组织作出行政行为的，委托的行政机关是被申请人。作出行政行为的行政机关被撤销或者职权变更的，继续行使其职权的行政机关是被申请人。"根据上述规定，"符合《行政复议法》规定的被申请人"主要包括以下要求：一是被申请人要与被申请行政复议的行政行为的作出主体相一致。对某行政行为申请行政复议，不能将与该行政行为无关的主体作为被申请人。作出行政行为的主体被撤销或者职权变更的，继续行使其职权的主体是被申请人。二是被申请人的类型包括地方各级人民政府、县级以上人民政府工作部门、派出机关和法律、法规、规章授权的组织，不包括没有经过法律、法规、规章授权的行政机关的派出机构、内设机构以及其他社会组织等。未经法律、法规、规章授权，行政机关内设机构等以自己名义作出行政行为的，应当以该行政机关为被申请人。三是要注意特殊情形的处理。两个以上行政机关以共同的名义作出同一行政行为的，共同作出行政行为的行政机关是被申请人。行政机关与法律、法规、规章授权的组织以共同的名义作出同一行政行为的，该行政机关和法律、法规、规章授权的组织是共同被申请人。两个以上法律、法规、规章授权的组织以共同的名义作出同一行政行为的，共同作出行政行为的组织是被申请人。行政机关与未经法律、法规、规章授权的其他组织以共同的名义作出行政行为的，该行政机关是被申请人。行政机关委托的组织作出行政行为的，委托的行政机关是被申请人。行政机关委托其他行政机关作出行政行为的，委托的行政机关是被申请人。

（二）申请人与被申请行政复议的行政行为有利害关系

根据《行政复议法》第二条的规定，公民、法人或者其他组织认为行政机关的行政行为侵犯其合法权益是申请行政复议的前提条件，即要求申请人与行政行为有利害关系。利害关系是行政复议受理条件中最为关键和核心的内容，包括两种情形：直接相对人和间接关联人。直接相对人一般具有直接的利害关系，如行政许可、行政处罚、行政征收等，在相关法律文书中载明的针对对象，其人身财产等实体权益必然受到影响，因而具备法律上的可救济性。而间接关联人无法从形式上判断，要具体分析。

判断申请人与行政行为是否存在利害关系，需要注意以下几点。

一是行政行为侵犯的是申请人自身的合法权益，不是别人的合法权益，也不是社会公共利益。我国现在虽然引入了行政公益诉讼制度，但并未规定公益行政复议制度。《行政诉讼法》第二十五条第四款规定："人民检察院在履行职责中发现生态环境和资源保护、食品药品安全、国有财产保护、国有土地使用权出让等领域负有监督管理职责的行政机关违法行使职权或者不作为，致使国家利益或者社会公共利益受到侵害的，应当向行政机关提出检察建议，督促其依法履行职责。行政机关不依法履行职责的，人民检察院依法向人民法院提起诉讼。"根据上述规定，即使在行政公益诉讼领域，也只是人民检察院有权起诉，对公民、法人或者其他组织未作规定。因此，如申请人认为行政机关滥用税款超标准购买汽车，是不能申请行政复议的。申请人也不能对行政机关侵犯他人权益的行为，在本人没有申请行政复议，也没有委托的情况下，代其申请行政复议。

二是侵犯的权益必须是合法的。所谓"合法权益"是指公民、法人或者其他组织依法已经享有或者取得的权利或者利益，该权益应当已经得到具体法律上的认可和保护，尚未取得或者依法不予保护的权益不属于本条规定的合法权益。比如，某农业公司准备扩大种植面积，和农村土地承包户协商拟取得土地经营权。但在尚未达成协议并办理土地经营权登记时，省人民政府批准征收了该块土地。因其尚未取得土地经营权，不能就省人民政府土地征收决定申请行政复议。同理，在其他农户的承包地上违规建设违章建筑的人，在上述土地征收过程中，依法也不能就省人民政府土地征收决定申请行政复议。

三是行政行为对公民、法人或者其他组织的合法权益产生了实际影响。这是行政复议作为权利救济制度的必然要求，也是发挥行政复议公正、高效、便民、为民制度优势的必然要求。对公民、法人或者其他组织的合法权益不产生实际影响的行为，依法不能申请行政复议。比如，行政机关为作出行政行为而实施的准备、论证、研究、层报、咨询等过程性行为，上级行政机关基于内部层级监督关系对下级行政机关作出的听取报告、执法检查、督促履责等行为，驳回当事人对行政行为提起申诉的重复处理行为，均对公民、法人或者其他组织的合法权益不产生实际影响。上述情况下，实际影响公民、法人或者其他组织的合法权益的行为分别是最终作出的行政行为、下级行政机关对外作出的行政行为、申诉所针对的原行政行为，公民、法人或者其他组织应当就实际影响其合法权益的行政行为申请行政复议，不能通过拆分、关联、扩展等方式把一个行政争议变成若干个行政争议，把一个行政复议案件变成若干个行政复议案件。再如，行政机关根据人民法院的生效裁判、协助执行通知书作出的执行行为，也对公民、法人或者其他组织的合法权益不产生实际影响，产生实际影响的是人民法院的司法行为。当然，行政机关扩大人民法院裁判文书执行范围或者违背裁判文书要求、采取违法方式执行，进而对公民、法人或者其他组织的合法权益产生实际影响的，要依法受理相应行政复议申请。需要强调的是，实质判断大于形式判断。有的行政文书的对象，虽然形式上属于"直接相对人"，比如上述驳回其对行政行为提起申诉的重复处理文书的对象，或者不具有强制执行效果的行政指导文书的对象，但其合法权益并未受到实际影响。

四是申请人只要"认为"行政行为侵犯其合法权益，就可以提出行政复议申请，而不必拘泥于其权益是否真正受到侵犯。根据《行政复议法》第一条关于"为了防止和纠正违法的或者不当的行政行为"立法目的的规定，以及第三十条第一款第三项关于"有具体的行政复议请求"的规定，这里"侵犯其合法权益"是指"违法、不当影响其合法权益"。行政行为对合法权益要有实际影响，这是受理审查的必要条件。至于这种影响是否"违法、不当"，则属于实体审查阶段处理的问题。

五是在具体判断是否具有利害关系时，对于行政行为相对人以外的"利害关系人"，其利害关系的判断标准可以参考人民法院司法实践。《最高人民法院关于适用〈中华人民共和国行政诉讼法〉的解释》第十二条就行政诉讼中"与行政行为有利害关系"列举了五种具体情形：(1) 被诉的行政行为涉及其相邻权或者公平竞争权的；(2) 在行政复议等行政程序中被追加为第三人的；(3) 要求行政机关依法追究加害人法律责任的；(4) 撤销或者变更行政行为涉及其合法权益的；(5) 为维护自身合法权益向行政机关投诉，具有处理投诉职责的行政机关作出或者未作出处理的。申请人申请行政复议时，负有初步证明行政行为存在的举证责任。许可文书、处罚文书应直接送达当事人，土地征收文书依法要通过土地征收公告进行公示并可以通过主动公开、依申请公开等方式直接获取，这些均可以作为初步证明行政行为存在的证据。但在缺乏法律文书的情况下，某个行为是不是行政行为、是哪个行政机关的行为证明起来会比较困难，需要结合相关情况进行确定，以充分保护公民、法人或其他组织的合法权益。比如在违章建筑拆除和不动产征收过程中，有的行政机关基于追求行政效率等考虑，不作书面强拆决定就直接强拆房屋。当事人甚至不知道是谁、在什么时候把房子拆除的，要想获得行为主体的确定信息和证据较为困难，不利于其寻求救济。此时应当结合违章建筑拆除和不动产征收过程中其他法律文书的制发，以及现场实际参与强拆房屋公职人员身份等情况，推定行为性质和主体，并确定行政复议的被申请人和申请期限起算点。

（三）有具体的行政复议请求和理由

申请人对行政行为不服提出行政复议，应当有具体的行政复议请求，并对行政复议请求的理由进行说明。具体的行政复议请求，就是申请人申请行政复议时，要求撤销、部分撤销、变更行政行为，要求确认行政行为违法、无效，要求责令被申请人履行法定职责，要求被申请人承担依法订立行政协议、继续履行行政协议、采取补救措施或者赔偿损失等责任，申请行政赔偿，申请附带审查行政规范性文件等。行政复议请求应明确、具体，便于行政复议机关及时了解申请人的意思并有针对性地进行审理。对此，应当从宽把握行政复议申请的形式要求，在法律未有明确规定的情况下，对申请人申请复议时提交的申辩书、申诉书、投诉书等形式不规范的材料，或者材料中有关要求等内容不明确的，不应以材料不符合要求为由简单拒绝，而是应从能动复议、发挥行政复议主渠道作用角度出发，只要申请人提交的材料中含有不服行政行为的意思，就要与申请人沟通或者让其补正申请材料，释法明理，沟通引导，以了解申请人的真实意思，再决定是否受理行政复议申请。

行政复议理由，是指认为行政行为违法、不当的具体理由，既包括行政行为在事实、证据方面的错误，也包括行政行为行政程序、法律适用方面的问题，还包括不合理、不适当的问题。《行政复议法》第四十四条规定："被申请人对其作出的行政行为的合法性、适当性负有举证责任。有下列情形之一的，申请人应当提供证据：（一）认为被申请人不履行法定职责的，提供曾经要求被申请人履行法定职责的证据，但是被申请人应当依职权主动履行法定职责或者申请人因正当理由不能提供的除外；（二）提出行政赔偿请求的，提供受行政行为侵害而造成损害的证据，但是因被申请人原因导致申请人无法举证的，由被申请人承担举证责任；（三）法律、法规规定需要申请人提供证据的其他情形。"因行政复议机关要对行政行为进行全面审查，且被申请人对其作出的行政行为的合法性、适当性负有举证责任，所以申请人在申请书中载明的理由相对笼统的，不影响对案件的审理。对于不履行法定职责案件，申请人负有初步证明曾经要求被申请人履行法定职责或者有正当理由不能提供证据的举证责任。对于行政赔偿案件，申请人负有初步证明受行政行为侵害而造成损害或者属于因被申请人原因导致无法提供证据的举证责任。上述证据材料，申请人始终未能提供的，依法不予受理其行政复议申请。申请人提供初步证据材料的，对相关事实的进一步查证，可以放到行政复议实体审查阶段进行。

（四）在法定申请期限内提出

《行政复议法》第二十条规定："公民、法人或者其他组织认为行政行为侵犯其合法权益的，可以自知道或者应当知道该行政行为之日起六十日内提出行政复议申请；但是法律规定的申请期限超过六十日的除外。因不可抗力或者其他正当理由耽误法定申请期限的，申请期限自障碍消除之日起继续计算。行政机关作出行政行为时，未告知公民、法人或者其他组织申请行政复议的权利、行政复议机关和申请期限的，申请期限自公民、法人或者其他组织知道或者应当知道申请行政复议的权利、行政复议机关和申请期限之日起计算，但是自知道或者应当知道行政行为内容之日起最长不得超过一年。"法律设定行政复议申请期限的目的是维护社会管理秩序的稳定，防止行政复议救济权利被滥用。如果当事人不珍惜行政复议权利，无正当理由超过行政复议申请期限的，对其行政复议申请不应当受理。

（五）属于《行政复议法》规定的行政复议范围

《行政复议法》第十一条规定了公民、法人或者其他组织可申请行政复议的情形。第十三条规定了公民、法人或者其他组织认为行政机关的行政行为所依据的规范性文件不合法，在对行政行为申请行政复议时，可以一并向行政复议机关提出对该规范性文件的审查申请。第十二条还规定了国防、外交等国家行为，行政法规、规章或者行政机关制定、发布的具有普遍约束力的决定、命令等规范性文件，行政机关对行政机关工作人员的奖惩、任免等决定，行政机关对民事纠纷作出的调解四类排除事项。对此，行政复议机关既要严格依法进行审查，不能以各种借口将符合行政复议范围的申请排除在受理范围之外，也不能盲目扩大行政复议范围，对应当通过其他方式和途径解决的争议，也作为行政复议申请随意受理。此外，公安、国家安全等机关依照《刑事诉讼法》的明确授权实施的行为，属于刑事司法行为，不具有行政性，依法也不属于行政复议范围。

（六）属于收到行政复议申请的行政复议机关的管辖范围

《行政复议法》将"行政复议管辖"单独作为一节集中规定。《行政复议法》第二十四条、第二十五条对县级以上地方各级人民政府以及国务院部门管辖的行政复议案件作了明确列举。《行政复议法》第二十四条规定："县级以上地方各级人民政府管辖下列行政复议案件：（一）对本级人民政府工作部门作出的行政行为不服的；（二）对下一级人民政府作出的行政行为不服的；（三）对本级人民政府依法设立的派出机关作出的行政行为不服的；（四）对本级人民政府或者其工作部门管理的法律、法规、规章授权的组织作出的行政行为不服的。除前款规定外，省、自治区、直辖市人民政府同时管辖对本机关作出的行政行为不服的行政复议案件。省、自治区人民政府依法设立的派出机关参照设区的市级人民政府的职责权限，管辖相关行政复议案件。对县级以上地方各级人民政府工作部门依法设立的派出机构依照法律、法规、规章规定，以派出机构的名义作出的行政行为不服的行政复议案件，由本级人民政府管辖；其中，对直辖市、设区的市人民政府工作部门按照行政区划设立的派出机构作出的行政行为不服的，也可以由其所在地的人民政府管辖。"第二十五条规定："国务院部门管辖下列行政复议案件：（一）对本部门作出的行政行为不服的；（二）对本部门依法设立的派出机构依照法律、行政法规、部门规章规定，以派出机构的名义作出的行政行为不服的；（三）对本部门管理的法律、行政法规、部门规章授权的组织作出的行政行为不服的。"此外，《行政复议法》第二十六条、第二十七条分别针对国务院最终裁决以及垂管领域的复议管辖作了特殊规定。第二十六条规定："对省、自治区、直辖市人民政府依照本法第二十四条第二款的规定、国务院部门依照本法第二十五条第一项的规定作出的行政复议决定不服的，可以向人民法院提起行政诉讼；也可以向国务院申请裁决，国务院依照本法的规定作出最终裁决。"第二十七条规定："对海关、金融、外汇管理等实行垂直领导的行政机关、税务和国家安全机关的行政行为不服的，向上一级主管部门申请行政复议。"行政复议机关应当严格依照这些规定来受理行政复议申请。

（七）行政复议机关未受理过申请人就同一行政行为提出的行政复议申请，并且人民法院亦未受理过申请人就同一行政行为提起的行政诉讼

该项规定是为了维护行政复议、行政诉讼的既判力，避免造成行政法律秩序的不稳定和行政救济资源的浪费。行政复议机关已经受理并实体处理过涉案行政行为的，申请人不能重复申请行政复议。《行政复议法》第七十四条第二款规定："当事人达成和解后，由申请人向行政复议机构撤回行政复议申请。行政复议机构准予撤回行政复议申请、行政复议机关决定终止行政复议的，申请人不得再以同一事实和理由提出行政复议申请。但是，申请人能够证明撤回行政复议申请违背其真实意愿的除外。"根据《行政复议法》第二十八条的规定，对履行行

政复议机构职责的地方人民政府司法行政部门作出的行政行为不服的，可以向本级人民政府申请行政复议，也可以向上一级司法行政部门申请行政复议。但是对于同一行政复议申请只能由一个行政复议机关受理，如果其中一个行政复议机关已经受理，另一个行政复议机关就不能再受理。

在管理相对人既可选择申请行政复议又可选择提起行政诉讼的情况下，行政复议在制度设计上是先于行政诉讼的，如果对行政复议决定不服，申请人仍然可以提起行政诉讼。但是，行政复议和行政诉讼这两种法律制度在主体、性质、工作方式和法律效力方面均有明显的不同，不能同时适用这两种法律制度。管理相对人一旦提起行政诉讼，则表明其已放弃了行政复议，行政复议机关也不应再受理其行政复议申请。但是，如果人民法院裁定不予立案，则不能视为"受理过"，行政复议机关应当依法审查受理。需要注意的是，复议前置的案件，申请人提起行政诉讼，人民法院登记立案受理后，以复议前置为由又驳回起诉的，申请人再申请行政复议的，行政复议机关应当依法审查受理。在行政复议受理审查活动中，行政复议机关要加强和人民法院、被申请人的沟通，注意防止行政复议程序与行政诉讼程序重复和冲突，以保证行政复议活动的有效性。

第二节 行政复议申请的审查程序

一、对行政复议申请的审查

行政复议机关收到申请人递交的行政复议申请书或者口头申请笔录后，要及时指定有关行政复议人员对申请进行审查。由于口头申请笔录是比照行政复议申请书的必备事项记录的，因此，无论是口头申请还是书面申请，审查的内容都是一样的。只不过在口头申请的情况下，对行政复议申请的审查，是伴随着行政复议申请笔录的制作一并完成的。行政复议人员在制作申请笔录时要指导释明，尽量使申请规范，这是对行政复议机关接待人员最基本的业务要求，避免因接待人员不称职、不熟悉业务或者疏忽，导致口头行政复议申请笔录的内容不明确。

对行政复议申请的内容，行政复议机关的工作人员应当结合申请人的申请书及证据材料，依照行政复议受理的条件进行审查，也可以向被申请人初步调查核实：一是被申请人是否正确；二是被申请人是否作出申请人指称的行政行为；三是被指称的行政行为与申请人是否有利害关系，如申请人是不是该行政行为的当事人、利害关系人等；四是人民法院是否已受理该申请人就同一行政行为提起的行政诉讼，被申请人是否收到应诉通知。行政复议申请的法定审查期限很短，仅有五日，这就要求行政复议机关必须提高效率、减少环节，有条件的行政复议机关应当设立立案机构，应当确定专门人员负责接收、登记行政复议申请。

二、行政复议机关在审查环节的职责

（一）行政复议机关

《行政复议法》第四条规定，县级以上各级人民政府以及其他依照本法履行行政复议职责的行政机关是行政复议机关。行政复议机关办理行政复议事项的机构是行政复议机构。行政复议机关是独立的机关法人，是一级人民政府或者是一个独立的行政管理部门；行政复议机构在具体办理行政复议案件时，只能以行政复议机关的名义进行，因此在受理环节作出是否受理决定的主体是行政复议机关。不予受理决定需要行政复议机关作出书面决定并说明理由。同时，因为行政复议案件的受案范围很广，为体现便民原则、提高行政复议效率，《行政复议法》只要求不予受理的案件必须经行政复议机关审查并书面决定，不要求书面的受理决定，也不需要向申请人送达受理通知，而是采用推定受理的做法，即行政复议申请的审查期限届满，行政复议机关未作出不予受理决定的，审查期限届满之日起视为受理。

（二）行政复议机关在审查环节的职责

行政复议机关在申请审查环节主要办理以下事项。

1. 接收行政复议申请。行政复议机关应当公开其受理行政复议申请的有关制度和程序，设置专门人员接待行政复议申请人、接收行政复议申请，以方便行政相对人提交行政复议申请。对口头提出的行政复议申请，行政复议机关接待人员应当在申请人的配合下，制作行政复议申请笔录。

2. 具体审查行政复议申请。这是行政复议机关在案件受理阶段的主要任务，即依法审查行政复议申请是否符合法律规定。行政复议机关收到行政复议申请书或口头申请并初步审查后，都要提出是否受理的处理意见，填写行政复议申请立案审批表，未发现不符合法律规定的案件，予以受理；对不符合法律规定的案件，作出不予受理决定。

（三）行政复议申请的审查期限

为了督促行政复议机关及时审查行政复议申请，防止在行政复议工作中出现办事拖拉、效率低下的现象，更好地发挥行政复议制度的作用，对行政复议机关审查行政复议申请的期限予以明确限定，是十分必要的。《行政复议法》规定，行政复议的受理审查期限为五日，考量因素在于：一是申请行政复议的法定条件是明确的、具体的，对大部分行政复议申请只需要进行形式要件审查，不需要进行实质审查，更不需要对原行政行为是否违法或不当作出判断，行政复议机关并不需要花费太多的时间。行政复议的职能定位，也要求行政复议机关尽快作出是否受理的决定。二是《行政复议法》规定的行政复议范围很宽泛，除国防、外交行为、人事奖惩、任免等行为外，只要申请人符合法定条件并认为行政行为侵犯其合法权益，都可以纳入行政复议这一救济渠道，决定不予受理的情况很少。

实践证明，这样规定的好处很多：一是体现方便申请人的原则，充分发挥行政复议简单、便捷、及时、高效的特点；二是简化行政复议申请的审查内容；三是督促行政机关抓紧时间审查行政复议申请，提高行政复议工作效率，增强行政复议工作人员的责任心，防止行政复议程序的冗长低效和官僚主义作风；四是有利于行政复议申请人在申请不被受理后及时采取其他补救措施。需要说明的是，决定是否受理相对人行政复议申请的期限，为行政复议机关而非行政复议机构收到行政复议申请的次日起计算五个工作日（节、假日除外）。

第三节 对行政复议申请的处理

行政复议申请无非两种：一是符合法律规定，二是不符合法律规定。根据《行政复议法》的规定，只要超过法定审查期限没有作出不予受理决定，一律视为行政复议申请已经受理，即实行推定受理制度。

一、行政复议申请的补正

补正制度的设计主要考虑的是要规范行政复议申请，便于行政复议机关审查。行政复议申请材料齐全、内容表述清楚，是行政复议机关准确把握申请人利益诉求，正确判断是否应予受理的前提。实践中，经常出现申请人提出申请时提供的相关材料不齐全或者表述不清楚的情形，对于此类行政复议申请，如果行政复议机关直接决定不予受理或者视为申请人未提出复议申请，则这种做法既没有充分的依据，也不利于保护申请人的行政复议申请权,与《行政复议法》的立法本意相抵触,将阻碍行政复议主渠道作用的发挥。因此,各级行政复议机关要根据实践的需要,坚持便民利民原则,更好地保障申请人依法行使行政复议申请权。

在实际执行中,个别行政复议机关工作人员缺少便民为民意识,稍不合格就让其重填申请,有的反复几次,给申请人带来极大不便。实际上,行政复议申请不需要非常复杂的格式和内容,只要有申请人、被申请人、行政复议请求和事实依据等主要事项就可以了。为了防止行政复议机关滥用行政复议申请补正权力,有必要对补正的期限、内容、次数、效力等作出规定。

补正环节需要注意以下几点。

第一,补正程序的适用条件。即行政复议申请材料不齐全或者表述不清楚,致使行政复议机关无法判定是否受理。需要注意的是,并不是只要存在行政复议申请材料不齐全或者表述不清楚的情况,都必须启动补正程序。如果通过简单的电话沟通或者当面沟通就可以进一步明确申请内容的,就不需要正式启动补正程序。从某种程度上讲,补正程序是针对不配合的申请人作出的规定,即在其不配合的情况下,才需要通过启动补正程序,为后续处理提供事实和法律依据。

第二,补正程序的期限。补正程序必须在"行政复议机关收到申请之日起五日内"启动,超过五日期限,依法推定受理行政复议申请,但如果此时行政复议机关仍处于无法判断行政复议申请是否符合受理条件的状态,可以考虑通过电话沟通或者当面沟通等方式,请申请人补正相关材料。

第三,补正通知的方式。补正通知必须以书面形式作出并予以送达。口头沟通可以起到补正程序的作用,但是不能发生补正程序的同等效力。正式的补正程序,必须通过书面方式实施。补正通知应以行政复议机关而非行政复议机构的名义作出，并加盖行政复议机关印章。

第四，补正程序中的一次性告知义务。行政复议机关应当一次性完整全面告知申请人待补正事宜，不能反复多次要求申请人补正不同材料。理想状态下申请人也应当在补正期限内补齐相关材料。实践中会出现申请人补正事项有遗漏，未按照补正通知补全相关材料，或者补正后材料仍然不齐全或者表述不清楚的情况，从便民角度出发，可以书面再次通知申请人补正。这种情况下，行政复议机关书面再次通知申请人补正，并不违反一次性告知义务。

第五，不予补正的法律效果。《行政复议法》明确了补正的期限，即行政复议机关依法启动补正程序后，申请人应当自收到补正通知之日起十日内提交补正材料。在规定期限内完成补正是申请人应当承担的义务，申请人有正当理由不能按期补正的，应当与行政复议机关联系沟通，行政复议机关可以延长合理的补正期限。申请人无正当理由逾期不补正的，法律上视为申请人放弃行政复议申请，行政复议机关不再处理该行政复议申请，也不需要另行通知申请人，行政复议申请处理程序自然终止，不需要作出行政复议终止决定。需要注意的是，视为放弃行政复议申请，申请人在法定申请期限内针对同一行为再次申请行政复议的，应当依法审查受理。

第六，补正程序的效力。补正程序一旦启动，直接的法律效果就是受理审查期限将重新计算。申请人按照要求提交补正材料，行政复议机关从收到补正材料之日起，重新计算行政复议受理期限。

二、行政复议申请的受理

（一）申请与受理

申请和受理，是行政复议案件的必经阶段。行政复议是依申请的行政行为，没有申请人的申请，行政复议就不会发生。但是申请行复议并不必然产生受理、审理的法律后果。行政复议机关对不符合条件的行政复议申请，应当不予受理。有申请并且已经受理，才标志着行政复议的开始。因此，行政复议缘起于申请人的申请与行政复议机关对申请的受理这两方面行为的结合。

行政复议的受理有广义与狭义之分。广义的受理，是指行政复议机关对行政复议的申请人提出的行政复议申请进行审查后，确认其符合法律规定决定立案，或认为该行政复议申请不符合行政复议申请的条件而不予受理。上述定义的本质，是对行政复议申请受理环节诸要素的概括，包括行政复议申请的接收、审查及对审查结果所作出的受理或不受理的决定。严格说来，其实际运作结果不仅包括受理或者不受理，还包括对不予受理决定的进一步监督，如责令纠正、上级行政机关直接受理等。狭义的受理是指申请人在法定期限内提出行政复议申请后，经有管辖权的行政复议机关审查，认为符合申请条件而决定立案审理的活动。这种意义的受理，仅涉及行政复议机关针对符合条件的行政复议申请决定予以立案等主要程序环节。

受理是相对于申请而言的，它依附于申请、承继申请并赋予申请以法律效果。申请针对的是行政行为，受理是对申请的审查和处理。申请是公民、法人或者其他组织的一项权利；而受理既是行政复议机关的职权，也是其职责，依法受理行政复议申请是其职权与职责的一体化。对于符合法定条件的申请，行政复议机关如不受理，也是不履行法定职责的体现，应被追究法律责任。

受理是入口，如果受理环节不畅通，行政争议将难以进入行政复议程序，行政复议制度势必难以发挥作用。2023年《行政复议法》的修订，在制度上提高行政复议吸纳行政争议的能力，拓宽行政复议范围，这是推进行政复议工作必须抓住的机遇。行政复议要发挥化解行政争议的主渠道作用，一个重要方面是行政复议案件能否合理地增长。

因此，行政复议必须在入口积极吸纳行政争议。从办案数量看，全国每年新收复议案件20余万件，复议体制改革后这一数量有所增长，2023年首次超过30万件，但与信访案件数量相比，差距仍然悬殊，需要进一步畅通申请渠道。

（二）实行推定受理制度

行政复议机关按照审查事项，对行政复议申请进行审查后，认为符合行政复议申请条件的，应予受理。如果未能及时审查，则推定受理，即只要在行政复议机关收到行政复议申请后五日内未作出不予受理决定并说明理由，即视为已经受理。

（三）无须制发受理通知书

针对符合立案受理条件的行政复议申请，行政复议机关不需要制作受理通知书，也不需要单独作出受理决定，可以直接由行政复议受理阶段进入审理阶段，通知被申请人参加行政复议。当然，行政复议机关若愿意告知亦无不可。

（四）受理的法律效果

受理是行政复议机关的法律行为。行政复议申请受理后，行政复议案件即告成立，行政复议程序正式开始，相应法律效果如下。

1. 对各方当事人的法律效果

因为案件的受理，申请人、被申请人、第三人和行政复议机关都成为该行政复议法律关系的主体。

（1）行政机关、行政相对人取得相应的行政复议法律地位。提出行政复议申请的行政相对人或者利害关系人转化为申请人，享有申请人的权利，承担申请人的义务；被申请行政复议的行政机关，成为被申请人，承担被申请人的义务。在行政复议过程中，申请人、被申请人法律地位平等，不再是行政执法过程中被管理者与管理者的关系。但是根据行政复议不停止执行的原则，作为被申请人的行政机关，依然可以用行政手段管理申请人，如继续执行正在被申请行政复议的行政拘留决定等。

（2）行政复议机关的法律地位。行政复议机关享有行政复议案件的审理权和裁判权，并负有依法定程序、按法定期限审结案件的义务。同时，行政复议机关作为行政争议的裁判者，依法对案件进行审理，任何组织或者个人不得干涉。

（3）当事人必须执行发生法律效力的行政复议决定。行政复议机关作出的发生法律效力的行政复议决定，申请人、被申请人、第三人必须执行。《行政复议法》也明确了当事人履行各类行政复议决定的责任。

2. 行政复议案件进入法定程序

（1）行政复议机关、申请人和被申请人都必须严格按照行政复议程序进行行政复议活动，行使行政复议权利、承担行政复议义务，否则就要承担相应的法律责任。

（2）行政复议法律关系非经法定程序，不得随意中止或终止。申请人要求撤回行政复议申请的，由行政复议机关决定是否准许。

3. 对行政行为的影响

行政复议申请受理后，除了法定的应当停止执行的情形外，行政行为不因行政复议申请的提出或者受理而停止执行。《行政复议法》第四十二条对行政复议期间行政行为应当停止执行的情形做了列举，分别是被申请人认为需要停止执行；行政复议机关认为需要停止执行；申请人、第三人申请停止执行，行政复议机关认为其要求合理，决定停止执行；法律、法规、规章规定停止执行。

4. 申请人的诉权受到抑制

行政复议机关一旦受理行政复议申请，申请人享有的行政复议申请权就得到落实；但其原本享有的行政诉讼起诉权则受到抑制，必须暂停行使。

三、决定不予受理

（一）不予受理的标准

什么样的案件可以受理，是行政复议的重要问题。推定受理制度的确立，将这个问题转化为：什么样的案件可以不予受理？这就是不予受理的标准问题。受理行政复议申请的七个条件，既是申请人提出行政复议申请应当符合的条件，也是行政复议机关收到行政复议申请进行初步审查的主要方面。这里需要注意的是，2017年《行政复议法》规定，"对符合本法规定，但是不属于本机关受理的行政复议申请，应当告知申请人向有关行政复议机关提出"，也就是说在不属于收到行政复议申请的行政复议机关管辖的情况下，仅告知向有关行政复议机关提出，不必出具不予受理决定书，即不予受理决定书与告知书是分立的。不予受理决定书针对的是所有行政复议机关都不应该受理的情形；行政复议告知书则适用于本机关不予受理、其他机关有管辖权的情形。

实践中，有些行政复议机关简单地告知申请人"向作出行政行为的行政机关的上一级行政机关申请行政复议"，并没有准确全面履行释明指导职责。新修订的《行政复议法》明确规定，"不属于本机关管辖的，还应当在不予受理决定中告知申请人有管辖权的行政复议机关"。一方面取消了单独的告知书形式，将其吸纳到不予受理决定中；另一方面进一步强化了行政复议机关的指导释明义务，必须指明有管辖权的行政复议机关，直接告知申请人行政复议机关的正式名称、住所等申请行政复议的必要信息。

据此，不予受理决定应当说明或者承载以下几层内容：一是表明不符合受理条件；二是阐明不符合受理条件的原因；三是对不符合管辖要求的，还应当明确告知申请人应当向哪个行政复议机关申请行政复议。同时，不予受理决定应以行政复议机关名义作出，并加盖行政复议机关印章。

（二）不予受理决定的法律效果

不予受理决定的法律效果之一，是申请人行政复议申请权的消灭，原则上讲，申请人不得再就原行政行为向其他行政复议机关申请行政复议，也不得就该不予受理决定本身单独向行政复议机关的上一级行政机关申请行政复议。当然，实践中，对于没有明确的行政复议请求或者事实根据、没有明确的被申请人、申请人不适格等情形，行政复议机关应要求申请人补正后再判断是否受理，不应直接作出不予受理决定。

四、驳回申请决定

行政复议受理审查期限只有五日，五日期限届满后推定为受理。行政复议机关在行政复议受理审查期限内未及时作出不予受理决定，或者通知被申请人提交相关证据材料后，通过进一步审查发现行政复议申请不符合受理条件的，依法不能再作出不予受理决定。对此，《行政复议法实施条例》第四十八条规定："有下列情形之一的，行政复议机关应当决定驳回行政复议申请：（一）申请人认为行政机关不履行法定职责申请行政复议，行政复议机关受理后发现该行政机关没有相应法定职责或者在受理前已经履行法定职责的；（二）受理行政复议申请后，发现该行政复议申请不符合行政复议法和本条例规定的受理条件的。上级行政机关认为行政复议机关驳回行政复议申请的理由不成立的，应当责令其恢复审理。"

由此，程序性驳回与实体性驳回均采用驳回行政复议申请的形式结案，实践中既造成申请人的误解，也给上级行政机关决定是否进行程序性监督造成困扰。为此，新修订的《行政复议法》区分了驳回行政复议申请和驳回行政复议请求两种情形。将驳回申请这一决定形式放在受理环节加以规定,《行政复议法》第三十三条规定:"行政复议机关受理行政复议申请后,发现该行政复议申请不符合本法第三十条第一款规定的,应当决定驳回申请并说明理由。"这样规定更加符合立法逻辑。同时,将驳回行政复议请求放在行政复议决定部分加以规定,《行政复议法》第六十九条规定:"行政复议机关受理申请人认为被申请人不履行法定职责的行政复议申请后,发现被申请人没有相应法定职责或者在受理前已经履行法定职责的,决定驳回申请人的行政复议请求。"

五、对不予受理决定的监督

(一)层级监督

行政复议机关依法履行行政复议职责是《行政复议法》《行政复议法实施条例》赋予行政复议机关的重要法定职责,也是确保行政复议切实发挥监督行政机关依法行政和维护公民、法人和其他组织合法权益作用的关键环节。行政复议机关不依法履行职责,将导致矛盾纠纷进一步激化,使本应化解在基层的行政争议出现蔓延和上移,或转为上访或诉讼,影响社会和谐稳定。

行政复议机关无正当理由不予受理、驳回申请或者受理后超过行政复议期限不作答复,属于典型的不履行行政复议职责的情形,对此要增强对行政复议自身履职的内部监督效能。《行政复议法》赋予申请人向行政复议机关的上级行政机关反映的权利,对此,上级行政机关认为行政复议机关无正当理由拒绝受理、驳回申请或者受理后超过行政复议期限不作答复的,应当责令其纠正,必要时上级行政复议机关可直接受理。这样才能督促各级行政复议机关严格依照法律、法规规定对下级行政复议机关履行行政复议职责进行监督,促进各级行政复议机关和行政复议机构依法履职,将更多的行政争议纳入行政复议渠道解决，力争把行政争议化解在基层，化解在初发阶段，化解在行政复议程序中，实现定分止争、案结事了，切实增强人民群众的法治获得感、幸福感、安全感。

第一，层级监督的适用情形，即行政复议机关无正当理由不予受理、驳回申请或者受理后超过行政复议期限不作答复等情形。第二，监督主体是"上级行政机关"，实践中宜理解为作出不予受理决定的行政复议机关的上一级行政机关。第三，监督的处理方式，上级行政机关认定行政复议机关不予受理、驳回申请符合法律规定，或者尚未超过行政复议审理期限的，无须责令纠正，可以考虑向申请人作出监督告知书，告知申请人不予受理、驳回申请等并无不当。上级行政机关认定行政复议机关不予受理、驳回申请不符合法律规定，或者超过行政复议期限不作答复，应当分别责令受理、责令恢复审理、责令限期作出行政复议决定；必要时，还可以直接受理。此外，法律未限制监督审查时限。

（二）诉讼救济

《行政复议法》对复议前置情况下行政复议机关不作为的司法监督作了专门规定。第三十四条规定，法律、行政法规规定应当先向行政复议机关申请行政复议、对行政复议决定不服再向人民法院提起行政诉讼的，行政复议机关决定不予受理、驳回申请或者受理后超过行政复议期限不作答复的，公民、法人或者其他组织可以自收到决定书之日起或者行政复议期限届满之日起十五日内，依法向人民法院提起行政诉讼。

对行政复议的司法监督由《行政诉讼法》予以规定。《行政诉讼法》第二十六条第三款规定："复议机关在法定期限内未作出复议决定，公民、法人或者其他组织起诉原行政行为的，作出原行政行为的行政机关是被告；起诉复议机关不作为的，复议机关是被告。"第四十五条规定:"公民、法人或者其他组织不服复议决定的,可以在收到复议决定书之日起十五日内向人民法院提起诉讼。复议机关逾期不作决定的,申请人可以在复议期满之日起十五日内向人民法院提起诉讼。法律另有规定的除外。"《最高人民法院关于适用〈中华人民共和国行政诉讼法〉的解释》第五十六条第二款规定:"依照行政诉讼法第四十五条的规定,复议机关不受理复议申请或者在法定期限内不作出复议决定,公民、法人或者其他组织不服,依法向人民法院提起诉讼的,人民法院应当依法立案。"因此,一般情况下,行政复议机关决定不予受理、驳回申请或者受理后超过行政复议期限不作答复的,申请人既可以直接起诉原行政行为,也可以起诉行政复议不作为。

但是,在法律、法规规定应当先向行政复议机关申请行政复议、对行政复议决定不服再向人民法院提起行政诉讼的,即在复议前置的情况下,如果允许在行政复议机关不作为的情况下直接起诉原行政行为,会导致复议前置制度设计的立法目的落空。因此,《行政复议法》规定,公民、法人或者其他组织可以自收到决定书之日起或者行政复议期限届满之日起十五日内,依法就行政复议机关不予受理决定、驳回申请决定或者超期不作答复行为向人民法院提起行政诉讼。

(三) 行政机关先行化解

为充分发挥行政复议公正高效、便民为民的制度优势和化解行政争议的主渠道作用,《行政复议法》新增了行政机关在行政复议受理前先行化解争议的规定。第三十二条规定,对当场作出或者依据电子技术监控设备记录的违法事实作出的行政处罚决定不服申请行政复议的,可以通过作出行政处罚决定的行政机关提交行政复议申请。行政机关收到行政复议申请后,应当及时处理;认为需要维持行政处罚决定的,应当自收到行政复议申请之日起五日内转送行政复议机关。需要注意以下几点:

第一，适用情形。即对当场作出或者依据电子技术监控设备记录的违法事实作出的行政处罚决定不服申请行政复议。这类案件中公安交通管理行政处罚较为典型。

第二，启动方式。由申请人选择通过作出行政处罚决定的行政机关提交行政复议申请。申请人依法可以直接向行政复议机关提交行政复议申请，也可以通过作出行政处罚决定的行政机关提交行政复议申请。申请人选择通过作出行政处罚决定的行政机关提交的，该行政机关必须启动先行化解程序。

第三，先行化解后处理方式。一是认为需要维持行政处罚决定的，应当自收到行政复议申请之日起五日内转送行政复议机关；二是认为需要对行政处罚决定纠错的，启动相关程序，作出撤销、部分撤销或者变更原行政处罚决定的决定，并告知申请人有权对后一决定申请行政复议；三是和申请人沟通协商达成和解的，由申请人向该行政机关撤回行政复议申请。

第五章　行政复议审理

行政复议审理，是行政复议机关根据法律的授权，在受理行政复议申请后，依照法定程序对被申请人的行政行为进行全面审理并提出审查意见的活动。行政复议审理，是作出行政复议决定的重要基础，也是行政复议活动的重要环节。对行政复议审理活动的重视程度是随着实践发展不断深化的。1999年《行政复议法》将行政复议活动划分为行政复议申请、行政复议受理、行政复议决定三个环节，并未对行政复议审理作出专门规定，主要是在"行政复议决定"一章中，对"行政复议原则上采取书面审查的办法"作出总体规定。随着实践发展，必须重新优化构建行政复议审理的有效机制，进一步增强制度公信力，为发挥行政复议化解行政争议的主渠道作用夯实基础。为此，新修订的《行政复议法》对行政复议审理活动作出了整体性完善，以第四章专章对行政复议审理活动作出规定，更加凸显了行政复议审理在行政复议办案中的重要性。从文字表述上，也能看出新修订的《行政复议法》对行政复议审理活动的重视。1999年《行政复议法》中使用的是"办理"案件的表述。随着行政复议制度自身发展完善，行政复议"准司法"性质及功能越来越受到重视，对被申请行政复议的行政执法机关而言，本级政府或者有复议管辖权的上级部门是作为中立的第三方对其进行行政复议的，因此2023年修订的《行政复议法》将"办理"一词改为"审理"，以便更好体现行政复议居中裁判、处理行政争议的性质。

第一节　行政复议审理概述

行政复议是对行政机关作出的行政行为是否合法适当进行审理并判断的居中裁决活动，具有"准司法"性。为保证行政复议审理结果的公平公正，行政复议机关及行政复议机构在案件审理中应当依法独立履行职责，不受任何单位和个人的不当影响。

《行政复议法》第四条规定，县级以上各级人民政府以及其他依照本法履行行政复议职责的行政机关是行政复议机关。行政复议机关办理行政复议事项的机构是行政复议机构。据此，行政复议机关是审理行政复议案件法律意义上的主体，对行政复议审理结果的合法性和公正性负有法律责任；行政复议机关的行政复议机构是具体履行各项行政复议审理程序要求，对案件进行事实认定和法律适用的直接主体，通过各类审理活动对行政行为是否合法与适当提出意见，报请行政复议机关作出决定。

根据新修订的《行政复议法》，县级以上各级人民政府，国务院部门，海关、金融、外汇管理等实行垂直领导的行政机关，税务和国家安全机关都是依法履行行政复议职责的行政复议机关。行政复议机关为了履行行政复议职责、办理行政复议案件，应当确定相应的工作机构作为行政复议机构，具体承办行政复议事项。目前，县级以上各级人民政府大多数确定司法行政部门为本级政府的行政复议机构，个别地方人民政府根据工作需要，确定政府办公厅（室）为本级政府的行政复议机构，负责审理行政复议案件。对于具有行政复议职责的部门，大多以负责法制工作的机构（如政策法规司、法制处、法制科等）作为行政复议机构，负责审理行政复议案件。

对于行政复议机构而言，要在对原行政行为的证据、事实、适用依据等方面进行合法性、适当性审理后，对行政行为作出判断，依法提出处理建议，并拟定行政复议决定文书。提出的处理建议，既要考虑行政行为是否合法，也要考虑是否合理；要首先考虑政治效果，也要充分考虑法律效果、社会效果。行政复议机构根据对行政行为作出的综合判断，提出处理建议，并拟定相应的行政复议决定文书，报请行政复议机关负责人同意或者集体讨论通过后，以行政复议机关的名义作出行政复议决定。

对于行政复议机关而言，要依法支持本级行政复议机构开展审理活动，为提高审理质量提供相应保障。例如，保证行政复议机构依法、公正审理案件，排除有关方面对行政复议机构审理案件的不当干预；采取有效措施加强行政复议机构和队伍建设，依照有关规定配备、充实、调剂专职行政复议人员，加强行政复议培训，依法保障必要的办案条件，从而不断提高行政复议审理质量，等等。

行政复议审理质量是行政复议工作的生命线，行政复议机关和行政复议机构都应当立足自身职责定位，围绕提高行政复议审理质量的目标做好相关工作。

第二节　行政复议的审理内容

行政复议机关对行政复议案件进行审理的主要内容，是对引起争议的行政行为的合法性和适当性进行全面的实体审理，这就是行政复议的全面审理原则。行政复议是行政系统内部的层级监督机制，这决定其必然要实行全面审理。全面审理原则要求行政复议机关对申请行政复议的行政行为的合法性、适当性进行全面审理，既要审理被申请人的行政行为所依据的事实是否清楚，证据是否确实、充分，又要审理有无法律依据，所适用的依据是否正确、适当；既要审理被申请人作出行政行为有无超越职权、滥用职权，又要审理是否符合法定程序；既要审理申请人申请中明确提出的问题，又要关注行政行为是否存在其他需要审查的问题。全面审理原则既是行政机关职、权、责相一致原则的体现，也是行政复议与行政诉讼的区别之处。只有对案件的实体内容进行全面的综合分析和判断，才能作出切合实际、合理合法的行政复议决定，使行政复议发挥化解行政争议的主渠道作用。

一、对主体的审理

对行政行为主体的审理是行政复议案件实体审理的重要内容。对主体的审理主要侧重于两个方面：一是执法主体存在的组织法依据，即该执法主体是如何依据组织法的规定而成为合法的行政主体的；二是执法主体的权限依据，即该执法主体成为相应主管事项的执法者，其权限的来源是否有法律、法规明确、具体的授权，职权是否合法。

二、对权限的审理

（一）越权无效原则

按照法治的一般原理，行政机关的权力是人民通过权力机关制定的法律授予的，行政机关应当在宪法、法律规定的范围内活动，行使自己的职权，其权力只能限定在法律明确规定范围内。超过法律的规定，事实上行使了法律没有规定的权力，就构成越权。越权也即超越职权，是指特定机关行使了法律法规没有赋予的权力，对不属于其职权范围内的人和事进行了处理，或者逾越了法律法规所设定的必要的限度等情况。越权行为的实质，就是无权限，就是没有法律根据，相应地也就不会产生法律上的效力。因此，越权无效是行政复议一项重要的审理标准。

(二) 越权的情形

越权分为两种：一种是完全无权的越权，也就是无法律根据的越权。比如，行政机关对其他国家机关职权范围内的事项作出了决定；行政机关以外的企业、事业单位、社会团体和其他组织或个人，在无法律授权或行政主体合法委托的情况下行使了行政机关的职权。另一种是有某种行政权但在该权限外行使权力的越权，是指行政机关拥有法律、法规授予的某项职权，但是该机关超越了法律、法规规定的范围、程度、手段等作出决定，是在具体运用权力时的越权。比如，采用法律、法规规定以外的手段进行执法；行政处罚超出了法律、法规规定的幅度。

(三) 滥用职权

在《行政复议法》中，越权与滥用职权都是并列存在的，都属于权限审理的范围。滥用职权，是指行政机关在其法定权限范围以内，基于某种不正当的考虑，不正当地行使职权，故意作出不符合法律授予这种职权的目的、精神与原则的行政行为的情况。与超越职权不同，滥用职权是作出行政行为的组织或者个人拥有行政职权或者具有行政工作主体人员的身份，但是没有根据法律、法规的原则和目的来执行法律，而表现出相当程度的个人意志和武断专横。滥用职权通常与行政自由裁量权相联系。对滥用权力的审理，就是根据行政合理与公正原则，结合行政机关的特点，对行政机关的行政行为的适当性进行审理，并就其是否合理作出判断。

三、对事实的审理

对事实的审理重点在于对证据的审查，具体包括两个方面：一是对行政行为的具体证据的审理，即对每个证据本身是否具有真实性、合法性、关联性的审理；二是审理这些证据所组成的证据链是否完整，是否能够证明被申请行政复议的行政行为的合法性、合理性。对事实的审理，是行政复议实体审理阶段的重点内容，其中主要是对行政行为的所有证据组成的证据体系，是否能够形成一个完整的证据链，并支持被申请人作出的行政行为进行审理。

根据《行政复议法》第六十八条的规定，事实根据审理要达到证据确凿的标准。证据确凿是指实施行政行为的事实依据确实、牢靠。包含三个方面：第一，据以定案的各项证据均是真实可靠的。第二，据以定案的各项证据均与案件事实具有关联性。第三，据以定案的各项证据相互协调一致。这就要求对证据进行审理，既要注意具体分析证据的客观真实情况，又要注意对证据的联系对比，排除矛盾，进而作出综合判断。

四、对依据的审理

依照《行政复议法》第六十八条的规定，适用依据是否正确，是判断行政行为的重要标准，是行政复议审理内容之一。适用依据正确是指行政机关作出原行政行为时正确地适用了有效的法律、法规、规章和具有普遍约束力的其他规范性文件。这里同时强调了适用依据的行为的合法性和依据本身的合法性。在对依据的审理中，应当注意适用依据正确具体包含三层含义：一是行政行为作出时有规范性文件为依据；二是这些依据本身是合法有效的；三是行政行为适用法律法规规章及行政规范性文件是正确的，没有适用不该适用的规范，也没有遗漏应该适用的规范，既适用了正确的规范性文件，又适用了正确文件的正确条款。

五、对程序的审理

程序是实体正确的保证。现代国家要求行政机关依法行政，不仅要求行政管理活动在实体上符合法律规定，在程序上也应当符合法定程序。所谓法定程序，是指行政机关实施行政行为的过程以及构成这一过程的步骤、顺序、时间与方式。程序合法是行政复议审理的重要内容，就是要求被申请人作出的原行政行为，不仅要实体合法，还要符合法律、法规规定的方式、形式、顺序和时限等要求。程序合法具体而言应当包括：

1. 符合法定方式。如会议讨论决定、表明执法身份等，即行政行为的作出符合法律规范规定的表现形式。

2. 符合法定形式。形式是行政行为作出的载体，一般有口头和书面两种形式。法律规定用书面形式的，必须使用书面形式。

3. 符合法定手续。如通知、批准、核发、送达等。

4. 符合法定步骤和顺序。步骤是行政机关行使行政权力或者完成某种行为的必经阶段；顺序是步骤的先后次序。行政行为的作出，通常要有一系列的步骤。行政行为不得逾越法定步骤，也不能任意颠倒顺序，必须严格依照法定程序进行。

5. 符合法定时限。时限是指完成行政行为的期限。行政机关必须在法定的时间内完成行政行为，而不能置行政相对人的合法权益于不顾，推诿拖拉、不负责任。

六、对适当性的审理

《行政复议法》第一条关于纠正违法和不当的行政行为的立法目的表明，行政复议的制度价值不仅在于对行政行为合法性的审理，还在于对其适当性（合理性）的审理，这是行政复议的重要制度价值。出于行政管理的需要，法律、法规允许行政机关在法定范围内，根据行政目的，运用自由裁量权作出行政行为，但运用自由裁量权必须合理。不合理、不公正的行政行为，属于不当的行政行为。行政机关的行政行为是否适当，是行政复议机关审理的重要内容。

行政复议机关一般都是作出行政行为的行政机关的上级机关，所以应当具有对行政行为是否适当的审理权。同时，行政行为具有较强的专业性，是否适当、合理，由行政复议机关进行审理较为合适。因为行政机关对行政工作的程序、内容比较熟悉，易于判定自由裁量权行使适当与否，同时行政复议监督程序比较便捷，有利于及时纠正滥用自由裁量权的行为。

（一）适当性审理要点

对行政行为的适当性审理，主要应从以下方面着眼。

1. 行政行为的作出是否符合法定的目的。法律授权的目的是对行政自由裁量权的一种重要限制。任何法律的制定都是基于一定的需要，为了达到某种目的。从根本意义上讲，法律授权的目的就在于更好地保护公民的权利。因此，行政机关在行使行政自由裁量权时，应最大限度地尊重相对人的权利，而不能随心所欲地处置相对人的权利；应采用尊重相对人权利的方式和程序，以最小剥夺权利或科以义务的方式达到立法的目的，防止滥用权力。

2. 行政行为的作出是否有正当的动机。动机正当要求行政机关及其工作人员不能以执行法律的名义，将自己的偏见、歧视、恶意及私欲强加于行政相对人。如果行政机关为了创收、内部工作人员为了泄愤等实施行政行为，就是动机不当。

3. 是否考虑了相关因素、是否受不相关因素的影响。所谓相关因素，是指与所处理事件有内在联系并可作为作出决定根据的因素；所谓不相关因素，是指与事件本身没有内在的联系而不能作为作出决定根据的因素。行政机关及其工作人员在行使自由裁量权时必须考虑相关因素，尤其要考虑法律、法规所明示或默示要求考虑的因素，不应该考虑与作出决定无关的因素。否则，便是任性的表现，也属滥用自由裁量权。

4. 是否符合公正原则。法律授予行政机关自由裁量权的目的，就在于使行政机关根据具体情况、具体对象作出公正合理的法律选择和判断，从而正确地贯彻立法宗旨，而不是让行政机关在法律留给的空间内随心所欲，任意而为。自由裁量权要求执法者必须根据公正合理的原则做事，而不是根据个人好恶做事。公正原则的内容可以概括为：（1）平等对待。行政机关在实施行政行为时，对同等情况应同等对待，即在相同的情况下应一视同仁。这样，行政相对人就可以根据行政机关已作出的自由裁量决定预见自己行为的后果，并在此基础上建立他们对行政机关的期待。（2）遵循比例法则。行政机关所作的决定和行政相对人所受的对待应注意合理的比例和协调，而不能不成比例。（3）前后一致。行政机关在相同的情况下，先前所作的行为和以后所采取的行为应保持一致，而不能反复无常，使行政相对人手足无措。

（二）适当性审理的方法

1. 横向比较的方法。对于性质、情节类似情形的处理，与所在地区同系统其他行政机关的处理结果应当大体类似。

2. 纵向比较的方法。对于属于同一性质、情节的情形的处理，应当与本机关此前的其他类似处理大体类似。

3. 内部比较的方法。对于同一个行政案件中，涉及多个违法行为人的，行政机关对行为性质、情节大体类似的违法行为人，处理的结果应当大体类似，而不能相差悬殊。

第三节　行政复议审理程序的一般要求

行政复议程序是通过行政复议活动解决行政争议所遵循的步骤、方式、顺序以及时限的总称，包括申请人提出行政复议申请至行政复议机关作出行政复议决定的全过程，主要分为申请、受理、审理和决定四个阶段。行政复议审理程序，是指行政复议审理阶段所遵循的步骤、方式、顺序以及时限。行政复议机关受理行政复议申请后，即进入行政复议的审理阶段。这一阶段的主要任务，是通过审理证据材料，全面审理行政行为的合法性和适当性。行政复议的审理，是行政复议的重要环节和核心阶段，是行政复议的各项基本原则的集中体现，也是行政复议机关正确行使行政复议权的关键步骤。

1999年《行政复议法》只规定了单一的审理程序，并未区分普通程序和简易程序，案件不论简单或者复杂都适用同样程序审理，无法有效节省群众的时间成本。为进一步发挥行政复议公正高效、便民为民的制度特点，新修订的《行政复议法》第四章专章规定"行政复议审理"，对行政复议审理的基本方式和程序作了全面完善，特别是新规定了繁简分流的审理模式，要求行政复议机构根据案件难易程度，简案快办，繁案精办，更快捷地定分止争，以便增进群众的法治获得感。

普通程序与简易程序既有区别，又有共性，新修订的《行政复议法》第四章第一节规定的"一般规定"，就是普通程序和简易程序两者都应遵循的共性要求，主要包括以下方面。

一、确定审理方式

行政复议机关在受理行政复议申请之后，必须认真审阅行政复议材料，了解案件类型，初步判断争议焦点，这与受理前对申请书的审理不同，具有对全部材料更进一步全面审理的性质，经过审阅案卷材料，对案件的复杂程度作出判断，据此决定适用简易程序还是普通程序进行审理。

二、指定行政复议人员办理案件

确定适用普通程序还是简易程序后，行政复议机构要指定行政复议人员办案。行政复议人员是办理具体案件最直接的主体，其能力素质、办案水平与行政复议案件办理质量的关系十分密切。为了强化行政复议人员办案责任，确保行政复议办案质量，《行政复议法》第三十六条规定行政复议机构应当指定行政复议人员负责办理行政复议案件，被指定的行政复议人员应当对所办案件高度负责，认真依法开展各项办案工作，为行政复议机关作出行政复议决定打好坚实基础。行政复议实行首长负责制，行政复议人员对案件的办理意见需要层层呈报行政复议机关首长决定，因此需要辩证把握行政复议人员与行政复议机关首长两者的责任，既要压实行政复议人员的办案责任，确保前期的案件审理扎实、论证深入，又要强调行政复议机关首长的审批责任，由行政复议机关首长对案件作出最终处理结论。

三、必要时的提级审理

新修订的《行政复议法》第二十四条至第二十八条规定了行政复议管辖制度，在一般情况下，行政复议案件的管辖应当按照上述规定执行。考虑到实践情况比较复杂，为了全面保障行政复议审理的公正性，《行政复议法》第三十八条规定了行政复议提级审理制度。提级审理主要适用于行政复议办案中的特殊情形，与一般性的行政复议"下管一级"层级管辖制度不冲突，可以视作行政复议管辖的补充性规定。

提级审理主要包括两种情形：一是上级行政复议机关根据需要，可以审理下级行政复议机关管辖的行政复议案件。二是下级行政复议机关对其管辖的行政复议案件，认为需要由上级行政复议机关审理的，可以报请上级行政复议机关决定。上级行政复议机关对是否需要提级审理具有决定权。如果决定提级审理，应当以上级行政复议机关的名义作出行政复议决定。

四、行政复议中止

行政复议中止，是指行政复议过程中出现法定情形后，行政复议机关暂停有关行政复议案件的审理，待有关影响行政复议案件正常审理的情形消除后，再继续审理行政复议案件。

《行政复议法》第三十九条规定了因客观事实需要中止行政复议的十种情形："（一）作为申请人的公民死亡，其近亲属尚未确定是否参加行政复议；（二）作为申请人的公民丧失参加行政复议的行为能力，尚未确定法定代理人参加行政复议；（三）作为申请人的公民下落不明；（四）作为申请人的法人或者其他组织终止，尚未确定权利义务承受人；（五）申请人、被申请人因不可抗力或者其他正当理由，不能参加行政复议；（六）依照本法规定进行调解、和解，申请人和被申请人同意中止；（七）行政复议案件涉及的法律适用问题需要有权机关作出解释或者确认；（八）行政复议案件审理需要以其他案件的审理结果为依据，而其他案件尚未审结；（九）有本法第五十六条或者第五十七条规定的情形；（十）需要中止行政复议的其他情形。"上述第一项至第四项，是行政复议申请人本人主体资格消失或者丧失参加行政复议的能力，其他有权申请行政复议的主体尚未决定是否参加行政复议的情形，因为没有确定相应的权利承受人，行政复议活动需要中止。第五项规定，因不可抗力或者其他正当理由导致申请人、被申请人不能参加行政复议时,行政复议才能中止,包括疫情、自然灾害或者其他意外事件,无法参加行政复议的情形。第六项是新增的调解、和解期间,由当事人双方同意的中止情形。第七项是案件涉及法律适用问题,需要有权机关作出解释的行政复议中止情形。第八项中判断是否需要以其他案件的审理结果为依据,并不是刑事案件、民事案件相对于行政案件就有绝对优先的问题,而是以相互之间是否为依据、为前提,决定哪个案件优先。第九项是行政复议附带审查期间的中止。第十项是法律没有明确规定的其他需要中止行政复议的情形,属于兜底条款。

行政复议中止发生在行政复议案件受理之后至行政复议决定作出之前,只是行政复议审理活动的暂时停止,而不是行政复议活动的彻底终结。因此,一旦行政复议中止的原因消除,行政复议机关应当及时恢复行政复议案件的审理,并及时作出行政复议决定。为了充分保障行政复议申请人、被申请人和第三人参与行政复议的权利,规范行政复议中止活动,行政复议机关无论是中止还是恢复行政复议案件的审理,都应当书面告知当事人。

五、行政复议终止

行政复议终止,是行政复议过程中出现法定情形后,行政复议机关不再继续审理有关行政复议案件,从而终结行政复议的活动。对于行政复议终止,1999年《行政复议法》仅在第二十五条规定了申请人"撤回行政复议申请的,行政复议终止"这一种情形。为进一步适应实践需求,2007年《行政复议法实施条例》在不违背《行政复议法》精神的前提下,采取明确列举的方法规定了行政复议终止的八类情形。新修订的《行政复议法》在进一步总结实践经验的基础上,吸收并完善了上述规定,规定了较为完备的行政复议终止制度。行政复议终止的情形主要有以下几种:一是申请人要求撤回行政复议申请,行政复议机构准予撤回的。二是申请人本人的行政复议资格消灭，没有行政复议权利承受人或者其行政复议权利的承受人放弃该权利的。即第四十一条第一项、第三项规定的情形。三是申请人对行政拘留或者限制人身自由的行政强制措施不服申请行政复议后，因申请人同一违法行为涉嫌犯罪，被采取刑事强制措施的。四是中止情形向终止情形的转化。新修订的《行政复议法》第三十九条第一项、第二项、第四项分别规定了三类中止情形，即作为申请人的自然人死亡，其近亲属尚未确定是否参加行政复议；作为申请人的自然人丧失参加行政复议的行为能力，尚未确定法定代理人参加行政复议；作为申请人的法人或者其他组织终止，尚未确定权利义务承受人的。如果近亲属、法定代理人、法人或者其他组织权利义务承受人长期不明确表示是否参加行政复议，就会影响行政复议审理效率和行政管理秩序的稳定性。因此，参照申请人享有的六十日的行政复议申请期限，新修订的《行政复议法》第四十一条第五项规定，在上述情形下，如果行政复议中止满六十日时，近亲属、法定代理人、法人或者其他组织权利义务承受人仍未表示是否行使行政复议权利的，行政复议中止就依法转为终止，以便维护行政管理秩序以及行政复议制度的严肃性和权威性。

六、行政复议期间行政行为不停止执行

《行政复议法》确定了行政复议期间行政行为不停止执行的原则。救济期间不停止执行原则是行政法基本准则，为大多数国家的行政救济实践所确立，是兼顾国家行政权的有效行使与行政相对人合法权益充分保护的一种可行而且合理的选择，是行政行为约束力、确定力、执行力的体现。

1. 公益优先。行政机关实施行政行为是行使公权力的结果，目的在于维护公共利益和社会秩序。有效维护公共利益和社会秩序要求行

政活动要有连续性、稳定性，不得随意中断。实践中落实这一原则，有利于贯彻国家意志、提高行政效率，有利于保障公共利益、维护社会秩序稳定，有利于防止行政相对人借请求救济而逃避法定义务。放弃这一原则，行政相对人就有可能滥用救济申请权，影响行政法律秩序和社会稳定，损害国家和公共利益。

2. 保障行政管理效率和连续性的需要。确立不停止执行的原则，有利于行政机关顺利行使职权，使国家行政管理具有稳定性、连续性、有效性。

3. 效力先定。行政机关作出的行政行为，是代表国家作出的，推定为合法、有效，社会组织和公民个人均须服从，即使行政相对人认为其违法或者不当，该行为仍具有强制力和执行力，行政相对人无权自行否定。

原则上不停止执行不意味着任何情况下都不停止执行，正确执行这个原则，既要维护国家社会公共利益，又不得损害行政相对人的合法权益，新修订的《行政复议法》完善了停止执行的具体规定，出现以下情形的，可以停止执行。

1. 被申请人认为需要停止执行。行政复议期间，被申请人发现作出的行政行为有可能违法或者不当，如果不停止执行，有可能给申请人造成不可弥补的损失，被申请人认为需要停止执行的可以停止执行。主要有以下几种情形：一是发现行政行为的依据违法的；二是行政相对人的违法事实出现新情况，或者需要鉴定后才能确定性质的；三是发现行政行为超越职权或者属于本行政机关工作人员滥用职权的。

2. 行政复议机关认为需要停止执行。行政复议机关对被申请人有监督的职责，同时对行政复议申请人也有保护的职责。行政复议期间，如果发现行政行为不合法或者不适当，执行该行政行为可能对申请人造成不可挽回的损失时，行政复议机关可以决定停止执行。这样既有利于纠正被申请人的错误，又有利于保护申请人的合法权益。行政复议机关对下列行政复议申请应该特别注意审查被申请人的行政行为是否需要停止执行：一是涉及罚款、扣押财物数额巨大的行政复议申请；二是涉及重大建筑物、构筑物强制拆除的行政复议申请或者对鲜活农产品扣押、封存不服的行政复议申请。

3. 申请人、第三人申请停止执行，行政复议机关认为其要求合理，决定停止执行。在被申请人和行政复议机关都没有决定或者认为不需要停止执行的情况下，申请人还可以申请停止执行，这是《行政复议法》赋予申请人的权利。但是这种申请必须经行政复议机关审查后，才能决定是否停止执行。

4. 法律、法规、规章规定停止执行。

第四节　行政复议审理的依据

行政机关作出行政行为，必须适用正确的依据。同时，行政复议机关对行政行为进行审理，也必须正确适用依据。行政复议的审理依据，是行政复议审理的重要内容。

一、行政复议审理依据的概念

行政复议审理依据，是指行政复议机关判断行政行为是否合法适当的、具有普遍约束力的规范性文件。

二、行政复议审理依据的主要类别

1. 全国人民代表大会及其常务委员会制定的法律。法律在全国范围内具有普遍约束力，一切国家机关、社会团体和个人都必须严格遵守，是行政复议机关审理行政复议案件必须适用的依据。

2. 国务院制定的行政法规。行政法规是宪法、法律和党的各项方针政策的具体化，在全国范围内具有普遍的约束力，是行政复议机关审理行政复议案件的依据。

3. 地方性法规。地方性法规是指由省、自治区、直辖市，设区的市和自治州等人大及其常委会依法制定的规范性文件。地方性法规在本行政区域内具有法律效力，适用于本行政区域内的行政管理活动，是本行政区域内的行政复议案件的审理依据。

4. 自治条例和单行条例。自治条例和单行条例，是民族自治地方（自治区、自治州、自治县）的人民代表大会，依照当地民族的政治、经济和文化的特点依法制定的规范性文件。自治条例和单行条例在本民族地域内具有普遍约束力，是该地域内行政复议案件的审理依据。

5. 规章。即法律授权的国家行政机关为了履行行政管理职责，根据法律、行政法规依法制定和发布的具有普遍约束力的规范性文件。享有规章制定权的行政机关包括：国务院各部、委员会、中国人民银行、审计署和具有行政管理职能的直属机构以及法律规定的机构，省、自治区、直辖市，设区的市、自治州的人民政府等。规章是法律、法规的具体化，对于法律、法规的贯彻落实具有十分重要的作用，是行政机关实施行政管理的常见依据，也是行政复议机关判断行政行为合法合理与否的依据。

此外，行政复议审理还可以参照规章以下的规范性文件，即行政机关制定和发布的具有普遍约束力的其他决定、命令。这些规范性文件，在不违反法律、法规和规章的情况下，可以作为社会管理的依据，也是审理行政复议案件的依据。

三、确定行政复议审理依据的标准

确定行政复议审理依据的标准，是指行政复议机关在审理行政复议案件过程中，选择何种规范性文件作为行政复议决定的依据。行政复议机关在审理行政复议案件时，不能简单地对被申请人的行政行为的依据予以认可，而要根据法律规定的条件和程序对其进行合法性的判断。这个过程，也就是确定行政复议审理依据的过程。确定行政复议审理依据，应当坚持以下标准：

1. 合法有效标准。行政复议审理依据必须是依照法定程序制定和发布、现行有效的规范性文件。未经发布或者已经失效的规范性文件，不得作为判断行政行为的依据。这里的现行有效，是指被申请人作出行政行为时有效。

2. 不抵触标准。作为行政复议的审理依据，不得与上位阶的规范性文件抵触。

3. 优先标准。同一层级的规范性文件，特别性规范优于一般性规范，后制定的规范优于之前制定的规范。

4. 公开标准。不公开的规范性文件不能作为依据。

四、对错误适用依据的审理

适用依据正确，是行政行为合法的必备条件，也是行政复议的重要审理内容。实践中，常见的适用法律依据错误主要表现为以下形式：

1. 适用规范性质错误。例如应当适用甲法，而适用了乙法。

2. 适用无效规范。无论是适用了尚未生效的法律法规，还是适用已经失效的法律法规，都是违反行政合法性原则的。

3. 规避应适用规范。在适用法律中有规避法律的行为，只选择对自己有利的法律法规，而规避对自己不利的法律法规。

4. 适用条款错误。具体表现有：一是误用法条，即应适用某法的甲条，而适用了乙条；二是应同时适用几个法规的条款，却只适用了其中一个法规或部分法规的条款；三是误用条款项。

第五节　行政复议证据

行政复议审理需要以事实为根据，以法律为准绳。因此，证据是行政复议查明事实、准确适用法律的前提和基础。2023 年《行政复议法》修订过程中，不少地方和部门反映修订前的《行政复议法》有关证据的规定过于简单，建议在立法中加以补充和完善。为此，新修订的《行政复议法》在"行政复议审理"一章中单设"行政复议证据"一节，立足行政复议制度特点，将 2007 年《行政复议法实施条例》关于证据的规定上升为法律，对行政复议证据作出系统规定，发展和完善了行政复议证据规则。

一、行政复议证据种类

行政复议主要包括以下证据种类：（1）书证，是以记载的内容表达某种思想、含义来证明案件真实情况的书面材料或者其他物质材料，包括各种单据、证照、公告、档案、报表、图册等。（2）物证，是以自身物质属性、外形特征、存在状态等来证明案件真实情况的物品。（3）视听资料，是用录音、录像、拍照等技术手段记录下来，存储于录音带、录像带、电影胶片、光盘等特殊介质中，需要借助录音机、录像机等特定设备播放的材料。（4）电子数据，主要是指以数字化形式存储、处理、传输的能够证明案件事实的信息。（5）证人证言，是指了解案件情况的个人或者单位以口头或者书面方式向行政复议机关所作的对案件事实的陈述。对于口头证言，需要以笔录等形式加以固定。（6）当事人的陈述，是指行政复议申请人和被申请人就案件事实向行政复议机关所作的陈述。（7）鉴定意见，是法律法规认定的鉴定机构运用专业手段，对有关专业性问题进行分析、检验和鉴别后作出的书面意见。如医疗事故责任鉴定、笔迹鉴定等。（8）勘验笔录、现场笔录，勘验笔录是对能够证明案件事实的现场或者不便于移动的物品就地进行勘察、检验后形成的记录。现场笔录是行政机关对行政违法行为进行当场处理时，在处理现场所形成的笔录。

二、行政复议举证责任

举证责任是指当事人根据法律的规定所负有的对特定案件事实提供证据予以证明的责任。举证责任是依法对当事人双方分配的，如果当事人不能提供相应的证据，将会承担不利的后果。

1. 举证责任原则上由被申请人承担。在行政复议审理中，被申请人对其作出的行政行为负有举证责任是行政复议举证责任分配的一条基本原则。这主要是考虑到，行政机关在行政管理过程中处于管理者的优势地位，在作出执法行为时就应当依法履行法定程序，确保全面、客观地收集并固定证据，在行政复议审理中应当承担主要的举证责任。被申请人既要对行政行为的合法性举证，也要对行政行为的适当性举证。

2. 行政复议申请人依法承担特定的举证责任。虽然被申请人举证是行政复议举证责任的一般原则，但在特定情况下，申请人也要提供相应的证据。一是认为被申请人不履行法定职责的，申请人需要提供曾经要求被申请人履行法定职责的证据。二是申请人提出行政赔偿请求的，应当提供受行政行为侵害而造成损害的证据。三是法律、法规规定需要申请人提供证据的其他情形。行政复议机关不应对申请人增加法律、法规之外的举证责任。

三、行政复议阅卷权

在行政管理过程中，申请人和第三人处于被管理的被动地位，即使依法行使了陈述权、申辩权，但是对行政机关作出行政行为的全部原因、证据、依据、理由等可能还是了解得不够完整、清楚。因此，新修订的《行政复议法》规定行政复议期间申请人和第三人享有阅卷权，一方面是为了使申请人和第三人能够全面了解行政机关作出行政行为的理由和依据，更有针对性地维护自身合法权益；另一方面通过阅卷，申请人和第三人也能协助行政复议机关更精准地查找行政执法行为的违法之处，便于行政复议机关加大对行政行为的审理和监督力度，扎实推进依法行政。这是体现行政复议公开、公正、便民原则的重要方面，也是《行政复议法》赋予申请人、第三人知情权的重要制度，因此必须要保障其实现而不能限制其行使。

行政复议阅卷权应当在行政复议期间行使。由于规定行政复议阅卷权是为了方便申请人和第三人充分了解案件情况、帮助行政复议机关更好审查行政复议案件，进而更加充分地保障申请人和第三人的合法权益，因此，行政复议阅卷是行政复议审理阶段的一个环节，行政复议阅卷权应当在行政复议期间行使。

行政复议阅卷应当由申请人或者第三人主动提出。行政复议申请人、第三人可以在行政复议期间向行政复议机关提出阅卷请求，如果申请人、第三人没有提出阅卷请求，行政复议机关没有主动安排其阅卷的义务。由于行政复议阅卷的内容是被申请人提出的书面答复、作出行政行为的证据、依据和其他有关材料，行政复议机关可以根据申请人和第三人的申请，安排其在被申请人提交答复材料之后查阅案卷。考虑到行政复议的审理期限较短，如果行政复议申请人、第三人在审理期限临近届满之前才提出阅卷请求，可能会影响行政复议机关按时结案，因此对于有阅卷需要的申请人、第三人，行政复议机关可以在听取意见等办案程序中与其加强沟通，引导其及时提出阅卷请求。

行政复议阅卷的内容是被申请人提出的书面答复、作出行政行为的证据、依据和其他有关材料。阅卷时有两类例外情况，一种是涉及国家秘密、商业秘密、个人隐私的答复材料，不予查阅。另一种是可能危及国家安全、公共安全、社会稳定的答复材料，不予查阅。根据1999年《行政复议法》的规定，申请人和第三人只能现场查阅案卷材料，法律并未赋予其复制案卷材料的权利。为了进一步保护申请人和第三人的合法权益，体现行政复议便民为民的制度优势，新修订的《行政复议法》赋予了申请人和第三人在阅卷时复制案卷材料的权利。行政复议机关应当按照便民原则要求，积极为申请人和第三人查阅、复制案卷材料提供便利条件。

第六节 行政复议审理的普通程序

行政复议审理普通程序是大部分行政复议案件审理所要适用的程序，在实践中应当重点把握普通程序的审理要求。

一、行政复议答复

《行政复议法》第四十八条规定，行政复议机构应当自行政复议申请受理之日起七日内，将行政复议申请书副本或者行政复议申请笔录复印件发送被申请人。被申请人应当自收到申请书副本或者申请笔录复印件之日起十日内提出书面答复。也就是说，一旦行政复议机关受理行政复议申请并向被申请人发送提出答复通知书，被申请人就必须进行答复，对申请人的行政复议申请作出书面答复，对当初作出的行政行为是否合法、是否认同申请人的行政复议请求作出明确的回复，并提交当初作出行政行为的全部证据、依据和其他有关材料。

行政复议机构向被申请人发送行政复议申请书副本或者行政复议申请笔录复印件，主要有两个目的：一是告知被申请人其已经成为行政复议案件的被申请人；二是通知被申请人依法享有答复权，承担根据申请人提出的行政复议申请，提出书面答复和提交当初作出行政行为的全部证据、依据和其他有关材料的义务。向被申请人发送行政复议申请书副本或者行政复议申请笔录复印件，也就是通知被申请人答复。

《行政复议法》规定寄送提出答复通知书的期限，是"自行政复议申请受理之日起七日内"。之所以规定七日这一较短的期限，目的是使被申请人尽早知晓申请人的请求和理由，及时准备当初作出行政行为的证据材料并提出书面答复，保障案件的及时审理。

答复是被申请人在行政复议中应当重视并依法行使的重要权利。被申请人如放弃或者超过十日期限未行使该权利，就丧失该权利，但不影响行政复议案件的审理。与此同时，答复更是被申请人的一项重要法定义务，是被申请人接受行政复议机关监督的表现形式，也是其履行举证责任的具体方式。按照依法行政的原则，行政机关作出任何行政行为，既要有事实根据，又要有法律依据。在行政复议中，应当由被申请人承担对原行政行为合法性、适当性的举证责任。如果被申请人不能就此尽到举证义务，就要承担对其不利的法律后果。从严格依法行政的角度讲，行政机关在当初作出行政行为时，即应当有充分的事实根据、相应的确凿的证据支持、足够的法律依据以及完整的行政执法案卷。一旦引发行政复议，被申请人只需要如实、全面、及时地提交这些材料，甚至提供原卷即可，客观上准备答复材料的时间不会太长。新修订的《行政复议法》已经将答复期限的十日由自然日修改为工作日，实际上答复期限更充裕了，被申请人应当进一步提高答复质量，配合行政复议机关开展审理工作。

被申请人应当提交的答复材料主要包括：（1）书面答复意见，一般称行政复议答复书。书面答复意见，应当包括原行政行为的事实和理由，回应申请人请求的理由，以及向行政复议机关提出的主张和请求。（2）表明行政行为存在的书面材料，即原行政行为的决定书。（3）依据、证据和其他有关材料。主要包括：行政行为所依据的法律、法规等规范性文件；以文字、符号、物品形式表现的事实根据；证词、鉴定结论、检验勘查记录等。被申请人提供上述材料必须满足两个要求：一是全部的材料，即被申请人应当提交当初作出行政行为的全部证据、依据和其他有关材料。二是当初的证据，即被申请人所提交的证据应当是作出行政行为时的证据，而不是事后所补充的证据。

答复是被申请人在行政复议过程中的重要职责，被申请人不依法履行答复职责，逾期答复或者不答复的，应当承担相应的法律责任，主要包括两个方面：一是被申请人的责任。在行政复议案件中，由被申请人承担举证责任。被申请人不依法进行答复的，视为该行政行为没有证据、依据，可以决定撤销或者部分撤销该行政行为。二是有关人员的责任。被申请人不答复的，可以依法追究负有责任的领导人员和直接责任人员的政纪责任，给予警告、记过、记大过的处分。构成犯罪的，依法追究刑事责任。

二、听取意见

为提高行政复议公信力，新修订的《行政复议法》在制度上强化申请人、第三人对行政复议过程的参与程度，进一步促进行政复议过程的公开、透明。在普通程序设计的总体思路上，既要改变原有的书面审查为主的模式，又要注重不能完全模仿司法程序，要体现行政复议便民高效的特点和优势。按照这一思路，新修订的《行政复议法》规定了普通程序中行政复议机构听取当事人意见的相关要求。

听取意见是行政复议普通程序的原则性要求。行政复议机构适用普通程序审理行政复议案件，都应当当面或者通过互联网、电话等方式听取当事人的意见，这里的"应当"意味着"听取意见"将成为办案的"规定动作"，要求群众在行政复议审理中的参与度要明显提高，办案也将更加公开透明。

听取意见的对象是当事人，既包括行政复议的申请人、第三人，也包括行政复议被申请人。将听取意见的对象规定为当事人，可以更加平等、充分地保护行政复议当事人各方的合法权益。在实践中，由于行政管理中申请人、第三人处于被行政管理机关管理的地位，因此行政复议机关尤其要注重听取申请人、第三人的意见。

听取意见和听证一样，都是为了查明案件事实，同时也能更多地听取申请人提出行政复议申请背后真实的利益诉求，推动行政争议的实质性化解。对于申请人、第三人而言，行政复议案件承办人收到被申请人提交的答复书和证据材料，应当及时梳理、审查，并就案件事实和证据听取申请人意见。行政复议案件承办人可以根据案件情况，在听取申请人意见时全面了解争议由来、矛盾症结、实质诉求和是否愿意进行调解。申请人有调解意愿的，要积极促进调解。

为确保办案效率并方便群众参与，行政复议机构可以采取各种灵活方式听取当事人意见，包括当面听取意见，通过互联网、电话等方式听取意见等。在实践中，当面听取申请人意见的，应当形成听取意见笔录，供申请人核对无误后签字确认，必要时同步录音、录像。通过电话、即时通信的音视频工具听取申请人意见的，进行同步录音、录像，并形成书面工作记录。通过电子邮箱、即时通信的文字工具听取申请人意见的，应当截屏存档，并形成书面工作记录。如果单方面听取当事人意见仍不能查明案件事实，必要时还应当组织听证，通过规范、完备的听证程序更深入、全面地听取当事人意见。

考虑到实践中情况较为复杂，虽然行政复议机构打算依法听取当事人意见，但也有可能出现因当事人原因不能听取意见的情形，例如听取当事人意见时被明确拒绝的；当事人提供的电话、即时通信的音视频联系方式经多次联系无法接通的；等等。对因当事人原因不能听取意见的情形应当留存相关证据并记录在案。总而言之，不能听取意见应当限于当事人自身的原因，行政复议机构不能随意以其他原因为由决定不听取当事人意见。

三、听 证

1999年《行政复议法》规定了书面审查原则。但是随着实践的发展，行政复议案件越来越复杂，有时仅凭书面审理，无法查清案件事实，而且审理程序不透明，容易给申请人以"暗箱操作""官官相护"的错觉，不利于行政争议的解决。立足于增强行政复议审理程序公开度和公正性的目的，2007年《行政复议法实施条例》设立了行政复议听证制度，规定在申请人提出要求或者行政复议机构认为必要时，可以采取听证方式审理。近年来，各级行政复议机构积极运用听证方式审理案件，大幅提升了办案质量和复议公信力。在此基础上，新修订的《行政复议法》进一步落实《行政复议体制改革方案》关于建立"公开透明"工作流程的要求，吸收2007年《行政复议法实施条例》的上述规定，在法律层面建立了行政复议听证制度，进一步细化了相关规定，增强听证的可操作性，以便充分发挥行政复议公正高效的制度特点，取信于民。

行政复议听证，是指行政复议机构适用普通程序办理行政复议案件时，组织涉案人员通过陈述、申辩、举证、质证等形式，查明案件事实的审理过程。听证是公开办案机制的重要组成部分，是听取当事人意见的"高级"形式，类似于法院的开庭审理。听证主要解决案件事实审查方面存在的问题，对于提高行政复议审理质量具有重要意义，因此对于符合法定条件的案件，行政复议机构应当积极运用听证方式进行审理。

听证并不是所有行政复议案件审理的必经程序，而主要适用于审理难度较大的案件。根据《行政复议法》第五十条的规定，审理重大、疑难、复杂的行政复议案件，行政复议机构应当组织听证。在实践中，"重大、疑难、复杂"的案件标准，可以由国务院行政复议机构通过规章或者规范性文件等方式予以细化明确，并由行政复议机关结合实际情况判断。一般来讲，涉及国家利益、重大社会公共利益的案件；涉及群体性纠纷或者社会关注度较高的案件；涉及新业态、新领域、新类型的行政争议，案情复杂的案件；被申请人定案证据疑点较多，当事人对案件主要事实分歧较大的案件；法律关系复杂的案件等。

除此之外，还有两类情形可以适用听证：一种是案件虽然不具备重大、疑难、复杂的特点，但行政复议机构认为有必要听证，通过听证方式审理能够取得更好的审理效果的，也可以组织听证。另一种是申请人请求听证的，行政复议机构可以组织听证。考虑到实践中申请人请求听证的情形五花八门，因此对其听证请求，由行政复议机构结合案情及办案需要进行具体判断，必要时可以举行听证，如确无听证的必要，可以不通过听证方式审理。

听证由行政复议机构主持。行政复议机构应当指定一名行政复议人员任主持人，两名以上行政复议人员任听证员，并指定一名记录员制作听证笔录。作为听证主持人、听证员的行政复议人员，要具备总结争议焦点、归纳双方观点和控制听证方向的能力。因此，行政复议机关应当加强行政复议机构的队伍建设，根据工作需要配备行政复议人员,并不断提高行政复议人员的专业能力。任主持人、听证员的行政复议人员应当是行政复议机构中从事行政复议工作的公务员。至于记录员,原则上也应当是行政复议机构中从事行政复议工作的公务员,确有困难的,可以由辅助人员或者通过国家规定方式购买服务的人员承担。除双方当事人外,行政复议机构还可以根据听证需要及双方当事人的请求,安排证人、翻译、勘验人员、鉴定人员等参加听证。

听证由行政复议机构主持,各方当事人参加。对于申请人、第三人而言,可以亲自参加行政复议听证,如果根据新修订的《行政复议法》第十七条委托了一至二名代理人参加行政复议,同时授权委托内容包括代为参加听证的,也可以由委托代理人参加听证。申请人、第三人人数众多的,行政复议机构可以根据新修订的《行政复议法》第十五条的规定,视情况要求其推选代表人参加听证会。代表人参加听证会的,应当在听证会开始前提交代表推选书。

四、行政复议委员会

行政复议委员会是提高行政复议审理公正性、中立性的重要制度设计,也是新修订的《行政复议法》的一大亮点。根据中央全面依法治国委员会《行政复议体制改革方案》的要求,除少数保留行政复议职责的部门外,地方的行政复议职责整合到县级以上地方各级人民政府统一行使。这就意味着,作为政府行政复议机构的司法行政部门需要办理涉及各行政管理领域的行政复议案件,对办案专业性、公正性要求进一步提高,为此,新修订的《行政复议法》确立了行政复议委员会制度。

行政复议委员会制度在实践中具有较好的工作基础。1999年《行政复议法》实施以来,随着我国改革发展进入关键时期,社会矛盾特别是行政争议呈现出多发、高发的态势。为了依法有效应对社会转型期行政争议复杂多样的新形势，加强和创新社会管理，打造更加公正、有效、便捷、低成本的法定纠纷化解机制，党中央、国务院多次就加强和改进行政复议工作、创新行政复议体制机制提出明确要求。2006年12月，国务院召开全国行政复议工作座谈会，明确提出"有条件的地方和部门可以开展行政复议委员会的试点"。2008年，原国务院法制办公室下发《国务院法制办公室关于在部分省、直辖市开展行政复议委员会试点工作的通知》，推动在各地方试点开展行政复议体制改革工作，先行探索设立行政复议委员会，提高行政复议办案质量。行政复议委员会试点工作主要以提高行政复议的权威性、专业性和公信力为目标，积极吸收外部力量参与行政复议案件审理，提高行政复议过程的专业性和公开透明程度。

从实际运行效果看，行政复议委员会的运行对于充分体现行政复议便民、高效的特点，增强行政复议制度的公正性、权威性、专业性和公信力具有明显作用，通过引入专家学者等外部力量参与案件审理，打破了以往行政复议办案的"内部循环"，有效消除了部分群众对行政复议不公开、不透明、"官官相护"的疑虑，当事人对行政复议结果更容易接受。中共中央、国务院发布的《法治政府建设实施纲要（2021—2025年）》进一步要求："县级以上各级政府建立行政复议委员会，为重大、疑难、复杂的案件提供咨询意见。"新修订的《行政复议法》吸收了实践中的积极做法，全面贯彻落实了《法治政府建设实施纲要（2021—2025年）》的上述要求，对建立行政复议委员会作出规定。

建立行政复议委员会的主体为承担行政复议法定职责的县级以上各级人民政府，包括国务院及省、市、县三级政府。对于依照《行政复议法》仍履行行政复议职责的政府部门，不强制性要求建立行政复议委员会，如果有需要，可以参照《行政复议法》的规定建立行政复议委员会。

行政复议委员会具有两项功能。一方面，根据《行政复议法》第五十二条关于"为办理行政复议案件提供咨询意见"的规定，在办理重大、疑难、复杂等案件时，行政复议委员会要组织相关部门工作人员及专家学者进行咨询，充分利用"外脑"提高办案质量。另一方面，根据本条关于"并就行政复议工作中的重大事项和共性问题研究提出意见"的规定，行政复议委员会可以对行政复议重大事项进行研究并提出意见。这类事项不同于具体个案，在性质上更为重大，一般由政府负责同志主持会议进行研究决策。这样的两项功能定位既能充分与《法治政府建设实施纲要（2021—2025年）》关于行政复议委员会应当为重大、疑难、复杂的案件提供咨询意见，提高办案质量的要求相衔接，同时也有利于加强行政复议机关对行政复议工作的领导，推动行政复议工作高质量发展。因此，需要特别注意的是，行政复议委员会承担了上述两项功能，并不是单纯的咨询性质。对于行政复议委员会组成和开展工作的具体办法，应当由国务院行政复议机构依据新修订的《行政复议法》的规定予以制定。

行政复议委员会在发挥咨询功能时，主要解决案件中的法律争议。新修订的《行政复议法》规定其对四类案件提供咨询意见：（1）案情重大、疑难、复杂的案件。主要是指案件涉及的法律关系复杂，对所涉及的法律规定在理解和适用上存在较大分歧，或者涉及新型法律关系，准确认定当事人的权利义务关系难度较大。（2）专业性、技术性较强的案件。按照新修订的《行政复议法》确定的管辖体制，除保留行政复议管辖权的部门外，政府统一管辖涉及各职能部门的行政复议案件，包括涉及自然资源管理、城乡建设、生态环境保护、食品药品监管等许多专业领域的行政争议，对此可以吸收相关部门熟悉业务工作的人员参加行政复议委员会，对案件涉及的专业性、技术性问题提供咨询意见。（3）申请人对省、自治区、直辖市人民政府作出的行政行为不服的案件。这类案件主要是指省（区、市）人民政府对自己作出的行政行为进行原级行政复议的案件。为了提高原级行政复议案件审理的公正性，减少原级行政复议机关"自己审自己"的社会质疑，新修订的《行政复议法》将原级行政复议案件纳入应当提交行政复议委员会进行咨询的法定范围。需要说明的是，省（区、市）人民政府也可能对某些原级行政复议案件适用简易程序进行审理，如一些案情简单的政府信息公开类案件。由于行政复议委员会对案件进行咨询的工作机制规定在"普通程序"一节中，只适用于按照普通程序审理的案件，因此对于适用简易程序审理的原级行政复议案件，可以不提交行政复议委员会进行咨询，以便节省行政成本，提高办案效率。(4) 行政复议机构认为有必要的案件。除上述四类明确列举的行政复议案件外，行政复议机构也可以根据办案实际情况，将有关案件提请行政复议委员会提出咨询意见。一般而言，案情简单、争议不大以及可以通过和解、调解方式结案的案件，不需要提交行政复议委员会进行咨询。

第七节　行政复议审理的简易程序

1999年《行政复议法》只规定了单一的审理程序，并未区分普通程序和简易程序，案件不论简单或者复杂都适用同样程序审理，无法有效节省群众的时间成本。为进一步发挥行政复议公正高效、便民为民的制度特点，新修订的《行政复议法》规定了繁简分流的审理模式，即在案件审理的普通程序之外，新设了行政复议简易程序。设置简易程序，一方面能够增进群众的法治获得感，行政复议机构要根据案件难易程度，简案快办，繁案精办，为群众更快捷地定分止争。另一方面也是新形势下行政复议办案的客观需要。新修订的《行政复议法》

对普通程序规定了一系列新的办案程序，但实践中，对于一些事实清楚、争议不大的行政复议案件，也没有必要都适用普通程序进行审理，赋予行政复议机构以相对简单的方式审理案件的空间，能够在保证案件审理质量的基础上提高办案效率。

一、简易程序的适用标准

适用简易程序进行审理的行政复议应当符合三个标准：事实清楚、权利义务关系明确、争议不大。事实清楚是指行政复议机关在受理行政复议案件之后，根据当事人陈述的事实和提供的证据，就能比较明确地证明案件事实，而不需要再进行较为深入的调查取证或者举行听证会才能查明案情。权利义务关系明确，是指当事人双方之间的权利、义务关系比较清楚，行政复议机关不用进行大量的审理工作就能准确判定双方享有什么权利，应当履行什么义务。争议不大，是指当事人对行政争议的主要事实、权利义务的基本归属等不存在较大分歧。《行政复议法》第五十三条具体列举了能够适用简易程序的四类案件，这四类案件并非都完全适用简易程序，只有既属于这四类案件，又同时满足了"事实清楚、权利义务关系明确、争议不大"三个条件，才能适用简易程序。

《行政复议法》规定的四类适用简易程序的案件具体包括：第一类案件是被申请行政复议的行政行为是当场作出的。当场作出的行政行为主要包括当场作出的轻微行政处罚、当场作出的简单行政许可。第二类案件是被申请行政复议的行政行为是警告或者通报批评。警告和通报批评是程度较轻的行政处罚。第三类案件是涉及款额三千元以下的。本项规定是从案件涉及的金钱数额来划分普通程序和简易程序的适用标准。案件涉及款额三千元以下的，适用简易程序，如行政处罚中涉及的罚款数额，行政给付中涉及的救助金、保险金数额，行政强制中查封、扣押、冻结的财物价值等在三千元以下的。第四类案件是政府信息公开案件。政府信息公开案件大部分案情较为简单，只要法律适用标准明确，往往可以通过当事人双方的书面材料审查清楚，而不一定需要深入实地核实取证。此外，当事人各方同意适用简易程序的，也可以适用简易程序。

二、简易程序的答复

简易程序的答复期限较短。普通程序的审理期限一般为六十日，经批准可以延长为九十日，简易程序的审理期限只有三十日，因此有必要规定较短的答复期限，以便行政复议机构有相对充足的时间进行案件审理。同时，简易程序涉及的案情较为简单，争议不大，被申请人提交书面答复及证据材料难度不大，较短的答复时间也是够用的。据此，《行政复议法》第五十四条规定适用简易程序审理的案件，行政复议机构应当自受理行政复议申请之日起三日内，将行政复议申请书副本或者行政复议申请笔录复印件发送被申请人。被申请人应当自收到申请书副本或者申请笔录复印件之日起五日内，提出书面答复，并提交作出行政行为的证据、依据和其他有关材料。与普通程序相比，简易程序通知答复的期限由七日缩短为三日，被申请人提出书面答复的期限由十日缩短为五日。这里的三日、五日都是指工作日。

三、简易程序可以适用书面审理方式

对适用简易程序审理的案件，行政复议机关可以书面审理。书面审理是指行政复议机关审理行政复议案件时，主要就申请人、被申请人所提交的全部书面材料进行审理的方法；不请申请人、被申请人、证人或其他行政复议参加人到场，不开听证会，不进行言词辩论，仅就全部书面材料进行审理的方式。行政复议机关针对行政复议申请书的要求，根据被申请人在作出行政行为时已经取得的证据材料和适用的依据等书面材料，进行书面审理并作出行政复议决定。对于简单案件的审理而言，适用简易程序可以节约行政成本，提高办案效率，同时减少申请人、第三人在行政复议活动上所花费的时间和精力，也能够在更短时间内及时化解行政争议。

书面审理方式要求案情清楚，申请人的行政复议申请明确，被申请人提交的材料齐全、准确，不需要再作调查，仅书面审理就能作出行政复议决定。例如，争议焦点是法律适用问题，且在事实认定方面不存在争议，被申请人在作出行政行为时，已经就有关案件事实查证清楚，并且申请人申请行政复议时就事实问题没有原则分歧，争议的焦点集中于适用法律依据是否正确以及行政决定是否适当等问题。对于这种情况，易于从书面材料中发现问题、查明案情，书面审理亦可公正断案，所以可以适用书面审理方式。

四、简易程序的转化

行政复议案件受理后，行政复议机关只是在对案件进行初步审查的基础上决定适用简易程序，但实践情况是复杂多样的，随着案件审理的不断深入，行政复议机构对案情了解更为全面透彻，如果发现案件有不宜适用简易程序的情形，就可以依照《行政复议法》第五十五条转为普通程序。在程序方面，经行政复议机构的负责人批准，可以将适用简易程序审理的案件转为普通程序审理。转化后案件审理期限应当适用普通程序六十日的审理期限，也可以依法延长至九十日，但在简易程序中已经经过的审理期限应当从中扣除，而不能在转为普通审理程序之日起重新计算。

第八节　行政复议附带审查

1999年《行政复议法》确立了行政复议附带审查制度，赋予行政复议机关在处理具体行政争议的同时，从根本上纠正违法的抽象行政行为的权力。这一制度对于促进法治统一，维护群众合法权益具有重要意义。但由于对如何开展附带审查缺少具体程序设计，实践中各级行政复议机构难以有效运用附带审查制度对"红头文件"加强监督，导致这项制度作用发挥得不够充分。为了进一步发挥这项制度的重要作用，新修订的《行政复议法》对行政复议附带审查制度作了进一步修改完善，深入落实《行政复议体制改革方案》关于加大行政复议对行政行为所依据的规定的审查力度的要求，细化了对规范性文件进行附带审查的具体程序和处理期限，推动提升行政复议及时纠正违反法律法规和国家政策，侵犯公民、法人和其他组织合法权益"红头文件"的能力和水平。

一、行政复议附带审查的范围和特点

当规范性文件作为行政行为的依据时，公民、法人或者其他组织可以在申请行政复议时提出附带审查请求。具体来说，依照《行政复议法》第十三条的规定，公民、法人或者其他组织认为行政机关的行政行为所依据的下列规范性文件不合法，在对行政行为申请行政复议时，可以一并向行政复议机关提出对该规范性文件的附带审查申请：（1）国务院部门的规范性文件；（2）县级以上地方各级人民政府及其工作部门的规范性文件；（3）乡、镇人民政府的规范性文件；（4）法律、法规、规章授权的组织的规范性文件。前款所列规范性文件不含

规章。规章的审查依照法律、行政法规办理。

《行政复议法》对规范性文件的附带审查程序具有以下特点：一是范围上的有限性，限于国务院部门、县级以上地方各级人民政府及其工作部门，以及乡、镇人民政府的规范性文件。二是依据上的关联性，申请人只能对与行政行为有关的规范性文件提出审查申请。三是方式上的附带性，申请人只能在对行政行为申请行政复议时，一并提出审查申请。四是处理上的程序性，公民、法人或者其他组织提出对有关规范性文件的审查申请以后，即进入行政复议机关的审查程序，行政复议机关有权处理的，应当在三十日内依法处理；无权处理的，应当在七日内转送有权处理的行政机关依法处理。五是处理期间，行政复议中止审查。[①]

《行政复议法》将规章以下的规范性文件纳入行政复议的附带审查范围，具有重要的意义：一是赋予公民、法人和其他组织对规范性文件的行政复议审查请求权，扩大了行政相对人的权利救济范围，增强了救济力度。二是使行政机关的行政活动受到行政复议较为全面的审查和监督，有利于促进行政机关依法行政。三是有利于提升对抽象行政行为的法律监督效果。值得注意的是，《行政复议法》没有直接将抽象行政行为纳入行政复议范围，但是为了加强对规范性文件的监督，设计了行政复议附带审查程序，对规范性文件可以在行政复议程序中进行有条件的审查。

二、行政复议附带审查的类型

行政复议附带审查分为两种情况：（1）依申请的附带审查，即行政复议机关针对申请人提出的审查申请，对行政行为所依据的规定进行的处理。（2）主动附带审查，即行政复议机关在行政复议过程中，

[①] 石佑启、杨勇萍编著：《行政复议法新论》，北京大学出版社2007年版，第91—92页。

自己发现被申请人行政行为的依据不合法，依法进行的处理。除了启动程序不同之外，这两种审查的范围也不同，前者只审查《行政复议法》第十三条规定的规章以下的规范性文件，后者还可以对法规、规章等进行审查。

三、行政复议附带审查的内容

1. 制定主体不合法。如社会团体、行政机关内设机构对外发布规范性文件。

2. 制定权限不合法。如该规范性文件的制定机关超越其职权范围制定规范性文件，而该内容不属于该制定机关的职责和权限范围。

3. 内容不合法。内容不合法主要是指与上位法的规定相抵触。

四、行政复议附带审查的处理方式

对于在行政复议中根据申请人的申请或者自己认为需要审查的规范性文件，行政复议机关应当根据对拟审查规范性文件有无处理权限，而分别采取不同的审查处理方式。

1. 行政复议机关直接处理。行政复议机关对需要审查的规范性文件或者依据有权处理的，应当在三十日内依法处理。比如，县级以上地方人民政府有权改变或者撤销所属工作部门和下级人民政府的不适当的决定、命令，实行垂直领导的行政机关有权改变或者撤销下级机关的不适当的决定。在程序上，行政复议机构应当自行政复议中止之日起三日内，书面通知规范性文件或者依据的制定机关就相关条款的合法性提出书面答复。制定机关应当自收到书面通知之日起十日内提交书面答复及相关材料。同时，为了进一步提高附带审查的质量，行政复议机构认为必要时，可以要求规范性文件或者依据的制定机关当面说明理由，制定机关应当配合。

2. 由行政复议机关转送有权的国家机关处理。对于行政复议机关无权处理的规范性文件或者依据，要在七日内转送给有权处理的行政机关、国家机关。有权处理的行政机关、国家机关应当在六十日内依法处理，并将处理意见回复转送的行政复议机关。行政复议机关结束案件中止，并根据回复的转送意见，对行政复议案件以及申请人的附带审查请求作出处理。

第六章　行政复议决定

从行政复议行为的整个工作流程来看，行政复议决定是行政复议案件审理的最终环节。在这一环节，行政复议机关要在查明案件事实的基础上，依据事实和法律，对所争议的行政行为是否合法、适当作出结论性意见。

2017年《行政复议法》集中在第二十八条对行政复议维持、责令履行、撤销或者部分撤销、变更、确认违法等决定类型作了规定。新修订的《行政复议法》将有关行政复议决定类型进一步细化明确，将原来没有规定而实践中又亟须的类型予以补充，新设第五章"行政复议决定"，集中对行政复议机关作出行政复议决定的期限、种类，适用条件和行政复议决定的执行等内容作了规定。

第一节　行政复议决定的概述

一、行政复议决定的概念

行政复议决定是行政复议机关根据申请人的请求，按照行政复议审查的基本方式和程序，对行政行为依法进行审查后，适用法律、法规、规章对有争议的行政行为的合法性、适当性作出的判断和处理。

行政复议决定的概念，从不同角度来看可以有着不同的定义：如从对原行政行为判断和处理的角度来看，行政复议决定是行政复议机关经过对行政复议案件的审理，根据事实和法律，就有争议的行政行为的合法性、适当性作出的判断和处理；从强调行政复议参加人参与的角度来看，行政复议决定是行政复议机关对受理的行政复议案件在行政复议参加人共同参与下，经过审查所作出的用以解决行政机关与公民、法人和其他组织之间行政争议所作的结论性意见；从决定程序的角度来看，行政复议决定是指行政复议机构对案件进行初步审查，提出意见，经行政复议机关的负责人同意或者集体讨论通过后，就有关行政行为是否合法、适当，或者是否依申请人的请求责令被申请人作出某种行政行为的书面裁断；从法律效力的角度来看，行政复议决定是指受理行政复议申请的行政复议机关，对被申请人的行政行为进行合法性、适当性审查后作出具有法律效力的审查意见；从行政复议的结果来看，行政复议决定是行政复议活动的最终结果和表现形式，是行政复议机关对行政行为审查的结论，也是行政复议活动的最后一个环节。

　　从广义上讲，行政复议决定还应当包括行政复议机关作出的所有决定、告知、函等各种形式的决定，而不仅限于正式的行政复议决定书。因为这些广泛意义上的决定形式，都是行政复议机关依法作出的，且都与行政复议案件的处理过程和结果有着紧密的联系。行政复议过程中涉及的此类决定大致分为三类：一是结论性决定，即由行政复议机关作出决定，既包括对行政行为的合法性和适当性作出判定的决定，如变更、撤销、确认违法、驳回、责令重作、责令履行，以及行政复议调解书等，也包括不予受理决定等，还包括过程性的停止执行决定、中止决定等。二是过程性的通知或者告知，如依照《行政复议法》第三十一条规定向申请人发出的补正通知、依照《行政复议法》第三十九条规定向申请人发出的中止、恢复行政复议案件审理的告知书等。三是因其他原因需要发出的函件，如依照《行政复议法》第五十六条、第五十七条规定制作的行政复议附带审查转送函等。

《行政复议法》第五章"行政复议决定"中规定的主要是严格意义上的行政复议决定，即行政复议机关就案件的实体性问题和程序性问题所作的结论性行政复议决定，本章主要讨论严格意义上的行政复议决定。

二、行政复议不加重原则

行政复议不加重原则，是指行政复议机关在审查行政行为的合法性和适当性过程中，禁止作出对行政复议申请人较原行政行为更为不利的决定，既不能加重对行政复议申请人的处罚或科以更多的义务，也不能减损行政复议申请人的既得权益。其法理依据就是行政复议制度是对申请人的权利救济制度，而不是针对申请人违法行为的责任追究制度。该制度设立的初衷就是防止行政机关在行政管理过程中对管理相对人的合法权益造成损害，从而达成制度之间的平衡。

行政复议不加重原则是当今世界许多国家和地区的行政救济制度中所规定的一项基本原则，设立这一原则的主要意义在于：

第一，有利于保障行政相对人的行政复议申请权。救济申请权是行政复议法律制度所确立的公民的一项重要权利。但这项权利要得以顺利实现，还须有相应的保障措施。在行政复议中贯彻不加重原则，就为行政复议申请人有效行使行政复议申请权提供了保障。它可以有效消除行政复议申请人的顾虑，更放心、无忧地行使救济申请权，避免行政复议申请人因为害怕行政复议机关将其置于更加不利的境地而不敢提出行政复议申请，从而使行政复议申请权利的实现得到必要的保障。

第二，有利于确保行政复议制度的功能充分发挥。行政复议制度设立的目的，是防止和纠正违法或者不当的行政行为，保护公民、法人或者其他组织的合法权益，保障和监督行政机关依法行使职权。因此，在审查过程中，行政复议机关不仅要听取作出行政行为的行政机关的意见，还需要认真地听取申请人的行政复议申请意见，这样才可能作出公正的裁断。如果申请人担心申请行政复议可能导致对自己更为不利的结果，申请人就会不愿意行使行政复议申请权，从而使行政复议制度不能真正贯彻落实而形同虚设。

第三，有利于行政监督工作的展开和加强。行政复议是在对申请人权利进行救济的同时，实现行政机关内部上级对下级的层级监督。这种救济方式具有便捷、高效、程序简便等特点。在行政复议制度中确立不加重原则，使得对行政行为不服的行政复议申请人可以大胆申辩，畅所欲言，通过与作出行政行为的机关质证、辩论，从而使行政复议机关得以深入细致地了解下级行政机关的工作，发现行政执法中存在的问题，及时总结经验和教训，在加强行政监督工作的同时，更好促使行政执法水平的提高。

1999年《行政复议法》中没有规定行政复议不加重的原则，2007年出台的《行政复议法实施条例》第五十一条弥补了这一缺陷，规定："行政复议机关在申请人的行政复议请求范围内，不得作出对申请人更为不利的行政复议决定。"新修订的《行政复议法》在第六十三条第二款中明确规定，"行政复议机关不得作出对申请人更为不利的变更决定，但是第三人提出相反请求的除外"。该规定不仅很好地保护了申请人的权利，也充分考虑到对第三人权益的保护。新规定使相关权益的保护更全面，也更好地维护了社会的公平正义，从法治保障层面进一步促进社会的稳定和谐。

行政复议不加重原则有两个突出的法律特征。

一是适用对象的特定性。行政复议是基于行政法律关系的基本特点而确立的法律制度。行政法律关系的基本特点，在于构成这种关系的两大基本主体，即行政管理主体和行政相对人的法律地位不对等。解决行政争议，为行政相对人提供救济途径，是行政复议制度产生的客观原因。但是，实践中的情况是复杂多样的，同一行政行为所涉及的对象也不都是单一的，因此并非在任何情况下的行政复议申请人都无条件地适用行政复议不加重原则。例如在行政处罚行政复议案件中，处罚对象给他人造成了损害，如果对其适用行政复议不加重原则，就会造成对被损害人权利保护的不充分，这种情况下就不应当受行政复议不加重原则的限制。正如刑事诉讼法律制度中的"上诉不加刑"原则只适用于被告一方一样，不利变更禁止原则也只适用于申请行政复议的一方，即认为行政行为侵犯其合法权益而向行政复议机关提出行政复议申请的公民、法人或其他组织。据此，新修订的《行政复议法》在规定行政复议不加重的同时，也明确了"第三人提出相反请求的除外"的例外情形。

二是行政复议决定变更内容的限定性。行政复议机关经过审查，针对该行政行为可以作出不同的决定，如维持、撤销、变更等，在上述行政复议决定中，维持、撤销一般都不会将行政复议申请人置于较行政复议之前更为不利的境地。而变更则有可能将行政复议申请人置于较行政复议之前更为不利的境地。因此，在行政复议中确立不加重原则，就是对行政复议决定变更内容的限定，即行政复议机关在变更原行政行为的情况下，原则上不能加重对行政复议申请人的处罚或科以更多的义务，也不能减损行政复议申请人的既得权利或者利益。新修订的《行政复议法》的规定指向更加明确、更加精准，有利于行政复议工作人员精准把握行政复议不加重原则。

在行政复议中贯彻不加重原则，需要注意以下几个问题。

第一,不加重原则只适用行政复议程序,如果行政复议机关撤销原行政行为,责令行政机关重新作出行政行为的,此时是原行政机关重新处理,不适用行政复议不加重原则。

第二,在行政复议程序中,对于仅有行政行为直接针对的行政管理相对方提出行政复议申请的,应当适用行政复议不加重原则。但如果行政管理相对方申请行政复议(如行政处罚中的被处罚方、加害人),行政管理利害关系人(如行政处罚中违法行为的第三人、被害人)也申请行政复议的,则对属于加害人的行政复议申请人不适用行政复议不加重原则。

第三,行政行为所针对的相对方为多人的案件,仅有部分行政相对人提出行政复议申请的,对于没有提出行政复议申请的相对人,同样适用行政复议不加重原则。

第四,行政复议机关作出撤销原行政行为,责令原行政机关重新作出行政行为的,必须要有正当理由,不得仅仅因为原行政处理决定畸轻,为加重行政复议申请人的负担而责令重作。

第五,在行政复议程序中,行政复议机关不得因行政复议申请人的申辩而作出对其较原行政行为更为不利的变更。如行政处罚类行政复议案件中应当明确不得因行政复议申请人的申辩而加重处罚。

第二节　行政复议决定的期限

行政复议决定的期限,是指从收到行政复议申请到作出行政复议决定的期限,即行政复议机关在受理申请人依法提出的行政复议申请后,对被申请人的行政行为完成审查并作出行政复议结论的最长时间。

从整体上看,新修订的《行政复议法》关于行政复议决定期限的规定考虑了行政复议制度的设立初衷和特点：既要解决行政纠纷，又要考虑行政复议之后还可能进行行政诉讼的可能性，本着高效、便民的原则，确定了适用简易程序审理的行政复议案件，作出行政复议决定的期限为三十日；适用普通程序审理的行政复议案件，作出行政复议决定的期限一般情况下为六十日，特殊情况下经行政复议机构负责人批准可以延长不超过三十日，即作出行政复议决定的期限最长不超过九十日。

一、行政复议决定期限的分类

依照《行政复议法》第六十二条的规定，行政复议审理期限可分为以下两大类。

（一）适用普通程序审理的行政复议决定期限

适用普通程序审理的行政复议决定期限可以分为三类。

1. 一般行政复议期限，是指行政复议机关应当自受理行政复议申请之日起六十日内作出行政复议决定。新修订的《行政复议法》删除了2017年《行政复议法》第十七条第二款中关于"行政复议申请自行政复议机关负责法制工作的机构收到之日起即为受理"的内容，明确了行政复议受理的时间节点，有利于进一步倒逼各级行政复议机关提高办案工作效率。

2. 特殊行政复议期限，是指法律规定的少于六十日的期限。这里有两层含义：一是只有法律才有权规定少于六十日的期限，行政法规、规章、规范性文件等均不得规定少于六十日的行政复议决定期限；二是法律只能规定少于六十日的期限，而不能规定多于六十日的期限。

3. 延长行政复议期限，是指情况复杂，不能在规定期限内作出行政复议决定的案件，经行政复议机构的负责人批准，可以适当延长，但是延长期限最多不得超过三十日。这主要是考虑到有些行政复议案件情况复杂，如对土地、山林确权的行政复议案件，有关材料较多，涉及范围较大，有些还可能有较长的历史沿革，查清相关事实需要较多时间，在六十日内确实难以作出行政复议决定的，应当本着实事求是的原则，开个"延期"的口子，这样既符合实际工作需要，也可以更好地保证案件质量。

（二）适用简易程序审理的行政复议决定期限

适用本法规定的简易程序审理的行政复议案件，行政复议机关应当自受理申请之日起三十日内作出行政复议决定。这也是新修订的《行政复议法》中进一步突出行政复议高效、便民特质的又一重要举措。按照新修订的《行政复议法》第五十三条的规定，被申请行政复议的行政行为是当场作出、被申请行政复议的行政行为是警告或者通报批评、案件涉及款额三千元以下、属于政府信息公开案件这四大类案件，以及当事人各方同意适用简易程序的行政复议案件，行政复议机关依法适用简易程序办理的，都应当自受理申请之日起三十日内作出行政复议决定。考虑到实践情况的多样性，为保证特殊情形下的案件审理质量，新修订的《行政复议法》第五十五条规定："适用简易程序审理的行政复议案件，行政复议机构认为不宜适用简易程序的，经行政复议机构的负责人批准，可以转为普通程序审理。"转为普通程序审理后，作出行政复议决定的期限也相应变更为一般情况下的六十日以内，需要延长的，经依法批准后为九十日以内，但适用简易程序时经过的期限要计算在内。

二、审理期限的起算

依照新修订的《行政复议法》第三十条的规定，行政复议机关收到行政复议申请后，应当在五日内进行审查。行政复议申请的审查期限届满，行政复议机关未作出不予受理决定的，审查期限届满之日起视为受理。期间需要补正的，自行政复议机关收到补正材料后审查期限届满之日起视为受理。这就改变了原来以行政复议机构收到行政复议申请之日为行政复议期限起始日的规定，使行政复议受理日期的计算更加清晰、明确。

三、审理期限的截止

行政复议的审理期限应当截至作出行政复议决定之日。依照新修订的《行政复议法》第七十五条的规定，该日期应当为行政复议决定书加盖行政复议机关印章之日。

四、逾期作出行政复议决定的法律后果

从学理和实践两方面看，行政复议机关逾期不作出行政复议决定的情形有两种：一是"逾期仍未作出"；二是"逾期仍拒不作出"。其中前者尚有作出的可能，实践中有的也确实作出了行政复议决定。对于逾期作出的行政复议决定，如果申请人提起了行政诉讼，行政复议机关将面临程序违法（违反法定期限）的风险。

第三节　行政复议决定的类型

有争议的行政行为经过行政复议审查，结果可能是合法、适当的，也可能是违法、不当的。同时，即使在违法的情况下，违法的表现形式、程度等也有差异，这就要求行政复议机关根据不同的情况作出不同的行政复议决定。新修订的《行政复议法》延续了《行政复议法实施条例》第四十三条至第五十一条的规定，并根据《行政复议法》实施二十余年实践和当前行政复议工作需要，同时借鉴行政诉讼的规定，

在第五章中对行政复议决定的类型作出了更加全面的规定。依照新修订的《行政复议法》第五章的有关规定，行政复议机关可以根据不同情况，分别作出变更、撤销、责令重作、确认违法、责令履行、确认无效、维持、驳回、责令赔偿、终止等决定。

一、变更决定

变更决定，是指行政复议机关经过行政复议审理，认定被申请人作出的行政行为违法或者不当，依法作出的改变该行政行为的决定。变更决定实质是行政复议机关直接作出了一个新的行政行为。变更后，原行政行为即告废止。因此，变更决定可视为撤销原行政行为和行政复议机关重新处理两个环节的结合。在 2017 年《行政复议法》第二十八条中，撤销、变更、确认违法三类决定的适用条件相同，新修订的《行政复议法》对撤销、变更、确认违法决定的适用条件做了进一步的细化和区分。从新修订的《行政复议法》第六十三条的规定来看，变更的前提是经行政复议审查后事实清楚，证据确凿，并且具有可变更的情形。如果经行政复议审查后仍难以查清楚相关事实，或者证据不充分，行政复议机关就不能变更该行政行为。

变更决定可以说是行政复议机关与人民法院在审理行政案件方面最大的权限差异，即行政复议机关拥有直接、全面变更被申请人作出的行政行为的权力，行政诉讼只能进行有限的变更。如《行政诉讼法》第七十七条规定："行政处罚明显不当，或者其他行政行为涉及对款额的确定、认定确有错误的，人民法院可以判决变更。人民法院判决变更，不得加重原告的义务或者减损原告的权益。但利害关系人同为原告，且诉讼请求相反的除外。"依照该规定，行政诉讼变更行政行为限定在两方面：一是在行政处罚案件中，行政机关所作出的行政处罚明显不当，即行政机关在行政处罚裁量权范围内作出的处罚明显不合理、不适当。二是行政机关作出的除行政处罚外的其他行政行为涉及对款额的确定、认定确有错误。与此不同，依照新修订的《行政复议法》第六十三条的规定，行政复议变更可以适用于所有的行政复议案件，只要符合"（一）事实清楚，证据确凿，适用依据正确，程序合法，但是内容不适当；（二）事实清楚，证据确凿，程序合法，但是未正确适用依据；（三）事实不清、证据不足，经行政复议机关查清事实和证据"三种情形之一的，行政复议机关就可以变更行政行为。从上述规定看，不管行政行为作出时是否满足事实清楚，证据确凿等要求，只要复议机关审查后查清了相关事实和证据，同时案件本身具有可变更内容的，行政复议机关都可以直接对行政行为进行变更。但要同时遵循行政复议不加重原则，即除行政复议第三人提出相反请求的以外，"行政复议机关不得作出对申请人更为不利的变更决定"。

二、撤销决定

撤销决定，是指行政复议机关经过对行政行为的审查，认为行政行为有《行政复议法》第六十四条第一款中规定的主要事实不清、证据不足，违反法定程序，适用的依据不合法，超越职权或者滥用职权四种情形之一的，行政复议机关决定撤销或者部分撤销该行政行为，并可以责令被申请人在一定期限内重新作出行政行为。撤销是行政复议机关完全否认该行政行为，彻底免除行政复议申请人基于这一行政行为所承担的义务。对行政行为而言，该决定是对其予以撤销，否定其效力的决定；对申请人来说，该决定意味着其不需要再履行该行政行为为其设定的义务，申请人的行政复议请求得到了全面的支持。

从实践中看，撤销决定包括全部撤销决定、部分撤销决定和撤销并责令行政机关重新作出行政行为的决定三种形式。依照新修订的《行政复议法》第六十四条的规定，撤销决定基于以下四种情况：

（1）主要事实不清、证据不足。即作为被申请人的行政机关作出行政行为所依据的基本事实缺乏充足证据证实，被申请人在这种情况下作出的行政行为不可能是正确合法的。（2）违反法定程序。即作为被申请人的行政机关作出行政行为的过程不符合法律、法规、规章或其他合法有效的规范性文件设定的强制性程序。凡是违反法定程序的行政行为，行政复议机关均应当依法予以撤销或者纠正。（3）适用的依据不合法。即作为被申请人的行政机关作出行政行为时适用了不该适用的法律法规，如应当适用 A 法的却适用了 B 法、应当适用某法 A 条款的却适用了 B 条款、应当同时适用两个以上法律条款的却仅适用了一个、应当适用现行有效的法律法规的却适用了已经失效或者尚未生效的法律法规等。（4）超越职权或者滥用职权。超越职权，即作为被申请人的行政机关在实施行政行为时超越了法律、法规规定的条件、范围和幅度，行使了法律、法规没有赋予该机关的权力，对属于该机关职权范围外的人和事进行了处理，或者逾越了法律法规所设定的必要条件和幅度等情况。滥用职权，即作为被申请人的行政机关虽然没有超越法定职权，但是违反了法律、法规赋予其该项职权的目的，不正当地行使了职权。行政复议中发现被申请人作出行政行为时有上述四种情形之一的，行政复议机关即应作出撤销或者部分撤销的行政复议决定。

　　除上述四种情形外，如果被申请人不履行行政复议过程中的法定义务，行政复议机关也可以依照《行政复议法》第七十条的规定予以撤销或者部分撤销原行政行为。根据《行政复议法》第四十八条的规定，适用一般程序审理的行政复议案件，被申请人应当自收到申请书副本或者申请笔录复印件之日起十日内，提出书面答复，并提交作出行政行为的证据、依据和其他有关材料。根据《行政复议法》第五十四条的规定，适用简易程序审理的行政复议案件，被申请人应当自收到申请书副本或者申请笔录复印件之日起五日内，提出书面答复，并提交作出行政行为的证据、依据和其他有关材料。这是被申请人的法定举证责任。为保证这一责任得到落实，《行政复议法》规定了径行撤销的决定类型，即如果被申请人不依法履行提出书面答复，提交作出行政行为的证据、依据和其他有关材料的法定义务的，行政复议机关就可以推定被申请人的行政行为缺乏证据和依据而予以撤销，还要依照《行政复议法》第八十二条的规定追究被申请人的法律责任。当然，为维护社会的公平正义，不因被申请人的不依法履责行为影响到第三人的合法权益，《行政复议法》第七十条还规定，行政行为涉及第三人合法权益，第三人提供证据的，不能径行作出撤销或者部分撤销的行政复议决定。

从完善行政复议决定方式的角度出发，行政复议机关在作出撤销决定时应当注意以下几点：一是原告确有违法行为的，应当明确指出，以免外界误认为行政复议机关在保护、包庇违法者。二是行政机关为行政相对人设定权益或者免除义务的行政行为是授益行政行为，如果程序违法的，以不撤销为宜。三是撤销并责令行政机关重新作出行政行为的，慎重考虑重作的合理期限。四是为了强化社会效果，作出撤销判决时，可以建议行政机关采取补救措施。

三、责令重作决定

责令重作决定，是指行政复议机关经过审查，认定被申请人所作的行政行为违法，在决定撤销该行政行为的同时，责令被申请人在一定期限内重新作出行政行为的行政复议决定。从严格意义说，重作决定并不是一种独立的行政复议决定，而是依附于撤销决定的一项附属内容，不能独立适用。由于《行政复议法》第六十四条对此种决定是授权性的，因此行政复议机关可以自由裁量是否作出此种决定。

责令被申请人重新作出行政行为的，被申请人重新作出行政行为是受到一定限制的。《行政复议法》第六十四条第二款规定："行政复议机关责令被申请人重新作出行政行为的，被申请人不得以同一事实和理由作出与被申请行政复议的行政行为相同或者基本相同的行政行为，但是行政复议机关以违反法定程序为由决定撤销或者部分撤销的除外。"这一规定的目的在于维护行政复议决定的严肃性，保证行政复议的公正性和权威性，同时也有利于保护申请人的合法权益，防止其多次重复申请，增加不必要的负担。实践中，理解和适用该规定应注意以下两个方面：一是对"基本相同"的理解和把握。"基本相同"是指主要事实、主要理由与结果相同。"事实"是指被申请人据以作出行政行为的全部事实，"理由"是指被申请人据以作出行政行为的证据和依据。二是对"同一事实和理由"的理解和把握。"同一事实和理由"是指新作出的行政行为与被撤销的原行政行为所依据的事实和理由完全相同或者基本相同。只要被申请人在重新作出行政行为时，部分改变了事实和理由，比如确认了新的事实，或者采信了新的证据，或者适用了新的法律、法规或者其他规范性文件，都不属于同一事实和理由。但是，如果被申请人只改变了事实和理由的表述方式，又作出与原被申请行政复议的行政行为相同或者基本相同的行政行为的，行政复议机关应当径行撤销新作出的行政行为。当然，这也必须以申请人就新的行政行为重新申请行政复议并被受理为前提。

如果行政复议机关以程序违法为由，撤销被申请人的行政行为并责令重新作出行政行为，则不受"被申请人不得以同一事实和理由作出与被申请行政复议的行政行为相同或者基本相同的行政行为"的限制。这一规则是随着行政诉讼和行政复议审查实践的发展逐步建立的。1989年通过的《行政诉讼法》第五十五条中仅规定"人民法院判决被告重新作出具体行政行为的，被告不得以同一的事实和理由作出与原具体行政行为基本相同的具体行政行为"，没有对因程序违法责令行政机关重新作出行政行为的排除性规定。为满足司法实践需要，2000年制定的《最高人民法院关于执行〈中华人民共和国行政诉讼法〉若干问题的解释》的第五十四条第二款中规定了因程序违法责令行政机关重新作出行政行为时的排除性规定，即"人民法院以违反法定程序为由，判决撤销被诉具体行政行为的，行政机关重新作出具体行政行为不受行政诉讼法第五十五条规定的限制"。2014年、2017年《行政诉讼法》两次修正时均未将该例外纳入法中。2018年，《最高人民法院关于适用〈中华人民共和国行政诉讼法〉的解释》第九十条沿用了2000年制定的《最高人民法院关于执行〈中华人民共和国行政诉讼法〉若干问题的解释》第五十四条的规定，继续将这一例外规则通过司法解释的形式予以明确。2017年《行政复议法》中虽然对此未作规定，但实践中也是这样执行的。新修订的《行政复议法》第一次将该例外规则纳入法律条文，在法学理论和审查实践上都具有重要意义。行政行为包括认定事实、适用依据、遵循程序和作出处理四个要素，改变其中任何一个要素，都不能视为相同的行政行为。因此只要新作出的行政行为遵循了法定程序，修正了被撤销的原行政行为的程序瑕疵，即使认定事实、适用依据和处理结论三者与原行政行为全部相同，也可以不受本例外规则的限制。也就是说，尽管这样作出的新的行政行为与原行政行为具有"同一的事实和理由"，但因程序不同，已不再是法律意义上的"与原具体行政行为相同或者基本相同的行政行为"，因此不再受限。

此外，依照《行政复议法实施条例》第四十九条的规定，行政复议机关依法责令被申请人重新作出行政行为的，被申请人应当在法律、法规、规章规定的期限内重作，法律、法规、规章未规定期限的，期限为六十日。同时，如果申请人对被申请人重新作出的行政行为不服，仍可以依法申请行政复议或者提起行政诉讼。

四、确认违法决定

确认违法决定,是指行政复议机关经过审查,在查明案件事实的基础上,确认有争议的行政行为违法的行政复议决定。依照《行政复议法》第六十五条的规定,确认违法决定的适用条件与撤销决定相同,但适用于不宜撤销的情形。确认违法决定是 1999 年《行政复议法》规定的一种行政复议决定形式,其立法实现得益于理论界和行政诉讼实务界经年的论争,及时解决了行政复议中难以适用撤销决定的一些难题,如不作为行为的认定,或事实行为,即打人、毁物等违法行使职权的行为的法律定性。更重要的是,确认违法可以启动行政赔偿程序,实现充分保护公民、法人或其他组织合法权益的目的。在 1999 年《行政复议法》的立法研究过程中,主要考虑了以下三种情形:一是不具有可撤销性的行为。撤销决定的本质是消灭行政行为的法律效力,即该行为必须具有推定的法律效力。但是对于不具有法律效力的行政行为,不宜使用撤销决定而应当确认其违法。这类行为主要有:(1)违法打人、毁物等事实行为。(2)效力已经消灭的行政行为。(3)已经执行完毕的行政行为。二是不作为。不作为的案件中,由于时过境迁,判决行政机关履行其法定职责已不具有现实性、可能性或实际意义。三是不宜撤销的行为。有些行政行为违法,但是如果撤销,将会给公共利益带来重大损失。当然这种情况不能滥用,要从严掌握,应当撤销的仍应撤销。

《行政诉讼法》最初并没有确认违法判决的规定,在实践中出现大量应当予以撤销,但由于涉及其他的法益又不宜撤销的案件。为更好满足实践需求,2000 年制定的《最高人民法院关于执行〈中华人民共和国行政诉讼法〉若干问题的解释》第五十八条根据司法实践的需要,参照 1999 年《行政复议法》第二十八条的规定,明确"被诉具体行政行为违法,但撤销该具体行政行为将会给国家利益或者公共利益造成重大损失的，人民法院应当作出确认被诉具体行政行为违法的判决，并责令被诉行政机关采取相应的补救措施；造成损害的，依法判决承担赔偿责任"。2014年修改《行政诉讼法》时将确认违法的规定进一步细化，在第七十四条规定了三大类五种情形下，人民法院判决确认违法，但不撤销行政行为。三大类可分为不宜撤销、不必要撤销、撤销无意义。五种情形为：（1）行政行为依法应当撤销，但撤销会给国家利益、社会公共利益造成重大损害的；（2）行政行为程序轻微违法，但对原告权利不产生实际影响的；（3）行政行为违法，但不具有可撤销内容的；（4）被告改变原违法行政行为，原告仍要求确认原行政行为违法的；（5）被告不履行或者拖延履行法定职责，判决履行没有意义的。

根据行政复议确认违法实践，并保持行政复议与行政诉讼对相关行政行为审查的一致性，2023年《行政复议法》修订时也进一步明确和细化了确认违法决定的情形，在第六十五条规定了行政复议机关不撤销行政行为但确认该行政行为违法的五种情形：（1）依法应予撤销，但是撤销会给国家利益、社会公共利益造成重大损害；（2）程序轻微违法，但是对申请人权利不产生实际影响；（3）行政行为违法，但是不具有可撤销内容；（4）被申请人改变原违法行政行为，申请人仍要求撤销或者确认该行政行为违法；（5）被申请人不履行或者拖延履行法定职责，责令履行没有意义。

五、责令履行决定

责令履行决定，是指行政复议机关经过行政复议审查，认定被申请人具有不履行法定职责的情形，对被申请人不履行法定职责的，行政复议机关作出责令其在一定期限内履行法定职责的决定。

被申请人不履行法定职责的行为，主观上表现为不肯履行或者疏于履行法定职责，客观上表现为两种情形：一是拒绝履行，即对应该履行的法定职责明确表示拒绝履行，如公安机关拒绝相对人提出的保护财产权的请求。二是拖延履行，即对属于自己法定职责范围内的事项拖延不办，既不履行，也不明确表示拒绝履行，而是消极无限期地拖延。此外，超过法定期限仍不履行的情形，可以归入拒绝履行，也可归入拖延履行。

行政复议审查中，履责决定的作出必须以被申请人有法定义务或者职责为前提。行政机关的法定职责与公民权利最大的区别，就在于责任是必须履行的，否则就构成失职的违法行为，如民政部门没有按照规定向申请人发放抚恤金。因为此类违法行为都是以明示拒绝，或者超过法定履行期限未履行等形式表现的，没有可以撤销的行为，不能适用撤销决定。为保证申请人的合法权益，适用责令履行决定比较适当。

责令履行决定主要适用于三类案件：一是行政机关拒发行政许可证件类案件；二是行政机关拒绝履行保护人身权、财产权或者受教育权职责类案件；三是行政机关拒发抚恤金、社会保险待遇、最低生活保障等社会保障案件。行政复议机关作出责令履行决定，应当符合以下五个条件：（1）申请人向行政机关提出过明确的请求，即行政复议申请人在提出行政复议申请之前曾经向被申请人提出过申请其作出某种行政行为的请求。（2）被申请人负有法定职责，即申请人请求其作出的行政行为在被申请人的职权范围内。（3）被申请人未作出有关行政行为且无正当理由。（4）申请人提交了充分的根据。申请人向行政复议机关提交了其有权获得被申请人给予的某种行政许可、行政救助的事实根据和法律依据。（5）作出行政复议责令履行决定具有实际意义。即对行政复议申请人而言，被申请人继续履行职责对其还是有必要的，如申请行政许可证件类案件。但在有些情况下，如公民的人身权由于没有得到及时保护已受到伤害的，此时再决定责令履行当时需要的保护义务已经没有意义，因此应当作出确认违法决定及相应的赔偿决定。

有的学者对行政机关拒绝给予行政许可是否属于不履责行为有不同意见。认为拒绝给予行政许可是行政机关依据法定行政许可条件作出不予许可的行政行为，该行为属于行政机关积极行使法定职责产生的结果，而不是消极懈怠行使法定职责产生的结果，因此不属于不作为情形。实践中，对于确实符合条件而行政机关拒绝给予行政许可的，可以通过作出行政复议撤销决定的方式予以处理。

随着依法行政水平的不断提高，行政问责制度的不断完善，一些行政机关和个人怕担责任的心态有所上升，不依法履责、怠于履责情况仍时有发生。这不仅直接影响群众合法权益的实现和保护，也在一定程度上影响了社会管理秩序的良好运转，如果放任下去还会影响党群关系、干群关系，导致群众对政府的信任下降。针对这一问题，新修订的《行政复议法》作了回应，对行政复议责令履行决定作了完善，有利于倒逼行政机关依法履职尽责，提高依法行政水平。

经行政复议审理查明，行政机关有依法应当履责而没有履责的，行政复议机关依照《行政复议法》第六十六条的规定，决定被申请人履行法定职责的，应当同时明确被申请人履行该职责的期限，以避免被申请人继续不履行或者久拖不决，进一步加大对申请人合法权益的损害。

六、确认无效决定

确认无效规定是新修订的《行政复议法》中增加的行政复议决定类型，在此前的《行政复议法》和《行政复议法实施条例》中均无规定。对无效行为的判定最早出现在 1986 年的《民法通则》中，其规定了民事行为的无效和可撤销情形。但在行政法领域，该规定出现得较晚。1989 年通过的《行政诉讼法》中没有判定行政行为无效的规定。

实践中，对于哪些行为应当判定无效，也经历了不同的认知发展阶段。在2000年制定的《最高人民法院关于执行〈中华人民共和国行政诉讼法〉若干问题的解释》第五十七条第二款中将确认违法和无效判决的情形进行了整合，采取列举的方式对应当作出确认被诉行政行为违法或者无效判决的三种情形作了规定，即"（一）被告不履行法定职责，但判决责令其履行法定职责已无实际意义的；（二）被诉具体行政行为违法，但不具有可撤销内容的；（三）被诉具体行政行为依法不成立或者无效的"。随着对无效行政行为的认识不断深化，2014年修改通过的《行政诉讼法》第七十五条对无效行为的规定发生了重大变化，规定"行政行为有实施主体不具有行政主体资格或者没有依据等重大且明显违法情形，原告申请确认行政行为无效的，人民法院判决确认无效"。

从实践中看，增加无效行政复议决定有其必要性：一是有利于实质化解行政争议。如无某项法定职责的行政机关违法作出基于该项职责的行政行为，明显属于无权作出的行为，该行为从作出之时就应当是无效的。行政复议机关作出确认无效的行政复议决定，就可以使申请人免受该行政行为的拘束，从根本上解决问题。二是有利于倒逼行政机关提高依法行政水平。将无效行为单独规定，并给予其比一般违法行为更严重的法律后果，可以引起行政机关的重视，倒逼行政机关在行政管理中严格依法用权、依法履职，防止滥用职权、违法行政。三是有利于完善行政复议制度，推动行政复议理论研究水平进一步创新和提升。

新修订的《行政复议法》本着突出行政复议实质化解行政争议制度优势的目的，在第六十七条规定了"行政行为有实施主体不具有行政主体资格或者没有依据等重大且明显违法情形，申请人申请确认行政行为无效的，行政复议机关确认该行政行为无效"。实践中，适用该规定要注意以下三点。

一是确认行政行为无效有严格的条件限制。即在符合"重大且明显违法情形"条件的情况下才能适用确认无效决定，而不能在只有轻微的违法情节的情况下就将行政行为确认无效。该条件主要有两项：（1）作出行政行为的行政机关不具有行政主体资格。即该行政机关没有作出该行政行为的法定职责。可能是纵向越权行使了上级机关的职权，也可能是横向越权行使了其他行政机关的职权。（2）作出行政行为没有依据。即行政机关作出该行政行为时没有合法的法律法规规章依据。行政法的基本原则就是权力法定，没有法律法规规章授权，行政机关就没有相应的职权。

二是无效行政复议决定的行政行为自始无效。由于行政行为自始无效，从理论上讲申请人可以不受该行为的拘束。实践中申请人与被申请人就该行政行为是否应当确认无效产生争议的，可以向行政复议机关申请复议，行政复议机关经审查认为符合《行政复议法》第六十七条规定的，应当确认行政行为无效。

三是作出确认无效的行政复议决定要慎重。作出确认无效的行政复议决定表明行政复议机关从根源上否定行政机关的行政行为，因此只有行政机关存在"重大且明显违法情形"的，行政复议机关才会确认行政行为无效。这里的"重大且明显违法情形"是指作为普通人运用基本常识就可以判断的情形，如本条所限定的"实施主体不具有行政主体资格或者没有依据"，因此在实践中确认无效的数量也是比较少的。

七、维持决定

维持决定是行政复议机关经过对行政行为的审查，认为该行政行为认定事实清楚，证据确凿，适用依据正确，程序合法，内容适当，从而作出否定申请人的指控，维持原行政行为的行政复议决定。其实质是肯定被申请人的行政行为、对申请人的请求不予支持。

决定维持的行政行为必须符合以下五个条件：（1）事实清楚。行政行为所依据的事实是清楚的，客观上存在的各种逻辑关系是明确的。（2）证据确凿。行政机关证明其实施行政行为的事实依据确实、可靠，对于所证明的事实具有充分的证明力。（3）适用依据正确。行政行为是正确适用了法律、行政法规、地方性法规、规章和具有普遍约束力的决定和命令作出的。（4）程序合法。行政机关作出行政行为的方式、步骤、时限等完全符合法律法规的规定。（5）内容适当。行政行为的内容具有合理性，也就是在裁量权范围内达到客观、适度。被申请人的行政行为只有完全符合上述标准，才能作出维持的决定。

八、驳回决定

行政复议实践中，因立案审查时不够严谨或者审查期限已过而受理的部分案件，经审查发现有的行政复议申请不符合法定受理条件，有的申请复议行政机关不履责的案件，行政复议机关受理后，发现被申请人不具有该法定职责或者在申请前已经履行了法定职责。这些案件中申请人的请求难以得到支持，相关行政行为也不宜决定维持，实践中缺少适当的方式予以处理。

为解决实践中此类难以解决的案件，《行政复议法实施条例》第四十八条对此作了补充规定。从规定内容看，该种决定形式主要是指行政复议机关经过审理，对行政复议申请人的请求予以否定的决定形式。实际上，该条规定的两种情形中，既有驳回行政复议申请，也有驳回行政复议请求，这是两种不同的决定形式：前者是行政复议机关受理后发现行政复议申请不具有可受理性而作出的拒绝审理决定；后者是行政复议机关进行实质审理后，依法认定行政复议申请人的部分或者全部行政复议请求不应予以支持，同时争议的行政行为又不宜决定维持而作出的不予支持决定。

从以往行政复议实践看，驳回行政复议请求的决定主要适用于行政不作为行政复议案件。如被申请人已经履行了法定职责或者申请人请求事项不属于被申请人的法定职责，即被申请人不存在不作为的情形，这种情况下行政复议机关要作维持决定，没有可维持的对象，只能驳回申请人的行政复议请求。

新修订的《行政复议法》对《行政复议法实施条例》规定的驳回情形又作了进一步的细化和区分，在新修订的《行政复议法》第三十三条中规定了行政复议机关受理行政复议申请后，发现该行政复议申请不符合法定受理条件，应当决定驳回申请的情况。在第六十九条中规定了行政复议机关受理申请人认为被申请人不履行法定职责的行政复议申请后，发现被申请人没有相应法定职责或者在受理前已经履行法定职责的，决定驳回申请人的行政复议请求的情形。

九、责令赔偿决定

责令赔偿决定，是指行政复议机关经过行政复议审查，认为被申请人的行政行为违法侵犯了申请人的合法权益且造成了实际损害而作出的由被申请人予以行政赔偿的行政复议决定。

行政赔偿又称行政侵权赔偿，是国家赔偿的一部分。《国家赔偿法》对行政赔偿的范围和程序作了具体规定，是公民、法人和其他组织请求行政赔偿的依据。

行政赔偿是指行政机关及其工作人员违法行使职权的行为，给公民、法人和其他组织的合法权益造成损害的，国家承担赔偿责任。行政赔偿责任的直接主体是赔偿义务机关，即实施违法行为给公民、法人和其他组织合法权益造成损害的行政机关。至于行政机关工作人员有故意或重大过失而承担部分或全部赔偿费用的，是一种内部责任承担，不属于行政赔偿。公民、法人或者其他组织要求行政赔偿，一般向赔偿义务机关提出，也可以在申请行政复议时向行政复议机关或者在提起行政诉讼时向管辖法院一并提出。

新修订的《行政复议法》第七十二条的规定属于除此之外的第三条道路——径行赔偿，该条分两款对被申请人行政赔偿的责任及相应的一并赔偿和径行赔偿程序作了规定，是国家赔偿制度在行政复议过程中的具体落实。依照《国家赔偿法》的规定，行政复议机关认定被申请人负有行政赔偿责任的，应当以责令支付赔偿金为主要方式，能够返还财产或者恢复原状的，责令返还财产或者恢复原状。对于因被申请人的违法行为造成申请人名誉权、荣誉权损害的，可以依法责令被申请人在侵权行为影响的范围内，为申请人消除影响、恢复名誉、赔礼道歉。也就是说，行政赔偿方式采用的是以金钱赔偿为主，恢复原状、返还财产等为辅的方式。责令行政赔偿决定可以单独作出，也可以同撤销、确认违法、变更、确认无效等其他行政复议决定一并作出。

十、调解书

行政复议调解书在1999年《行政复议法》中没有规定，《行政复议法实施条例》对调解作了补充规定，其第五十条规定了调解的情形及程序，即对行政机关行使法律、法规规定的自由裁量权作出的行政行为，当事人之间的行政赔偿或者行政补偿纠纷的行政复议案件，行政复议机关可以进行调解。当事人经调解达成协议的，行政复议机关制作行政复议调解书，载明行政复议请求、事实、理由和调解结果，并加盖行政复议机关印章。行政复议调解书经双方当事人签字，并加盖行政复议机关印章，即具有法律效力。

此前，一般认为行政复议案件原则上不能调解，这是基于传统行政法理论认为行政权不能随意处分的理念，实际上并不准确，因为行政行为既包括羁束性的行政行为，也包括裁量性的行政行为。对于行政机关行使自由裁量权作出的行政行为，行政机关是有权处分的。

2023年《行政复议法》进一步对行政复议调解制度作出创新完善。由于调解协议是双方自愿达成的，有利于彻底解决纷争，减少行政诉讼案件，实践中行政机关也大量运用调解、协调或者和解的手段，有效解决了很多行政争议。而且，从实践效果看，调解、和解等审理手段的运用，使行政争议的解决方式更加灵活，更有利于行政争议的和平解决，更符合当前对行政争议进行实质性化解，深入推进诉源治理的要求。因此，在2023年《行政复议法》修改过程中，应当更充分发挥调解作用的观点得到专家学者和行政复议一线工作同志的一致认可。新修订的《行政复议法》第五条明确了"行政复议机关办理行政复议案件，可以进行调解"。该规定不再对调解内容进行限制，即意味着不管哪种类型的行政复议案件，只要不损害国家利益、社会公共利益和他人合法权益，不违反法律、法规的强制性规定，行政复议当事人同意的，行政复议机关都可以进行调解。依照新修订的《行政复议法》第七十三条的规定，当事人经调解达成协议的，行政复议机关应当制作行政复议调解书，经各方当事人签字或者签章，并加盖行政复议机关印章，即具有法律效力。同时为防止久调不决，影响行政复议的时效，该条还规定"调解未达成协议或者调解书生效前一方反悔的，行政复议机关应当依法审查或者及时作出行政复议决定"。

第四节 行政复议决定的理由

依照《行政复议法》的规定，作出行政复议决定的依据有五个方面：行政机关作出行政行为时其认定的事实是否清楚（包括证据是否确凿)、适用的依据是否正确、程序是否合法、是否符合法定权限、内容是否适当。这是行政复议审理的核心内容，也是决定行政复议机关作出何种类型行政复议决定的主要理由。

一、对认定事实的判断

有关行政复议决定事实认定方面的理由，《行政复议法》及《行政复议法实施条例》主要表述为两种情况：维持决定时的"事实清楚，证据确凿"；撤销时的"主要事实不清、证据不足"。

（一）事实清楚，证据确凿

事实清楚，证据确凿，是行政行为合法的前提和基础。行政机关据以作出行政行为的主要事实是否清楚，证据是否充分，是作出维持决定的首要标准，直接影响审理的结果。具体是指，行政复议机关通过分析、评价，认为被申请人实施行政行为的事实是真实的、可靠的，并且有证明力的证据能够对整个案件事实构成形成完整的证明链条。或者说，被申请人提供或者行政复议机关收集掌握的事实证据，足以证明被申请人作出行政行为的前因后果是正当的。

事实清楚，即行政行为所依据的客观事实基本清楚，行政行为所针对的客观情况过程和环节清楚。这里的事实指主要事实或者基本事实，而不是无关紧要的事实、细枝末节的事实。证据确凿，是指行政行为具有确实、可靠的充分证据，证明其确认的事实真实存在。

作出行政行为的证据是否确凿、充分，应从行政行为的整体过程来看。这就要求作出行政行为的各项证据：（1）都必须真实、可靠；（2）都与该行政行为相关联；（3）取证主体、程序合法；（4）证据全面，案件的各项事实均有相应的证据证明，认定事实的全过程没有空白；（5）形成完整的证据链，各项证据相互协调一致，可以相互印证、环环相扣，没有矛盾，对整个案件事实构成完整的证明；（6）共同指向唯一的待证事实，即只能得出一个结论，而不存在其他可能性。

（二）主要事实不清、证据不足

行政行为必须有必要的事实根据，并有足够的证据能够证明其事实根据。行政机关作出行政行为可能涉及诸多事实，其中有主要的事实，也有次要的事实。主要事实是被申请人作出行政行为的基本事实，是能够充分证明作出的行政行为的客观情况或者证据，是行政机关正确适用法律的前提和基础。

主要事实不清就是作出行政行为的基本事实不清，即作出行政行为所依据的基本事实缺乏或者证据极为不充分。主要事实不清，行政机关就难以正确地适用法律，也就不能很好地履行法定职责。在主要事实不清楚的情况下作出行政行为将导致行政行为违法。

证据不足是指作出行政行为的证据不足以证明行政机关所认定的事实的真实性，据此作出的决定必然带有主观性，很可能背离客观事实，偏离公正。证据不足要从质和量两个方面把握：证据的数量如果没有达到充足的要求，必然缺乏证明行政机关赖以作出行政行为的基本事实存在所必需的主要证据，其结果就是只能证明部分案件事实，而不能证明主要案件事实；证据的质量不高，缺乏确实的证据作为定案根据，就无法排除合理怀疑，就无法推导并证明唯一可信的案件事实。

对于主要事实不清、证据不足的行政行为，如果经审理仍没有查清的，只能将其撤销；经审理查清事实的，可根据情况作出变更决定，或者在决定撤销的同时，责令行政机关重新作出行政行为。

二、对适用依据的判断

有关行政复议决定依据方面的理由，原《行政复议法》及《行政复议法实施条例》主要规定了两种情况：维持决定时的"适用依据正确"和撤销时的"适用依据错误"。新修订的《行政复议法》一是将撤销时的"适用依据错误"修改为"适用的依据不合法",在内涵上更广泛,可以涵盖更多的具体情况;二是将变更决定中的依据适用条件细化为"未正确适用依据"的情形。

(一) 适用依据正确

适用依据正确是指被申请人在准确查明案件事实的基础上,根据事实的全部情节,适用正确的法律、法规、规章、规范性文件作为作出行政行为的法律依据,即在应当适用何种法律、法规、规章或者其他规范性文件作出行政行为的依据上是正确的。

适用依据正确,一般有三层含义:一是行政行为作出时有法律、法规、规章、规范性文件作为依据;二是这些依据本身是合法有效的;三是行政行为适用的法律、法规、规章及行政规范性文件是正确的,没有适用不该适用的规范,也没有将该适用的规范未予适用。具体而言,正确适用依据应当达到以下要求:(1)对行政行为所基于的事实要清楚,性质认定要正确,证据要确凿、充分。这是正确适用法律规范的前提和基础;否则,即使对法律规范的理解是正确的,也会导致适用法律规范的错误。(2)选择适用的法律规范要准确。该适用甲法的,不能适用乙法;该适用甲条的,不能适用乙条。(3)适用的法律规范要全面,如行政行为应当同时适用两个或几个相关法律、法规的,就不能只适用其中的一个。(4)适用的法律规范依法应由本机关适用,即行政机关要拥有作出该行政行为的法定职责。(5)适用的法律规范现行合法有效。既不能是失效的法律规范,也不能是尚未生效的法律规范。

(二) 适用依据不合法

适用依据不合法的情形包括:(1)适用了已被废止、失效的依据或者尚未生效的依据;(2)适用了同上位法相抵触的依据;(3)应当适用两个或者几个相关依据而只适用了其中的部分依据（规避某些依据）；（4）应当适用两个或者几个条款而只适用了其中的部分条款；（5）未考虑依据中的特殊情况；（6）违反了不溯及既往原则。

三、对程序合法性的判断

程序是否合法是决定行政行为合法性的重要因素。行政机关实施任何行政行为，都必须采取一定的形式、方式，履行一定的手续，遵循一定的步骤、顺序和时限。现代国家要求行政机关依法行政，不仅要求行政管理活动在实体上符合法律规定，在程序上也应当符合法定程序，不符合其中任一要素就会构成程序违法。在法治社会中，法定的行政程序，不仅是公正的表现和要求，也是制约和规范行政权力、保障公民权利的基本手段。依照《行政复议法》及《行政复议法实施条例》的规定，对程序的判断有两种情形，即维持决定时的"程序合法"和撤销决定时的"违反法定程序"。

程序合法的具体要求包括：（1）符合法定的方式，如集体讨论决定等。（2）符合法定形式，如书面形式、制作笔录、行政机关主要负责人审批等。（3）符合法定手续，如通知、批准、核发、送达等。（4）符合法定步骤和顺序。其中，步骤是指行政机关行使行政权力或者完成某种行为的必经阶段；顺序是指步骤的先后次序。行政行为不得逾越法定步骤，也不能任意颠倒法定顺序。如果必须先取证的，就一定不能后取证，否则可能导致证据无效；如果要求后告知的，就不能先告知，否则就可能损害相关利害关系人的权利，影响行政行为的公正性。（5）符合法定时限，即符合完成行政行为的期限要求。

违反法定程序就是作出行政行为未遵循法定的"操作规程"，如方式、形式违法，步骤或者顺序违法，时限违法等。违反法定程序，不仅直接侵犯行政相对人合法的程序权利，也容易并且事实上确实经常造成对实体权利的损害。更重要的是,违反法定程序作出的行政行为,例如应当回避却未予回避,此时,无论行政行为实体上是否合法,相对一方都会对行政行为的合法性、公正性存有疑虑,从而严重影响行政机关的权威性、公信力,更直接影响所作出的行政行为的执行力。

关于程序违法的法律责任,1994年国务院修订发布的《行政复议条例》规定了两种情况:一是其第四十二条第一款第二项规定的对程序上不足的补正;二是该条第一款第四项中规定的对违反法定程序影响申请人合法权益的行政行为,行政复议机关应当"撤销、变更"并可以责令行政机关重新作出行政行为。1999年《行政复议法》第二十八条取消了"程序补正"制度以及"影响申请人合法权益"的限定,即只要违反了法定程序,不管是否"影响申请人合法权益",行政复议机关都可以撤销。因为"程序不足"就意味着程序违法,很可能已经损害了行政相对人的合法权益,因此不应允许其"补正"。实际上,相对人的损害也无法通过程序的"补"而得到"正"。对此,有学者认为这是立法理念和执法观念的重大进步。但也有学者认为,1999年《行政复议法》对违反法定程序的情形不作具体区分,而是只要违反法定程序的,就同样对待。这种规定看似严格要求行政机关依照法定程序行政,实则是一种立法思维的简单化,只看到了违反程序的一个方面,而没有考虑执法成本、效益、当事人的权益保障等多方面的因素。

针对上述不同看法,新修订的《行政复议法》一方面秉持进一步加强程序公正、通过程序公正保障实体公正的理念,在第六十四条关于撤销或者部分撤销情形的规定中,将程序违法提升了排序,彰显了新修订的《行政复议法》对法定程序的重视;另一方面又根据具体情况对程序违法情形作了进一步的细分,在第六十五条规定"程序轻微违法,但是对申请人权利不产生实际影响"的,行政复议机关不撤销该行政行为，而是确认该行政行为违法，体现出行政复议立法的精准度进一步提升，针对性进一步增强。

四、对权限合法性的判断

"超越职权或者滥用职权"是新修订的《行政复议法》规定的撤销行政行为的重要理由。实践中，"超越职权或者滥用职权"应当从以下几方面重点把握。

（一）超越职权

行政机关的职权是由法律、法规赋予的。法律、法规在赋予行政机关权力的同时，也规定了其行使权力的范围和幅度，这就是行政权限。超越职权，又称行政越权，是指行政机关及其工作人员超越职务权限的行为，即被申请人超越法律、法规规定的权限，实施了自己不能实施或者不能独立实施，也即自己无权实施的行为。越权本质上是一种无权行为，属于实体违法行为。

从行政管理体制的角度看，行政越权主要有两种情形：一种是纵向越权，即下级行政机关行使了专属于上级行政机关的职权。如《土地管理法》规定永久基本农田的调整和征收由国务院批准，如果省级人民政府擅自批准调整或者征收永久基本农田的，就属于纵向越权。另一种是横向越权，即某一行政机关行使了同级另一行政机关的职权。其具体的表现形态主要包括：（1）超越职责分工的越权；（2）超越地域管辖权限的越权；（3）行政机关的内设工作机构行使了本机关的职权；（4）行政机关超过了一定的时间行使权力；（5）行政机关超越了本身具有的法定权限；（6）法律、法规、规章授权的组织超越了授权范围；（7）受委托组织超越了委托权限范围等。越权行为是实体违法行为，不论其动机、目的是否正当，行政复议机关都要根据"越权无效"的原则，将其撤销或者部分撤销。

(二) 滥用职权

滥用职权是指行政机关及其工作人员具备实施行政行为的权力，然而其行使权力违反法律、法规赋予其该项权力的目的，违背了法律授予该项职权的宗旨。简言之，滥用职权就是作出的行政行为形式合法、实质违法。滥用职权亦是违法的，所以行政复议机关可以决定撤销。滥用职权属于权力的不正当行使，其基本特点是行使职权违背了法律授权的宗旨。

在国外，有些国家把滥用职权的行为解释为独断专横、反复无常的行为；有的解释为行使职权出于不正当目的，考虑了不相关的因素。其主要表现包括：（1）违背法律目的，以权谋私；（2）不适当的考虑，既包括不考虑应该考虑的因素，也包括考虑了不应当考虑的因素；（3）反复无常，为所欲为，无所顾忌；（4）故意迟延和不作为；（5）违背比例原则，不遵循惯例和先例，对同等情况不同等对待；（6）不正当授权或委托。

五、对内容合法性的判断

关于对行政行为内容合法性的判断，原《行政复议法》及《行政复议法实施条例》中有正反两个方面的表述，即"内容适当"和"明显不当"。新修订的《行政复议法》将对内容合法性的表述调整为"内容适当"和"内容不适当"。二者都涉及行政法领域的一个概念——行政自由裁量权。

为了行政管理的需要，使行政机关能够有效、灵活地处理各种复杂的行政管理事务，法律、法规往往赋予行政机关在其管理事项内的自由裁量权，允许行政机关在法定范围内，根据实际情况和行政目的行使自由裁量权，行政机关在自由裁量权内行使的行政行为是合法有效的。但是，自由裁量权并不意味着行政机关可以绝对自由地行事。

首先，享有自由裁量权的行政机关必须依法行使自己的自由裁量权，不能随意放弃不用；其次，自由裁量权要在法定目的范围内行使；最后，自由裁量权的行使要符合法定条件和情势。

国家赋予行政机关广泛的自由裁量权的必要性，也是考虑到拥有该权限的行政机关滥用该权力的可能性，以及监督该权力的必要性。由于行政复议在一定程度上具有行政系统内部监督的性质，因而能够全面地审查行政行为，既审查其合法性，又审查其合理性。这也是行政复议制度的一个独特优势。而在行政诉讼活动中，人民法院原则上只对行政行为的合法性予以审查，只对显失公正的行政处罚才有有限的变更权。

（一）内容适当

内容适当是指被申请人根据申请人的具体情况，作出的行政处理不但合法，而且所认定的事实和证据、所依据的规范性文件、所遵守的合法程序、处理结论都裁量准确、恰如其分，符合公正性的要求。例如，行政行为的内容要客观、适度和符合普遍承认的道理，其动因应当符合行政目的，其决策是建立在正当考虑的基础上。

（二）内容不适当

新修订的《行政复议法》第六十三条关于变更的情形之一为"事实清楚，证据确凿，适用依据正确，程序合法，但是内容不适当"。行政行为内容不适当主要是指行政机关在自由裁量权范围内作出了明显不合理的行为。该行政行为是以合法为前提的，是合法范围内的不适当，不需要考虑违法行为的适当与不适当问题。

行政行为内容不适当的表现形式多种多样，其中有两种突出的情形：一是行政机关在行政管理中就同类事项没有统一的标准，随意性很大。二是对情况不同的行政相对人给予同样的处理，或者对情况相同的行政相对人给予不同的处理，并且这种差异达到了有失公正的程度。如行政行为畸轻畸重、同责不同罚、反复无常等，都属于"内容不适当"的惯常表现。

第五节　行政复议决定的履行

行政复议决定的履行，是指生效的行政复议决定的内容经当事人的行动而得以实现。1999年《行政复议法》第三十二条是关于被申请人应当履行行政复议决定的规定，第三十三条则间接规定了申请人应当履行行政复议决定的内容。因1999年《行政复议法》中未涉及第三人履行行政复议决定的内容，《行政复议法实施条例》第五十二条作了补充规定，即第三人逾期不起诉又不履行行政复议决定的，依照1999年《行政复议法》第三十三条的规定处理。新修订的《行政复议法》在第七十七条、第七十八条中分别规定了被申请人、申请人、第三人对行政复议决定的履行。

行政复议决定的履行，是行政复议决定的内容得以实现的关键环节。行政复议决定的履行途径有两条：一是当事人的自觉履行；二是当事人不自觉履行行政复议决定时，依法强制执行或督促履行。

一、申请人、第三人的履行

行政复议当事人自觉履行行政复议决定，是行政复议法律制度有效运行的重要前提。实践中，行政复议决定维持原行政行为或者驳回申请人行政复议请求的，一般没有设定新义务。如果行政行为未履行的，行政复议申请人、第三人应当履行。需要注意的是，申请人对行政复议决定负有的自觉履行义务，不受其享有或者行使对行政复议决定的诉权的影响，即使在行政诉讼期间，申请人仍然应当自觉履行行政复议决定。

如果申请人、第三人不依法履行行政复议决定，有关机关可以依法强制执行。行政强制执行是在行政相对人拒不履行义务的前提下采取的一种严厉的行政措施，关系到行政相对人重大的人身、财产权益，因此，必须严格掌握强制执行行政复议决定的适用条件。

一是强制执行机关必须有法律授权。职权法定是一切国家机关必须遵守的准则。就行政复议决定的强制执行主体而言，只有法律法规明确授予其强制执行权的行政机关，才有强制执行行政复议决定的权力，否则只能申请法院强制执行。

二是必须符合法定的强制执行条件。这是指必须是在行政复议决定确定的义务人逾期拒绝履行行政复议决定确定的应尽义务的情况下，才可以进行强制执行。如果当事人愿意履行义务，只是履行期限未到或者其实际履行能力不够，则不宜采取强制执行措施。同时，强制执行仅仅是实现行政复议决定内容的手段，如果不采取强制措施也能达到义务履行相同的效果，就不应再进行强制执行。

三是执行依据已经生效。这是执行本身必有的前提，即要先有一个可供执行的依据，如行政复议决定书，才有执行的可能。

四是所采取的强制措施必须符合法律、法规的规定。凡是法律、法规中没有规定的强制措施和方式，都不得采用。

五是必须按照法定程序和要求进行。依照新修订的《行政复议法》第七十八条的规定，维持行政行为的行政复议决定书，由作出行政行为的行政机关依法强制执行，或者申请人民法院强制执行。根据现行法律、法规的规定，只有公安、税务、海关等少数几个行政机关对某些行政行为享有自行强制执行权。

二、被申请人的履行

(一) 被申请人的履行义务

行政复议决定作出后,被申请人必须严格履行行政复议决定,不履行或者无正当理由拖延履行的,将会被行政复议机关或者有关上级行政机关"责令履行"。即使被申请人对行政复议决定有不同意见,也应当严格履行行政复议决定要求,而不能向人民法院提起行政诉讼。

(二) 被申请人履行义务的方式

被申请人履行行政复议决定义务的方式根据复议决定类型不同而不同:(1) 对维持的行政复议决定。被申请人的主要义务就是将原行政行为付诸实践,包括说服行政复议申请人、第三人自觉履行或强制执行。(2) 行政复议决定撤销原行政行为或者确认其无效的,若原行政行为尚未执行,则不再执行;已经执行的,要恢复原状。(3) 行政复议决定被申请人限期履行法定职责的,被申请人应当在规定期限内履行完毕,并报告行政复议机关。(4) 行政复议机关决定变更行政行为的,被申请人要协助行政复议机关或者人民法院执行变更后的新的行政行为,同时消除原行政行为中已执行部分中与新行政行为不一致部分的影响,并依法予以赔偿。(5) 行政复议决定确认原行政行为违法的,被申请人应当采取补救措施,消除违法行为的不良影响。(6) 行政复议决定责令被申请人行政赔偿的,被申请人应当依照国家赔偿法和有关法规的规定进行赔偿。(7) 行政复议机关责令被申请人重新作出行政行为的,被申请人要在规定期限内作出新的行政行为。

(三) 被申请人不履行的责任

从理论上讲,由于原行政行为的作出机关——被申请人是行政复议机关的下级机关,按理应当无条件地履行行政复议决定,所以对被申请人而言,没有强制执行的问题。但也正因为如此,行政复议机关对被申请人无强制执行权，行政复议机关和申请人均无权就此向人民法院申请强制执行。

　　为了保证被申请人及时履行行政复议决定，保障申请人的正当权益获得实现，行政复议机关可以通过行政手段督促被申请人履行，即通过责令限期履行、约谈、通报批评或者追究被申请人负责人的法律责任等方式，促使被申请人履行。依照新修订的《行政复议法》第七十七条的规定，被申请人不履行或者无正当理由拖延履行行政复议决定书、调解书、意见书的，行政复议机关或者有关上级行政机关应当责令其限期履行，并可以约谈被申请人的有关负责人或者予以通报批评。

第七章　行政复议的期间和送达

第一节　行政复议期间

一、行政复议期间的概念

行政复议期间，是指行政复议法律关系主体进行或者完成特定的行政复议行为的期限和日期。行政复议期间包括行政复议期限和行政复议日期。行政复议期限是指行政复议法律关系主体单独进行或者完成特定行政复议行为的一段时间，行政复议日期是指行政复议法律关系主体共同进行特定行政复议行为的日期或者时间。行政复议法律关系的主体包括行政复议机关、行政复议机构和行政复议当事人。

行政复议期间对行政复议法律关系主体具有法律约束力，行政复议法律关系主体违反行政复议期间的，应当承担相应的法律后果。《行政复议法》及其实施条例关于行政复议期间的明确规定主要涉及行政复议期限，包括行政复议申请期限、行政复议受理期限等。

在行政复议制度中对行政复议期间作出规定，主要有两方面意义：一是规范行政复议机关、行政复议机构的行为，保证行政复议案件的及时审理，发挥行政复议制度高效便民的优势，落实行政复议的效率原则；二是督促行政复议当事人依法及时行使权利，积极维护其利益，同时按时履行相应的义务，配合行政复议机关审理行政复议案件，避免使相关法律关系长期处于不确定状态。规定行政复议期间制度，体现了行政复议法律制度的严肃性，行政复议机关、行政复议机构和行政复议当事人都应当自觉遵守。

二、行政复议期间的种类

（一）法定期间和指定期间

以期间是由法律直接规定的，还是由行政复议机关、行政复议机构指定为准，期间可以分为法定期间和指定期间。

1. 法定期间

法定期间是指在法律、法规、规章中明确规定的期间。法定期间是强制性期间，它基于某种法定事实的发生而开始，行政复议机关、行政复议机构和行政复议当事人都必须遵守，不得任意变更。行政复议法定期间包括以下几项。

（1）行政复议申请期限。行政复议的申请期限包括两类：一是对作为的行政行为的申请期限。新修订的《行政复议法》第二十条第一款规定："公民、法人或者其他组织认为行政行为侵犯其合法权益的，可以自知道或者应当知道该行政行为之日起六十日内提出行政复议申请；但是法律规定的申请期限超过六十日的除外。"二是对不作为的行政行为的申请期限。《行政复议法实施条例》第十六条规定，对于行政机关不履行法定职责的，有履行期限的，申请期限自履行期限届满之日起计算；没有履行期限的，申请期限自行政机关收到申请满六十日起计算，但是紧急情况下行政机关不履行保护人身权、财产权法定职责的，不受上述规定的限制。行政复议申请期限是行政复议申请人提起行政复议申请时首先应当遵守的规定，也是行政复议机关判断行政复议申请是否符合受理条件的重要因素。规定行政复议申请期限为六十日，既能保证相对人在知道行政行为之后有一段较为充分的时间来选择通过行政复议渠道寻求救济，又能督促相对人及时维护自身权益，避免其"躺在权利上睡觉"而导致法律关系、社会秩序的不确定。

（2）行政复议申请的审查受理期限。新修订的《行政复议法》第三十条规定："行政复议机关收到行政复议申请后，应当在五日内进行审查。对符合下列规定的，行政复议机关应当予以受理：（一）有明确的申请人和符合本法规定的被申请人；（二）申请人与被申请行政复议的行政行为有利害关系；（三）有具体的行政复议请求和理由；（四）在法定申请期限内提出；（五）属于本法规定的行政复议范围；（六）属于本机关的管辖范围；（七）行政复议机关未受理过该申请人就同一行政行为提出的行政复议申请，并且人民法院未受理过该申请人就同一行政行为提起的行政诉讼。对不符合前款规定的行政复议申请，行政复议机关应当在审查期限内决定不予受理并说明理由；不属于本机关管辖的，还应当在不予受理决定中告知申请人有管辖权的行政复议机关。行政复议申请的审查期限届满，行政复议机关未作出不予受理决定的，审查期限届满之日起视为受理。"规定行政复议申请的审查受理期限，是为了促进行政复议机关及时履行行政复议职责，提高行政复议效率，更好地发挥行政复议制度的作用。行政复议机关应当严格遵守行政复议申请的审查期限，避免案件久拖不决，对决定不予受理的要及时告知申请人。

（3）补正的期限。对申请材料不齐全或者表述不清楚的，要通知申请人补正。新修订的《行政复议法》第三十一条规定，行政复议申请材料不齐全或者表述不清楚，无法判断行政复议申请是否符合本法第三十条第一款规定的，行政复议机关应当自收到申请之日起五日内书面通知申请人补正。补正通知应当一次性载明需要补正的事项。申请人应当自收到补正通知之日起十日内提交补正材料。有正当理由不能按期补正的,行政复议机关可以延长合理的补正期限。无正当理由逾期不补正的,视为申请人放弃行政复议申请,并记录在案。

(4) 不同行政复议机关收到同一申请时确定受理机关的期限。《行政复议法实施条例》第三十条规定,如果申请人就同一事项向两个或者两个以上有权受理的行政机关提出行政复议申请,同时收到申请的行政机关在十日内协商确定受理机关;协商不成的,由其共同的上一级行政机关在十日内指定受理机关。这是由于申请人的原因造成了行政复议受理上的冲突,这种情况下有必要留出一定的时间确定行政复议受理机关,之后才能正常开展行政复议案件的审理。

(5) 行政复议机构发送提出答复通知书的期限。行政复议机构具体承办行政复议案件,其履行法定行政复议期限的情况直接影响到行政复议案件的办理效率。法律对行政复议机构在案件审查中的期限要求主要是发送提出答复通知书的期限。新修订的《行政复议法》第四十八条规定,行政复议机构应当自行政复议申请受理之日起七日内,将行政复议申请书副本或者行政复议申请笔录复印件发送被申请人。

(6) 被申请人的答复期限。新修订的《行政复议法》第四十八条规定,被申请人应当自收到行政复议申请书副本或者行政复议申请笔录复印件之日起十日内,提出书面答复,并提交作出行政行为的证据、依据和其他有关材料。从依法行政的角度出发,被申请人当初作出行政行为时,就应当具备充分的事实依据、证据,在接到行政复议机关的提出答复通知书后,就应当尽快将案卷材料移交给行政复议机关,保证行政复议机关按照法定期限审结案件。

(7) 对附带审查的规定的处理及转送期限。新修订的《行政复议法》第五十六条规定,申请人依照本法第十三条的规定提出对有关规范性文件的附带审查申请,行政复议机关有权处理的,应当在三十日内依法处理;无权处理的,应当在七日内转送有权处理的行政机关依法处理。

（8）对行政行为的依据的处理及转送期限。新修订的《行政复议法》第五十七条规定，行政复议机关在对被申请人作出的行政行为进行审查时，认为其依据不合法，本机关有权处理的，应当在三十日内依法处理；无权处理的，应当在七日内转送有权处理的国家机关依法处理。

（9）适用普通程序审理的行政复议案件，作出行政复议决定的期限。新修订的《行政复议法》第六十二条第一款规定，适用普通程序审理的行政复议案件，行政复议机关应当自受理申请之日起六十日内作出行政复议决定；但是法律规定的行政复议期限少于六十日的除外。情况复杂，不能在规定期限内作出行政复议决定的，经行政复议机构的负责人批准，可以适当延长，并书面告知当事人；但是延长期限最多不得超过三十日。

（10）适用简易程序审理的行政复议案件，作出行政复议决定的期限。新修订的《行政复议法》第六十二条第二款规定，适用简易程序审理的行政复议案件，行政复议机关应当自受理申请之日起三十日内作出行政复议决定。

（11）行政复议中止转为终止的期限。新修订的《行政复议法》第三十九条第一款第一项规定，作为申请人的公民死亡，其近亲属尚未确定是否参加行政复议的，行政复议中止；第二项规定，作为申请人的公民丧失参加行政复议的行为能力，尚未确定法定代理人参加行政复议的，行政复议中止；第四项规定，作为申请人的法人或者其他组织终止，尚未确定权利义务承受人的，行政复议中止。《行政复议法》第四十一条第五项规定，依照本法第三十九条第一款第一项、第二项、第四项的规定中止行政复议满六十日，行政复议中止的原因仍未消除，行政复议终止。

（12）行政相对人提起行政诉讼的期限。行政相对人向法院提起行政诉讼的期限包括两种：一是行政复议前置情况下的起诉期限。新修订的《行政复议法》第三十四条规定，法律、行政法规规定应当先向行政复议机关申请行政复议、对行政复议决定不服再向人民法院提起行政诉讼的，行政复议机关决定不予受理、驳回申请或者受理后超过行政复议期限不作答复的，公民、法人或者其他组织可以自收到决定书之日起或者行政复议期限届满之日起十五日内，依法向人民法院提起行政诉讼。二是在非行政复议前置情况下的起诉期限。《行政诉讼法》第四十五条规定，申请人不服复议决定的，可以在收到复议决定书之日起十五日内向人民法院提起诉讼。复议机关逾期不作决定的，申请人可以在复议期满之日起十五日内向人民法院提起诉讼。法律另有规定的除外。

除上述在《行政复议法》及其实施条例中规定的行政复议期间外，某些单行的法律法规中也有一些关于行政复议期间的规定。这些规定如果不和《行政复议法》的规定相冲突，也构成行政复议的法定期间。

2. 指定期间

指定期间是法定期间的对称，指在法律、法规、规章中没有作出明确规定，而是由行政复议机关、行政复议机构根据具体案件情况予以指定的期间。指定期间作为对法定期间的补充，是行政复议机关、行政复议机构根据行政复议案件的具体情况，针对行政复议当事人所指定的期间。如新修订的《行政复议法》第六十六条规定，被申请人不履行法定职责的，行政复议机关决定被申请人在一定期限内履行。又如，在实践中，对于听证审理的行政复议案件，行政复议机构可以指定当事人双方参加听证的日期。法定期间具有强制性，而指定期间具有一定的裁量性，行政复议机关、行政复议机构可以根据具体情况延长或者缩短指定期间，行政复议当事人在指定期间届满前也可以向行政复议机关、行政复议机构申请延长指定期间，并由行政复议机关、行政复议机构决定是否延长。行政复议机关在指定期间时，应当具体明确，便于行政复议当事人理解和执行。指定期间的长短应当适当，既不能影响行政复议案件的办理效率，也要考虑当事人在指定期间内能有效完成该项行政复议活动的客观条件。指定期间不能与法定期间冲突，法律、法规、规章已经规定了法定期间的事项，行政复议机关、行政复议机构不得确定指定期间。

（二）不变期间和可变期间

以期间能否变更为标准，行政复议期间可以分为不变期间和可变期间。

1. 不变期间

不变期间是指行政复议期间一经法律、法规、规章规定即不可变动的期间。不变期间一旦开始起算，或者自然届满，或者因为某项行政复议行为的完成而提前结束，行政复议机关、行政复议机构和行政复议当事人均无权将不变期间延长或者缩短。《行政复议法》及其实施条例规定的大部分期间都属于不变期间。如《行政复议法》规定的行政复议申请人提出行政复议申请的期间就属于不变期间。在不变期间内没有完成应当完成的行政复议行为的，或者将丧失继续进行该项行政复议行为的权利，如在法定申请期限内未提出行政复议申请的，则不得再提出行政复议申请；或者将承担相应的法律后果，如被申请人未在法定的答辩期限内提交当初作出行政行为的证据、依据和其他有关材料的，被申请人将承担由此带来的不利后果。

2. 可变期间

可变期间是指因具体行政复议案件的情况可以延长或者缩短的期间。一般是在确定的期间内尚难以完成某项行政复议行为的情形下，将确定的期间予以变更。可变期间包括两种情形。

一种情形是法定的可变期间，即《行政复议法》及其实施条例规定的可以变化的期间。法定期间中有个别期间属于可变期间。如新修订的《行政复议法》第六十二条规定，适用普通程序审理的行政复议案件，行政复议机关应当自受理申请之日起六十日内作出行政复议决定；但是法律规定的行政复议期限少于六十日的除外。情况复杂，不能在规定期限内作出行政复议决定的，经行政复议机构的负责人批准，可以适当延长，并书面告知当事人；但是延长期限最多不得超过三十日。法定可变期间必须有法律的明确规定，其变化在符合法定情形时方可发生，变化后的期间也应当符合法律的规定。

另一种情形是指定的可变期间。由于指定期间本身就具有一定裁量性，因此指定期间都属于可变期间。行政复议机关、行政复议机构可以依据职权，并根据案件的具体情况，对确定的指定期间予以变更。行政复议机关、行政复议机构应当注重指定期间的适当性、合理性，使行政复议活动顺利开展，避免指定期间时的过度随意而给当事人带来不便，影响行政复议效率。

三、行政复议期间的计算

（一）期间的计算单位

《行政复议法》及其实施条例并未对行政复议期间的计算单位作出统一规定。如1999年《行政复议法》第四十条规定，行政复议期间的计算，依照《民事诉讼法》关于期间的规定执行。根据《民事诉讼法》的有关规定，期间以时、日、月、年计算。但是根据《行政复议法》及其实施条例中关于行政复议期间的明确规定，法定的行政复议期间的计算单位主要是日。如公民、法人或者其他组织申请行政复议的期限为六十日，行政复议机关对行政复议申请的审查期限为五日等。根据新修订的《行政复议法》第八十八条的规定，行政复议期间的计算和行政复议文书的送达，本法没有规定的，依照《民事诉讼法》关于期间、送达的规定执行。行政复议制度强调解决行政争议的效率，行政复议机关、行政复议机构确定的指定期间一般也以日为计算单位。

(二) 期间的计算方法

1. 期间的起算

根据《民事诉讼法》的规定，期间开始的时和日，不计算在期间内。因此，行政复议期间从法定或者指定日期的第二日起开始计算，法定或者指定日期当天不计算在内。

2. 期间的扣除

行政复议期间的扣除分为三种情况。

第一种期间扣除的情况是法定节假日的扣除。新修订的《行政复议法》第八十八条第二款规定，本法关于行政复议期间有关"三日""五日""七日""十日"的规定是指工作日，不含法定节假日。需要注意的是，节假日的扣除仅适用于法律有明确规定的"三日""五日""七日""十日"的期间，而不能适用于其他"三十日""六十日"的期间。当然，如果"三十日""六十日"期间的最后一日正好是节假日，则期间届满日也要依法顺延为节假日后的第一个工作日。

第二种期间扣除的情况是在途时间的扣除。行政复议期间不包括在途期间。在途期间是指行政复议法律文书在邮寄过程中所花费的时间，如行政复议机关邮寄送达行政复议决定书的时间，行政复议申请人邮寄提交行政复议申请书的时间。在途时间仅针对行政复议法律文书而言，当事人或者行政复议机关、行政复议机构的工作人员为进行行政复议活动而花费在路途上的时间并非期间扣除意义上的在途时间。在计算行政复议期限时，应当将行政复议文书的在途时间予以扣除。如行政复议申请书在期限届满当天交寄的，行政复议机关收到时也不算作超过期限。在途期间的计算和扣除，应当以邮戳为准。

第三种期间扣除的情况是其他法定的期间扣除。在申请人提出行政复议申请之后，行政复议案件审理过程中，可能出现某些特殊情况需要处理。由于这些特殊情况的处理并不是行政复议机关、行政复议机构直接审理案件的活动，为了给行政复议案件的审理工作留出必要时间以保证案件审理质量，《行政复议法实施条例》规定了不计入行政复议审理期限的几类特殊情况：第三十条规定的协商确定或者上一级行政机关指定案件受理机关的时间不计入行政复议审理期限；第三十四条规定的现场勘验所用时间不计入行政复议审理期限；第三十七条规定的专门事项的鉴定所用时间不计入行政复议审理期限。

上述行政复议期间扣除的情况，都不适用于指定期间。因为行政复议机关、行政复议机构确定指定期间时，应当考虑案件客观情况，其中就包括考虑节假日和在途时间的因素，而且指定期间都是可变期间，也没有必要再扣除有关时间。

3. 期间的届满

法定期间的届满日期，即法律规定的日期的最后一日。如果最后一日为节假日，则顺延至节假日之后的第一个工作日。指定期间的届满日期，即行政复议机关、行政复议机构指定的日期的最后一日。期间届满，意味着可以开始判断行政复议机关、行政复议机构、行政复议当事人是否完成了特定的行政复议活动，是否发生某种法律权利义务关系的改变，是否产生相应的法律后果。

四、行政复议期间的耽误和顺延

（一）行政复议期间的耽误

在行政复议法定期间或者指定期间中，行政复议机关、行政复议机构、行政复议当事人应当完成一定的行政复议活动。如果行政复议期间届满时，由于主客观的原因，行政复议期间内应当完成的行政复议活动没有完成，就发生行政复议期间的耽误。行政复议期间的耽误包括以下几种情形。

1. 不可抗力

不可抗力是指根据法律规定，不可预见、不能避免也不能克服的客观情况。如地震、洪灾等自然灾害，或者战争等社会现象。行政复议机关、行政复议机构、行政复议申请人都可能因为不可抗力而产生期间的耽误。

2. 其他特殊的客观情况

其他特殊的客观情况是指除不可抗力之外的，非出于主观原因而产生的行政复议期间耽误的情况。这种情况一般发生在行政复议申请人方面。如申请人因急性疾病而无法按时完成行政复议活动的情形，法人处于合并或者改组阶段的情形等。

3. 主观原因

对于行政复议当事人，有可能因为主观上的故意或者过失产生期间的耽误。如行政相对人因主观上怠于提出行政复议申请而导致超过法定申请期限，被申请人因不积极履行答辩义务而超出法定的答辩期限。对于行政复议机关、行政复议机构，则应当依法履行法定职责，勤勉及时地完成各项行政复议活动，不应当出现因主观原因造成耽误期限的现象。

(二) 行政复议期间的顺延

行政复议期间的顺延是与行政复议期间的耽误相联系的，只有在发生了期间耽误的情况下，才涉及期间是否需要顺延的问题。行政复议期间被耽误的原因包括不可抗力和其他主客观因素，但是并不是所有被耽误的期间都可以顺延，不同的耽误原因会产生不同的后果。《行政复议法》第二十条第二款规定，因不可抗力或者其他正当理由耽误法定申请期限的，申请期限自障碍消除之日起继续计算。可见，只有因为不可抗力或者其他正当理由而发生，且耽误的期限属于行政复议申请期限的才可以顺延。如果是因为主观过错等发生期限耽误，则不可以顺延。

对于不可抗力原因发生的耽误，可以根据《民法典》第一百八十条关于不可抗力的规定来判断是否可以顺延；对于其他正当理由原因发生的顺延，则需要行政复议机关根据具体情况进行判断。比如对申请人因疾病发生的期限耽误需要顺延的，申请人应当提供相应的证明材料，由行政复议机关进行认定。对于行政机关的过错导致申请人超出行政复议申请期限的情形，则要按照公正公平的原则，将其作为期限耽误的"正当理由"，允许顺延申请人的行政复议申请期限，而不能让相对人承担行政机关过错带来的不利后果。对此，新修订的《行政复议法》第二十条第三款规定，行政机关作出行政行为时，未告知公民、法人或者其他组织申请行政复议的权利、行政复议机关和申请期限的，申请期限自公民、法人或者其他组织知道或者应当知道行政复议权利、行政复议机关和申请期限之日起计算，但是自知道或者应当知道行政行为内容之日起最长不得超过一年。因此，行政机关在作出行政行为时，应当履行法定教示义务，告知申请人享有行政复议权利，避免因为行政机关的原因造成申请人耽误行政复议申请期限。需要注意的是，期限的顺延是期限的继续计算而不是重新计算，障碍发生前已经经过的期限不再计入。

五、违反期间的法律后果

规定行政复议期间，是及时审理行政复议案件的保证。行政复议机关、行政复议机构及行政复议当事人都应当自觉按照行政复议期间的规定完成行政复议活动，提高行政复议效率，使行政复议制度能够更好地发挥化解行政争议的作用。对于违反行政复议法定期间的，应当承担相应的法律后果；对于行政复议违反指定期间的，会影响行政复议案件的审理效率，但在法律上并未规定相应的后果。违反行政复议法定期间，主要会发生以下几类法律后果。

（一）丧失权利

丧失权利这类后果主要由违反期间的行政复议当事人承担。行政复议当事人在行政复议期间内享有特定法定权利的，在期间内可以依法行使，任何个人和单位都不得阻挠和剥夺。如果当事人违反了期间的规定，就丧失了期间内本来享有的特定权利。如行政相对人在知道行政行为之日起六十日内可以申请行政复议，如果相对人违反了六十日的申请期限，则会丧失申请行政复议的权利。如果案件还属于行政复议前置的情况，那么申请人将不仅丧失申请行政复议的权利，还将丧失提起行政诉讼的权利。

（二）承担不利后果

承担不利后果这类后果主要由违反期间的行政复议当事人承担。行政复议当事人在行政复议期间应当履行特定义务的，应当根据法律的规定完成某种行政复议活动。如果当事人违反了期间的规定，就应当承担某种不利后果。如被申请人应当自收到申请书副本或者申请笔录复印件之日起十日内，提出书面答复，并提交当初作出行政行为的证据、依据和其他有关材料。但是如果被申请人不按照这一规定期间履行答辩义务，那么该行政行为将被视为没有证据、依据，被申请人需要承担由此带来的不利后果。

（三）承担法律责任

承担法律责任这类后果主要由违反期间的行政复议机关和被申请人承担。行政复议机关作为具体实施、履行行政复议制度的主体，应当依法履行行政复议期间的各项规定，保证行政复议活动合法、高效地进行。对于违反行政复议期间规定的行政复议机关，应当承担《行政复议法》规定的法律责任。如新修订的《行政复议法》第八十条规定，行政复议机关不依照本法规定履行行政复议职责，对负有责任的领导人员和直接责任人员依法给予警告、记过、记大过的处分；经有权监督的行政机关督促仍不改正或者造成严重后果的，依法给予降级、撤职、开除的处分。

第二节 行政复议的送达

一、送达的概念

行政复议送达，是指行政复议机关依照法定的程序和方式，将依法制作的行政复议法律文书送交行政复议当事人和其他行政复议参加人的一种法律行为。送达是行政复议行为产生法律后果的重要前提。由于行政复议法律文书的送达与民事诉讼文书的送达比较类似，因此新修订的《行政复议法》第八十八条规定，行政复议期间的计算和行政复议文书的送达，本法没有规定的，依照《民事诉讼法》关于期间、送达的规定执行。行政复议送达主要有以下几个特点。

第一，主体法定。行政复议送达的主体是行政复议机关或者行政复议机构。行政复议机关送达的一般是结论性、实体性的文书，如行政复议机关送达行政复议决定书；行政复议机构一般送达的是过程性、程序性的文书，如行政复议机构送达答复通知书等。行政复议当事人向行政复议机关提交的行政复议文书不属于送达。

第二，对象特定。行政复议送达的对象是行政复议当事人，包括申请人、被申请人、第三人等。

第三，内容特定。行政复议送达的内容是行政复议机关、行政复议机构依法制作的行政复议法律文书，如行政复议决定书。某些情况下还要附具当事人提交的文书，如行政复议机构在向被申请人送达提出答复通知书时，还要附具行政复议申请书副本或者行政复议申请笔录复印件。

第四，方式法定。行政复议送达应当按照法定的方式和程序进行，否则将不具备法律效力，无法产生相应的法律后果。

行政复议送达是一项重要的行政复议法律活动，关系到行政复议当事人的权利义务。行政复议机关、行政复议机构要依法将行政复议法律文书送交给受送达人，使其了解文书的内容，便于其顺利地参加行政复议，使行政复议活动得以有序进行。

二、法定的送达方式

行政复议法律文书的送达方式，依法按照《民事诉讼法》的规定执行，主要有以下七种方式。

（一）直接送达

直接送达是指行政复议机关、行政复议机构将行政复议法律文书直接交付受送达人签收的送达方式。这是行政复议送达的主要方式。送达行政复议法律文书，应当直接送交受送达人。受送达人是公民的，本人不在时，送交他的同住成年家属签收；受送达人是法人或者其他组织的，应当由法人的法定代表人、其他组织的主要负责人或者该法人、组织负责收件的人签收；受送达人有代理人的，可以送交其代理人签收。受送达人的同住成年家属，法人或者其他组织负责收件的人，代理人或者代收人在送达回证上签收的日期为送达日期。

（二）电子送达

电子送达是指经受送达人同意，行政复议机构可以采用能够确认其收悉的电子方式送达诉讼文书。采用电子方式送达的，以送达信息到达受送达人特定系统的日期为送达日期。

(三) 留置送达

留置送达是指受送达人或者他的同住成年家属拒绝接收诉讼文书的，送达人可以邀请有关基层组织或者其所在单位的代表到场，说明情况，在送达回证上记明拒收事由和日期，由送达人、见证人签名或者盖章，把诉讼文书留在受送达人的住所；也可以把法律文书留在受送达人的住所，并采用拍照、录像等方式记录送达过程，即视为送达的送达方式。留置送达是对直接送达时遇到的特殊情况的补充，采用留置送达必须符合法定的前提条件，同时注意履行相应的法律手续。

(四) 委托送达

委托送达是指直接送达诉讼文书有困难的，可以委托其他机关代为送达。

(五) 邮寄送达

邮寄送达是指行政复议机关、行政复议机构将行政复议法律文书交付邮局，由邮局将文书以挂号信函的方式送交受送达人的送达方式。邮寄送达一般适用于受送达人的住所距离行政复议机关、行政复议机构所在地比较远的情形。邮寄送达的，以回执上注明的收件日期为送达日期。

(六) 转交送达

转交送达是指行政复议机关将行政复议法律文书交由受送达人所在单位转交给受送达人的送达方式。转交送达的情形包括：一是受送达人被监禁的，通过其所在监所转交；二是受送达人被采取强制性教育措施的，通过其所在强制性教育机构转交。代为转交的机关、单位收到法律文书后，必须立即交受送达人签收，以在送达回证上的签收日期为送达日期。

(七) 公告送达

公告送达是指通过张贴公告、登报等方式，说明需要送达的行政复议法律文书内容的送达方式。公告送达方式只有在受送达人下落不明，或者采用其他方式均无法送达的情况下才使用。采用公告方式送达的，应当在行政复议案卷中载明原因和经过。

三、送达回证的法律意义

送达回证是证明受送达人已经收到送达的行政复议法律文书的凭证。不论采取何种方式送达行政复议法律文书，都应当附有送达回证，由受送达人在送达回证上记明收到日期，同时签名或者盖章。行政复议机关、行政复议机构可以根据所送达的行政复议法律文书的类型制作相应的送达回证，其内容包括送达的行政复议法律文书的种类、受送达人的姓名或者名称、住所、送达日期及受送达人的签名或者盖章。

送达回证的法律意义在于：一是证明送达行为。受送达人在送达回证上的签名或者盖章，是对行政复议机关、行政复议机构按照法定程序和方式履行了送达义务的证明。对于留置送达的，虽然没有受送达人的签名或者盖章，但是送达人、见证人在送达回证上的签名或者盖章也能证明送达行为。由于送达回证是对送达行为的直接证明，在发生争议时可以作为证据予以采信。二是确定送达日期。行政复议法律文书在送达给受送达人后方产生法律效力，送达日期即为行政复议法律文书的生效日期。送达日期应当以送达回证上载明的日期为准。由于送达回证具有重要的法律意义，行政复议机关应当将送达回证与其他行政复议案卷资料一并整理归档，以便日后查证。

四、送达的法律效力

行政复议法律文书一经送达，即发生一定的法律效力。根据所送达行政复议法律文书种类的不同,送达的法律效力也有所区别,主要分为两类。

(一) 程序性效力

行政复议文书送达之后,受送达人应当在规定的期限内进行一定的行政复议活动,行使行政复议权利,履行行政复议义务。如被申请人应当自收到行政复议申请书副本或者行政复议申请笔录复印件之日起十日内,提出书面答复,并提交当初作出行政行为的证据、依据和其他有关材料。

(二) 实体性效力

行政复议法律文书送达之后,对受送达人产生权利义务影响。如行政复议决定书送达被申请人后,行政复议机关所作的行政复议决定即对被申请人生效,被申请人应当履行行政复议决定。

第八章　行政复议法律责任

第一节　行政复议法律责任概述

一、行政复议法律责任的概念

在任何一部法律或者法规中，法律责任都是不可或缺的重要内容。在立法习惯上，一般将法律责任放在法律或者法规文本的最后部分进行规定，基本的逻辑结构是"先明确义务——应该怎么办，再规定不这么办要承担什么责任"。由于这种责任是一种强制性的责任，是由国家强制力保障实施的，因此可以说法律责任是法律法规能够得到贯彻实施的重要保证。

那么，到底什么是法律责任呢？翻开不同的法学教材，对法律责任的定义莫衷一是，表述也五花八门，但归结起来主要有两种观点：一种是"不利后果说"，将法律责任表述为行为主体因违法或者违约等特定的法律事实而"应当承担的不利的法律后果"。这是在很长时间里被广为接受的观点。[1] 另一种是"第二性义务说"，并不是直接将法律责任简单表述为一种义务，而是将其定义为由特定的法律事实所引起

---

[1] 按此观点，行政复议法律责任可以定义为：责任主体违反行政复议法律法规相关规定所应当承担的法律上的不利后果。

的对损害予以补偿、强制履行或接受惩罚的特殊义务，也就是"由于违反第一性法定义务而招致的第二性法定义务"。① 按照这一解释，行政复议法律责任也被定义为，行政复议法律责任关系各方，由于违反行政复议有关法律规定的第一性法定义务，而需要承担的第二性义务。②

在法治语境下，责任可以简单理解为义务的保证，法律责任也就是法定义务的强制性保证。按常理讲，法定义务就是法律规定义务主体要干什么，理想状态下该义务主体就应当严格执行，对于行政机关来讲"法定职责必须为"，这就是依法行政。但实际上法定义务仅是一种"应然"状态，从"应然"到"实然"还有赖于该义务主体的具体实施。假设法律条文中没有关于不履行法定义务的惩罚性规定，而是完全依赖于义务主体的法治自觉③，可想而知会是什么样的一种状态。从这个角度来讲，全国人大官方网站将法律责任解释为"公民、法人或其他组织实施违法行为而受到的相应法律制裁"④，应该说是比较贴切的。⑤

综上，行政复议法律责任大致可以理解为：行政复议法律法规规定的，为保证义务主体履行行政复议法定义务而设定的惩罚性措施。

二、行政复议法律责任的特征

从上述概念中，可以看出行政复议法律责任具有以下特征：

第一，行政复议法律责任是由行政复议规范明确规定的。这个行

---

① 参见李拥军：《法律责任概念的反思与重构》，载《中国法学》2022年第3期。作者在反思之前法律责任概念的基础上提出一种新观点，认为应当将法律责任定义为"因特定的法律事实使某主体承担不利后果之依据"。
② 参见郜风涛：《行政复议法教程》，中国法制出版社2011年版，第335页。
③ 笔者理解，法治自觉，就是内心对于法治的确信，表现在行动上就是自觉依法办事。
④ 参见《什么是法律责任?》，载中国人大网，http://www.npc.gov.cn/npc/c12434/c1793/c1859/c2244/c2431/201905/t20190522_3302.html，2023年11月23日访问。
⑤ 有学者通过借鉴庞德、霍菲尔德以及哈特的法律责任理论，将严格意义上的"法律责任"界定为"违法者在法律上必须受到惩罚或者必须作出赔偿"，亦即"存在于违法者和救济之间的必然联系"，这与人大的解释有相近之处，近几年该观点也备受关注。参见蔡宏伟：《"法律责任"概念之澄清》，载《法制与社会发展》2020年第6期。

政复议规范，既包括行政复议的基本法——《行政复议法》，也包括国务院制定的《行政复议法实施条例》，还包括规定行政复议相关内容的地方性法规、政府规章和部门规章，可以说是个比较完整的规范体系。实务中困惑的一个问题是，规章以下的行政规范性文件是否属于这个规范体系的一部分呢？一般而言，在行政复议办案实务中，行政规范性文件可以作为依据在行政复议决定书中引用。因此，行政复议规范体系也包括行政规范性文件。但需要注意的是，行政规范性文件大多是对工作提出要求或者指导性意见，一般不会设定有关法律责任的内容。① 另外，需要特别指出，考虑到地方性法规和规章的适用范围都有一定局限，比如《浙江省行政复议责任追究办法》仅适用于该省范围内，为了使本章介绍的内容更具普遍适用性，本章的论述分析主要基于《行政复议法》及其实施条例的相关规定。

第二，行政复议法律责任确保的是行政复议法定义务的履行。为了保障行政复议活动的顺利进行，《行政复议法》及其实施条例对行政复议法律关系主体明确规定了相应的权利和义务。这些权利和义务是相对的，一方的权利可能对另一方来讲就是义务，义务的履行也意味着权利的实现。比如申请人有申请行政复议的权利，而被申请人则有不得阻挠申请人申请行政复议的义务；② 申请人申请行政复议后，被申请人就具有答复的义务，应当在规定时间内提交书面答复以及作出行政行为的证据、依据和其他有关材料，否则该行政行为可能被认定为无证据或依据而被撤销，相关责任人还可能被行政处分。再如，行政复议机关及其工作人员具有对行政行为进行复议审查的权力，同时也意味着其必须履行依法受理行政复议申请并公正作出行政复议决定的法定义务，如无故拒绝受理复议申请或者在行政复议活动中徇私舞弊，

---

① 确定违法行为的法律责任，也是法律规范区别于道德规范、政策文件的重要特征。
② 需要注意，这种权利会受一定的限制，比如申请人应当在知道或者应当知道行政行为之日起六十日内提出行政复议申请，否则就可能面临其复议申请被不予受理的不利后果。

就必须承担相应的法律责任。①

第三，行政复议法律责任以处分为主要惩罚方式。② 这是由行政复议制度的性质和特点决定的。在行政复议活动中，主要法律关系主体分别为行政复议机关、被申请人、申请人三方，其中行政复议机关和被申请人均为行政机关，而申请人主要是作为行政相对人的公民、法人或者其他组织。复议活动中这三方的义务并不是平均分配的，法定义务的承担者主要是行政复议机关和被申请人，因此法律责任的规定也会相应地主要针对行政复议机关和被申请人。如上所述，法律责任体现为一种惩罚措施，而对于行政机关的惩罚最有效的莫过于对相关责任人员进行人事"处分"。因此不难理解，行政复议法律责任主要体现为对行政机关有关工作人员给予处分。当然，这是针对一般过错的情形的。如果构成犯罪，还应当依法追究刑事责任。

三、行政复议法律责任的分类

通常认为，法律责任从性质上可分为三种：一是民事责任。主要由民法典进行规定，明确平等主体之间因违反民事法律规范而应当承担的法律责任，方式上主要体现为赔偿损失、支付违约金、赔礼道歉等。二是行政责任。由各种行政法律规范规定，明确违反行政法律义务而应当承担的法律责任，主要包括处分和行政处罚。③ 三是刑事责任。主要由刑法进行规定，明确犯罪行为应当承担的法律责任，承担方式包括拘役、有期徒刑、死刑等主刑和罚金、没收财产、剥夺政治权利等附加刑。按照《行政复议法》及其实施条例的规定，在行政复

---

① 这也是权责一致的体现，权力从另一个角度来讲也是职责，"法定职责必须为"，"不为"的后果就是承担法律责任。
② 2023年《行政复议法》修订时，将原条文中的"行政处分"均改为"处分"，与《公务员法》《监察法》等保持一致。
③ 这里的处分包括对行政机关公务员的处分和适用于所有公职人员的政务处分。

议领域，法律责任主要包括行政责任、刑事责任和国家赔偿责任。

（一）行政责任

行政责任是承担行政复议法律责任的主要方式，包括处分和治安处罚。《行政复议法》关于法律责任的条文共有7条，《行政复议法实施条例》中规定法律责任的条文共有4条。在全部11个法律条文中，大多直接或间接规定了相关责任主体的行政责任。毋庸置疑，这与行政复议的性质和工作内容有着直接关系。按照《公务员法》、《公职人员政务处分法》和《行政机关公务员处分条例》的规定，目前对公务员的处分主要根据违法违纪情节的严重程度分六种，即警告、记过、记大过、降级、撤职、开除。其中，警告处分期为6个月，记过处分期为12个月，记大过处分期为18个月，降级和撤职处分期为24个月，在处分期间不得晋升职务、职级和级别。行政复议活动中对非公职人员追究的行政责任则体现为治安处罚，主要法律依据是《行政处罚法》和《治安管理处罚法》。

（二）刑事责任

有人把刑事责任比作行政责任的"升级版"，这有一定的道理。一般而言，对于普通的违法行为，行政责任的追究基本能够达到惩罚和教育的目的，比如交通违法没有造成严重后果，给予罚款和记分是比较合适的，但如果交通违法造成较大事故，比如导致人员重伤或者死亡，违法行为的性质可能就从一般交通违法升级为交通肇事犯罪，对于行为的惩罚也"升格"为刑事责任，这也是"过罚相当"法治理念的体现。《行政复议法》对于法律责任的规定也沿用这一思路，对于违反行政复议法定义务的行为给予处分或者处罚，但构成犯罪的，就必须追究刑事责任。比如，作为被申请人的行政机关对申请人进行报复陷害，造成严重后果的，对该行政机关相关责任人应当追究其刑事责任。

（三）国家赔偿责任

在《行政复议法》及其实施条例中，对于法律责任的规定仅明确了行政责任和刑事责任,并没有民事责任的相关内容。那么,是不是意味着行政复议领域不存在承担民事责任的情况呢?民事责任是发生于平等主体之间因侵权或者违约而导致的法律后果。行政复议作为行政机关化解行政争议的法定机制,其法律关系显然不同于民事法律关系。如果在行政复议活动中,有关工作人员发生了侵权行为,该如何处理呢?这就涉及行政赔偿的问题。但由于行政复议法律法规中并无相关规定,因此相关依据只能从《国家赔偿法》中寻找。现在的问题是,行政复议行为是否属于《国家赔偿法》规定的行政赔偿范围?这个问题实践中的确存在争议。笔者认为,《国家赔偿法》是关于行使公权力发生违法侵权并造成损害时如何承担赔偿责任的专门法律,其规定的行政赔偿范围适用于各级行政机关及其工作人员,行政复议机关也不例外。但需要说明的是,实践中对此问题存在争议,主要源于行政复议的特殊性质。由于行政复议本身也是权益救济制度,法律明确规定复议结果相比于原行政行为不得对申请人更为不利,一般来讲行政复议行为对申请人不会"造成损害"。实践中有申请人不服行政复议不予受理决定向法院起诉,法院撤销该不予受理决定后,申请人提出国家赔偿申请,要求行政复议机关赔偿其交通费、住宿费、邮寄费、复印费等支出。全国人大常委会法工委对此问题给出了权威答复,认为行政复议机关作出的不予受理决定,不对公民、法人和其他组织的财产权进行直接处分,不属于《国家赔偿法》第四条规定的"造成财产损害的其他违法行为"。

四、行政复议法律责任的发展

行政复议法律责任伴随着新中国行政复议制度的发展而发展。从整个历程上看,到目前为止,大致可以分为以下几个阶段。

(一)法律责任缺失时期

在新中国成立初期个别行政领域开始出现行政复议时,相关制度规范中并没有行政复议法律责任的内容。比如，被认为新中国成立后最早规定行政复议制度的《中央人民政府财政部设置财政检查机构办法》，仅规定被检查部门认为财政检查机构措施不当，可以向上级检查机构申请复核，并未明确相关的法律责任。1950年12月出台的《税务复议委员会组织通则》，首次在立法中明确使用了"复议"的概念，虽然用10个法律条文的篇幅具体规定了税务复议委员会的组织运行，但仍然没有法律责任的相关规定。事实上，1990年国务院出台《行政复议条例》以前，在单行法律法规中对行政复议法律责任作出专门规定是比较罕见的。

（二）责任法定时期

1990年《行政复议条例》首次用一章的篇幅规定行政复议法律责任，分别明确了被申请人拒绝履行行政复议决定，复议人员失职、徇私舞弊，复议参加人或者其他人拒绝、阻碍复议人员依法执行职务等几种情形下应当承担的法律责任。尽管整章只有三个法律条文，但对于行政复议制度的发展具有重要意义，开启了行政复议法律责任法定的时期。1999年《行政复议法》沿袭这一做法，在第六章专章规定法律责任，进一步明确了行政复议机关不履行行政复议职责的法律责任，并规定行政复议机构发现有下列情形时应当向有关行政机关提出建议：无正当理由不予受理行政复议申请、不按照规定期限作出行政复议决定、徇私舞弊、对申请人打击报复或者不履行行政复议决定等。

（三）补充细化时期

2004年，国务院印发《全面推进依法行政实施纲要》，提出要完善行政复议责任追究制度，2007年《行政复议法实施条例》进行了具体落实。《行政复议法实施条例》是对《行政复议法》的重要补充，明确了行政复议在化解行政争议中的重要作用，从法律上确立了行政复议制度新的功能定位，在法律责任方面也作了相应的细化和补充。特别是针对被申请人违反法定的重作义务、妨碍行政复议人员调查取证行为作出明确规定,并对违反《行政复议法》及其实施条例规定的行为如何追究法律责任作了具体规定,实际上也回应了1999年《行政复议法》第三十八条的具体操作问题。①

(四) 发展完善时期

新修订的《行政复议法》,是施行24年后的首次全面修改。对于法律责任条款的修改完善,毋庸置疑也是《行政复议法》修订的重要内容。主要变化在于:一是扩容,增加了两个条款:对拒绝、阻挠行政复议人员调查取证,故意扰乱行政复议工作秩序的行为明确了法律责任;规定行政复议机关在办案过程中发现公职人员涉嫌违法或者犯罪的问题线索,应当移送监察机关依法调查处置。二是强化了行政复议机关的责任。1999年《行政复议法》对行政复议机关的责任追究主要针对无正当理由不予受理行政复议申请、不按照规定转送行政复议申请以及在法定期限内不作出行政复议决定等三种情形,新修订的《行政复议法》采取概括的方式,明确规定对行政复议机关不依照规定履行行政复议职责的,应当依法给予处分,实现了对行政复议机关责任追究各种情形的全覆盖。

第二节 行政复议法律责任主体

行政复议法律责任主体是指行政复议法律责任的承担者。按照《行政复议法》及其实施条例的规定,行政复议法律责任主体共有六个,分别为行政复议机关、行政复议机构、行政复议人员、被申请人、行政机关及其工作人员、其他人员。上述责任主体基本涵盖了行政复

---

① 此前有部分学者和实务部门工作人员对1999年《行政复议法》第三十八条规定的可操作性提出疑问。

议活动的各方面参加人，考虑到行政复议主要为"三方活动"①，下面按照这个逻辑对责任主体作简要分类并逐一介绍。

一、行政复议机关、行政复议机构和行政复议人员

在行政复议活动中，行政复议机关、行政复议机构和行政复议人员是程序的主导者，也是行政复议职责的主要承担者，具有公正裁判行政纠纷的法定义务，无疑是最重要的行政复议法律责任主体。这三者职责相同，只是称谓和角色分工有所区别，因此可以归为一类。

（一）行政复议机关

行政复议机关是行使行政复议职责的正式机关。严格来讲，真正能够代表行政复议权威的是行政复议机关，在行政复议决定书等正式文书中盖章的也是行政复议机关，因此行政复议机关无疑是行政复议法律责任的首要主体。在《行政复议法》及其实施条例中，有关法律责任的规定也是首先针对行政复议机关，强化行政复议机关的法律责任几乎成为行政复议制度历次修改的重要议题。

（二）行政复议机构

由于行政复议机关主要是县级以上人民政府，政府的行政管理职责范围极其广泛，行政复议职责固然重要，但也仅是其若干职责中的一项，实际上行政复议职责的履行主要由行政复议机构承担。关于行政复议机构的法律责任，1999年《行政复议法》强调的是行政复议机构的监督责任，规定其发现有无正当理由不予受理行政复议申请、不履行行政复议决定等情形的，应当向有关行政机关提出建议。2007年《行政复议法实施条例》加强了对行政复议工作的指导监督，明确行政复议机构不履行行政复议职责的，对相关责任人应当依法给予处分。

---

① 行政复议活动主要参与者为三方，分别是行政复议机关、被申请人和申请人。其中，行政复议机关为裁判者，申请人和被申请人为争议双方。

(三) 行政复议人员

无论是行政复议机关还是行政复议机构，终究是个单位集体，具体工作还是得落实到"个人"的头上。行政复议人员就是进行复议工作的"个人"，这些"个人"在很大程度上关系着行政复议制度的价值的落实落地，因此可谓责任重大。《行政复议法》明确规定，行政复议机关工作人员在行政复议活动中，徇私舞弊或者有其他渎职、失职行为的，依法给予处分；构成犯罪的，依法追究刑事责任。

二、被申请人

法律责任与违法行为是密不可分的，只有违法行为出现，法律责任才会"登场"，实际发挥作用。而所谓的违法行为，就是违反法律规定的义务。因此，法定义务与法律责任是相对应的，讨论被申请人的法律责任，可以从被申请人在行政复议活动中的法定义务入手。

第一，被申请人有依法答复并提交证据材料的义务。不同于民事诉讼"谁主张，谁举证"，行政复议与行政诉讼一样，实行举证责任倒置。被申请人是作出行政行为的行政机关，在行政复议活动中具有提交材料证明行政行为合法性和合理性的法定义务，其中对于合理性的举证责任是区别于行政诉讼的重要方面。违反这一法定义务的法律后果，《行政复议法》中已明确规定，被申请人未按规定提出书面答复、提交当初作出行政行为的证据、依据和其他有关材料的，视为该行政行为没有证据、依据，行政复议机关应当决定撤销该行政行为，同时相关责任人员还要承担相应的法律责任。

第二，被申请人有配合行政复议机构和行政复议人员调查取证的义务。从理想化的角度讲，被申请人在收到行政复议机关的答复通知书后，应当将当初作出行政行为的全部证据、依据和其他有关材料提交行政复议机关，行政复议机关只需根据这些材料，对行政行为进行审查并作出是否合法或者适当的判断。但实际上行政机关提交的材料往往不够充分，行政复议机构和行政复议人员还需要根据案件的需要进一步调查取证或者对有关证据材料进行核实，被申请人应当积极予以配合，不得拒绝或者阻挠，以便行政复议人员准确查明有关案件事实。同时，需要注意的是，按照《行政复议法》的规定，在行政复议过程中，被申请人不得自行向申请人和其他有关组织或者个人收集证据。

第三，被申请人有依法履行行政复议决定书、调解书和意见书的义务。行政复议属于典型的层级监督，行政复议机关与被申请人就是上级与下级、领导与被领导的关系。行政复议决定是行政复议活动的结果，是具有国家强制力的法律文书。对于行政复议机关作出的行政复议决定，被申请人作为下级行政机关应当无条件服从，并不折不扣地予以执行。为了避免被申请人以各种理由不履行或者拖延履行行政复议决定，《行政复议法》对此规定了明确的法律责任。《行政机关公务员处分条例》第十九条也明确规定，拒不执行行政复议机关作出的决定的，给予警告、记过或者记大过处分；情节较重的，给予降级或者撤职处分；情节严重的，给予开除处分。

第四，被申请人有按照行政复议决定的要求重新作出行政行为的义务。实际上这也是被申请人履行行政复议决定的延伸。按照《行政复议法》及其实施条例的规定，行政行为存在主要事实不清，证据不足或者明显不当等问题的，行政复议机关可以责令被申请人在一定期限内重新作出行政行为，被申请人应当执行，并且不得以同一的事实和理由作出与原行政行为相同或者基本相同的行政行为，否则就要承担相应的法律责任。

第五，被申请人有依法不得作为的义务。主要包括：（1）不得阻挠或者变相阻挠公民、法人或者其他组织依法申请行政复议；（2）不得因为申请人申请行政复议而对申请人进行打击报复；（3）按照行政复议机关的要求停止执行行政行为，行政复议期间行政行为原则上不停止执行，但如果行政复议机关认为需要停止执行的，被申请人应当尊重，使行政行为处于暂时中止的状态。

三、申请人

相比于行政复议机关和被申请人，申请人在行政复议活动中的主要"使命"就是提交行政复议申请，以启动行政复议程序，但这是申请人的权利而并非义务，而且行政复议程序启动之后的主要证明责任在于被申请人，因此总体上讲，申请人的行政复议法定义务最少。但这并不代表申请人在整个行政复议过程中"零责任"，申请人的义务包括以下几种。

一是勤勉义务。为了避免行政行为长期处于不确定的状态，无论是行政诉讼还是行政复议，都有明确的申请期限。因此，尽管是否申请行政复议属于申请人的权利，但一旦申请人决定申请，就应当在法定申请期限内向有关行政复议机关提交申请材料。如果超出了申请期限，申请人可能就得承担其复议申请不被受理的不利后果。例如，行政复议机构为了查验行政复议申请的真实性，以适当的方式核实申请人的身份，申请人应当予以积极配合。

二是诚实义务。诚实义务主要指申请人提交的材料应当真实，不得伪造篡改。比如，申请人不服交通警察对其作出的交通违法处罚决定，向行政复议机关申请行政复议，应当在提交行政复议申请时附具上述处罚决定书原件或者复印件，且不得对该处罚决定书进行篡改。又如，在行政复议期间，申请人与被申请人达成了和解，申请人自愿撤回行政复议申请后，不得再以同一事实和理由提出行政复议申请。

三是配合义务。为了行政复议活动的顺利推进，申请人应当配合行政复议机关的安排。比如，行政复议申请材料不齐全或者表述不清楚，行政复议机关书面通知补正，申请人应当按要求提交补正材料。又如，根据《行政复议法》的规定，行政复议机关有权向有关单位和个人调查取证，被调查取证的单位和个人应当积极配合行政复议人员的工作，不得拒绝或者阻挠，这里的"有关单位和个人"自然包括申请人在内。

四、其他人员

除了上述行政复议机关、被申请人和申请人三方外，《行政复议法》及其实施条例还规定了其他责任主体，主要包括：

第一，行政机关及其工作人员。《行政复议法》规定，行政机关及其工作人员违反本法规定的，行政复议机关可以向有权机关移送相关违法事实材料。这里的行政机关既包括被申请人，也包括被申请人之外的其他行政机关。

第二，不特定人员。为了保障行政复议活动顺利开展，《行政复议法》对拒绝、阻挠行政复议人员调查取证、故意干扰行政复议工作秩序的行为明确了法律责任。这里的责任主体并不特定，可能是行政机关的工作人员，也可能是申请人的代理人，还可能是与行政复议案件无关的其他人员。

第三节　行政复议法律责任内容

一、关于行政复议机关不依法履行行政复议职责的法律责任

《行政复议法》第八十条规定，行政复议机关不依照本法规定履行行政复议职责，对负有责任的领导人员和直接责任人员依法给予警告、

记过、记大过的处分；经有权监督的机关督促仍不改正或者造成严重后果的，依法给予降级、撤职、开除的处分。

本条法律责任针对的是行政复议机关不依法履行行政复议职责的情况，既包括行政复议机关没有履行具体的行政复议职责，也包括未依法履行行政复议工作的领导职责。前者常见情形包括：一是无正当理由不予受理依法提出的行政复议申请，如某县政府无故拒绝接受一位农民工提交的行政复议申请，该县分管行政复议工作的县领导被给予警告处分；二是无正当理由中止行政复议，如某行政复议机关长时间中止行政复议，被上级行政机关责令恢复审理，相关复议案件承办人员被给予警告处分；三是在法定期限内不作出行政复议决定，相关责任人员被依法处分。后者主要情形包括：一是不依法履行对行政复议工作的领导职责，如不支持行政复议机构依法办理行政复议事项，没有建立健全行政复议工作责任制，将行政复议工作纳入本级政府的考核体系等；二是不依法履行对行政复议工作的保障职责，如没有采取有效措施加强行政复议机构和队伍建设，依照有关规定配备、充实、调剂专职行政复议人员，保证行政复议机构的办案能力与工作任务相适应，为行政复议机构开展工作创造必要的工作条件和工作环境等；三是不依法履行行政复议监督职责，如未依法加强对其下级人民政府行政复议工作的监督检查等。①

在承担法律责任的具体对象方面，由于作为责任主体的行政复议机关或者行政复议机构属于单位，《行政复议法》将责任最终落实到具体个人，明确由负有责任的领导人员和直接责任人员来承担。"负有责任的领导人员"，主要是指担任一定的领导职务，直接作出或者参与作出违法行为决策，或者因疏于管理对造成的损失或者危害结果等负有

---

① 参见郜风涛主编：《〈中华人民共和国行政复议法实施条例〉释解与应用》，人民出版社2007年版，第206—207页。

责任的人员。行政复议工作中的领导人员，主要包括行政复议机关主要负责人、分管行政复议工作的负责人、行政复议机构负责人等。"直接责任人员"，主要是指违法行为的具体实施者，即直接实施违法行为而造成损失、不良影响等后果的公职人员。行政复议工作中，直接责任人员主要是指直接办理行政复议工作的行政复议人员。

在责任内容上，主要承担行政责任，按情节轻重区分两种情形：（1）对于不履行行政复议职责的一般违法情形，对相关责任人员依法给予警告、记过、记大过的处分；（2）对于经有权监督的行政机关督促仍不改正或者造成严重后果的，依法给予降级、撤职、开除的处分。可以看出，本条法律责任的规定在表述上大体将公务员处分的六个种类分为两档，每一档包含三种处分。至于如何适用则由处分决定机关裁量，但最终确定的处分应当与违法违纪行为的性质、情节、危害程度相适应。

二、关于行政复议机关工作人员渎职或失职的法律责任

《行政复议法》第八十一条规定，行政复议机关工作人员在行政复议活动中，徇私舞弊或者有其他渎职、失职行为的，依法给予警告、记过、记大过的处分；情节严重的，依法给予降级、撤职、开除的处分；构成犯罪的，依法追究刑事责任。

本条规定的是行政复议机关工作人员的法律责任。作为明是非、断曲直的一项裁判活动，公正是行政复议的生命线。要做到公正，就得居中，不偏不倚。徇私舞弊，就是为了私情、私利故意颠倒黑白，行违法乱纪之事，在行政复议活动中表现在为私人关系或者利益进行枉法裁判。这不仅损害了一方当事人的利益，更是对法律公正性的破坏，从根本上动摇法治信仰的根基。因此，《行政复议法》中特意对行政复议机关工作人员渎职、失职行为规定了相应的法律责任。这里需

要重点把握好四个问题。

第一，本条与第八十条是什么关系？从形式上看，第八十条规定的是行政复议机关的法律责任，而本条规定的是行政复议机关工作人员的法律责任，表面上看似乎责任主体不同，但实际上两个责任主体之间是机关单位与干部职工的关系。而且，第八十条对于不履行行政复议职责的行政复议机关的责任追究，最终责任实际承担者是"负有责任的领导人员"和"直接责任人员"，其与"行政复议机关工作人员"是有竞合关系的。因此，对于这个法条的理解要与第八十条结合起来。第八十条适用于行政复议机关不履行行政复议职责的一般情形，而本条明确的法律责任主体是行政复议机关工作人员，着重强调徇私舞弊等渎职、失职行为的法律责任。

第二，作为责任主体的行政复议机关工作人员具体包括哪些人？笔者认为，这里应作宽泛的理解。行政复议机关工作人员既包括行政复议机关的各级领导，也包括具体办理行政复议案件的行政复议人员。从理论上讲，在行政复议机关内部，无论是具体承担办案职责的行政复议人员，还是有审批权限的各级领导，都可能对行政复议案件结果施加直接影响，也都存在徇私舞弊等渎职、失职的可能性。这也是法条中用"行政复议机关工作人员"，而不用"行政复议人员"的原因，如此规定可以实现有关责任人员的全覆盖。[①]

第三，哪些情形属于渎职、失职行为？主要有两类：一类是徇私舞弊的渎职行为，表现为在行政复议工作中滥用职权、玩忽职守或者徇私枉法。比如，非法收受当事人或者利害关系人的财物，接受不符合规定的宴请，因此作出明显不公的裁判，不仅损害了一方当事人的合法权益，也对党和政府的形象造成严重破坏。另一类是不作为的失

---

① 假设行政复议机关工作人员仅限于具体办案的工作人员，那么对案件有直接决定权和审批权的领导如果渎职，对其追究法律责任则缺乏直接依据。

职行为，表现为对行政复议本职工作不认真负责，未按照规定履行行政复议职责。比如，应当让申请人补正材料而直接对复议申请不予受理，对事实不清的案件应当调查取证而直接予以书面审查，召开听证会不通知申请人而仅单方面听取被申请人意见，行政复议决定文书错字连篇等。

第四，渎职、失职的具体法律责任是什么？根据违法情节轻重，法律责任分为三档：对于一般违法没有造成严重后果的，对该行政复议机关工作人员给予警告、记过、记大过的处分；违法情节严重的，依法给予降级、撤职、开除的处分；如果违法行为已构成犯罪的，那么应当依照《刑法》的有关规定对该责任人员追究刑事责任。比如，行政复议办案人员利用职务上的便利，索取或者收受当事人、利害关系人的财物，就可能以受贿罪被判处相应刑罚。

三、关于被申请人不履行行政复议法定义务的法律责任

《行政复议法》第八十二条规定，被申请人违反本法规定，不提出书面答复或者不提交作出行政行为的证据、依据和其他有关材料，或者阻挠、变相阻挠公民、法人或者其他组织依法申请行政复议的，对负有责任的领导人员和直接责任人员依法给予警告、记过、记大过的处分；进行报复陷害的，依法给予降级、撤职、开除的处分；构成犯罪的，依法追究刑事责任。第八十三条规定，被申请人不履行或者无正当理由拖延履行行政复议决定书、调解书、意见书的，对负有责任的领导人员和直接责任人员依法给予警告、记过、记大过的处分；经责令履行仍拒不履行的，依法给予降级、撤职、开除的处分。《行政复议法实施条例》第六十二条规定，被申请人在规定期限内未按照行政复议决定的要求重新作出具体行政行为，或者违反规定重新作出具体

行政行为的，依照《行政复议法》第三十七条的规定追究法律责任。①

在《行政复议法》及其实施条例规定的全部法律责任中，被申请人的法律责任内容占据着相当大的比例，其重要性不言而喻。与行政复议机关一样，被申请人也是行政单位，对其追究的法律责任具体由负有责任的领导人员和直接责任人员来承担，内容上主要是行政责任和刑事责任，根据违法行为的严重程度分三个梯次逐渐加重。

（一）给予警告、记过、记大过处分

给予警告、记过、记大过处分主要适用于被申请人违反《行政复议法》及其实施条例的下列行为：阻挠或者变相阻挠公民、法人或者其他组织申请行政复议；不按行政复议机关的要求提出书面答复或者不提交作出行政行为的证据、依据和其他有关材料；不履行或者无正当理由拖延履行行政复议决定书、调解书、意见书；未按照行政复议决定的要求在规定期限内重新作出行政行为，或者违反规定再次作出与原行政行为相同或者基本相同的行政行为。

（二）给予降级、撤职、开除处分

这是针对更加严重的违法行为，具体情形包括：对申请行政复议的公民、法人或者其他组织进行报复陷害；被申请人不履行或者无正当理由拖延履行行政复议决定书、调解书、意见书，经行政复议机关或者上级行政机关责令履行仍拒不履行的；未按照行政复议决定的要求在规定期限内重新作出行政行为，经行政复议机关或者上级行政机关督促仍不作出行政行为的。

---

① 应当注意，这里的《行政复议法》第三十七条指的是1999年《行政复议法》，该条主要规定被申请人不履行行政复议决定的法律责任，现行《行政复议法》第八十三条在原法第三十七条的基础上增加了不履行调解书和意见书的情形，与不履行行政复议决定承担相同的法律责任。不按照行政复议决定的要求重新作出行政行为或者违反规定重新作出行政行为，实质上也属于不履行或者拖延履行行政复议决定的一种情形，因此，《行政复议法实施条例》明确，按照不履行或者拖延履行行政复议决定的规定追究法律责任。

（三）追究刑事责任

追究刑事责任主要针对构成犯罪的违法行为，比如对申请人进行报复陷害并造成严重后果的，应当按照《刑法》的有关规定追究加害人的刑事责任，而不能仅以行政责任代之。这也是"过罚相当"的体现。

四、关于妨碍行政复议人员调查取证的法律责任

《行政复议法》第八十四条规定，拒绝、阻挠行政复议人员调查取证，故意扰乱行政复议工作秩序的，依法给予处分或者治安管理处罚；构成犯罪的，依法追究刑事责任。

配合行政复议人员调查取证，是公民、法人和其他组织的法定义务。《行政复议法》修订时增加了这一条款，其"原型"是《行政复议法实施条例》第六十三条的规定，① 目的是保障行政复议人员调查取证，维持行政复议正常工作秩序。对于妨碍行政复议人员调查取证的法律责任，需要重点把握以下几点。

第一，本条法律责任的对象是不特定主体。在《行政复议法》及其实施条例规定的法律责任中，其他法律条文的责任主体都是明确的，而拒绝、阻挠行政复议人员调查取证则比较特殊，条文中并没有明确谁来实施这一行为。这意味着无论是哪个主体，不管是申请人，还是被申请人的工作人员，甚至是与案件无关的其他人员，只要客观上对行政复议人员调查取证造成了妨碍，干扰了行政复议案件的正常办理，就可能被依法追究法律责任。

第二，违法行为可能是积极的作为，也可能是消极的不作为。积极的作为表现为干扰、阻挠、妨碍甚至以暴力的方法对抗调查，使行政复议人员无法进入调查场所，无法查阅、复制、调取有关文件和资

---

① 《行政复议法实施条例》第六十三条规定，拒绝或者阻挠行政复议人员调查取证、查阅、复制、调取有关文件和资料的，对有关责任人员依法给予处分或者治安处罚；构成犯罪的，依法追究刑事责任。

料，难以达到调查取证的目的。消极的不作为体现为对行政复议人员的调查取证不配合、不理睬，使行政复议办案工作难以继续进行，客观上对正常的行政复议工作秩序造成了干扰。

第三，承担的行政责任有所区别。由于责任主体可能不同，法律责任的内容也有所区别。如果是被申请人的工作人员妨碍调查取证，因其属于公务员的身份，应当依照《公务员法》、《公职人员政务处分法》和《行政机关公务员处分条例》的规定，视其情节轻重给予不同种类的处分。如果是不具有公职人员身份的其他人员，则应当依照《治安管理处罚法》第五十条关于"阻碍国家机关工作人员依法执行职务"的规定，处警告或者二百元以下罚款；情节严重的，处五日以上十日以下拘留，可以并处五百元以下罚款。

第四，追究刑事责任的具体内容。法条中规定"构成犯罪的，依法追究刑事责任"，这里的"依法"指的是依照《刑法》。首先，需要明确构成什么犯罪。如果是以暴力的方式阻挠行政复议人员调查取证，那么应认定为"以暴力、威胁方法阻碍国家机关工作人员依法执行职务"，即构成妨害公务罪，相应的刑事责任是"处三年以下有期徒刑、拘役、管制或者罚金"；假设过程中发生更为严重的后果，比如暴力对抗调查致人死亡，那么可能构成故意伤害罪、过失致人死亡罪甚至故意杀人罪，则应当依照相应的法律条文追究刑事责任。

第四节 行政复议法律责任追究

本节在前三节的基础上，介绍行政复议法律责任的实现方式，主要阐明三个问题：行政复议法律责任的归责原则，谁来具体追究法律责任以及怎么追究法律责任。

一、归责原则

所谓归责原则，是指判定某一行为是否应当承担法律责任的基本标准。行政法上的归责原则，比较具有代表性的有三种：（1）过错责任原则。以行政机关及其工作人员有无过错判定其是否承担法律责任。只要存在主观上的过错，无论是故意，还是过失，都要承担相应的法律责任；相反，如果没有过错，则不承担责任。（2）无过错责任原则。也称危险责任原则或严格责任原则，指无论行政机关及其工作人员是否存在过错，只要公务行为造成了损害结果的发生，行政机关就要承担法律责任。（3）违法责任原则。以行政机关及其工作人员的职务行为是否构成违法为标准确定是否承担法律责任，无须考虑其是否存在过错。

尽管《行政复议法》和《行政复议法实施条例》均未明确规定责任追究的归责原则，但从法律责任相关法条中可以看出，我国行政复议法律责任的归责采用违法责任原则。主要考虑的是：第一，违法责任原则是我国行政法实务中的主要归责原则，与依法行政的法治原理相一致，也符合我国宪法的精神和要求；第二，违法责任原则相对简单明了，是否符合法律法规的明文规定比较容易判断，可操作性较强；第三，违法责任原则不用考虑或者证明行政复议机关及其工作人员有无过错，更有利于保护申请人及第三人的合法权益。

按照违法责任原则，行政复议法律责任的追究主要判断责任主体的行为是否违反《行政复议法》及其实施条例的具体规定。属于地方性法规和规章调整范围的，还应同时查验是否违反地方性法规和规章规定的强制性义务。比如，在一起工伤认定行政复议案件中，人力资源社会保障部门的工作人员拒绝将有关证据材料提交行政复议机构，导致工伤认定决定书被行政复议机关认定为无证据而被依法撤销，该责任人员也因此被给予记过处分。

二、谁来追究责任

对于行政复议法律责任的追究，必须由具有归责权的国家机关来完成。那么，哪些国家机关具有追责权限呢？

（一）监察机关

监察机关是行使国家监察职能的专责机关，依照《监察法》对所有行使公权力的公职人员进行监察，调查职务违法和职务犯罪，开展廉政建设和反腐败工作。其主要职责有三项：一是监督职责，指对公职人员开展廉政教育，对其依法履职、秉公用权、廉洁从政从业以及道德操守情况进行监督检查。二是调查职责，对涉嫌贪污贿赂、滥用职权、玩忽职守、权力寻租、利益输送、徇私舞弊以及浪费国家资产等职务违法和职务犯罪进行调查。三是处置职责，对违法的公职人员依法作出政务处分决定，对履行职责不力、失职失责的领导人员进行问责，对涉嫌职务犯罪的将调查结果移送人民检察院依法审查、提起公诉；同时，可以向监察对象所在单位提出监察建议。

按照《行政复议法》及其实施条例的规定，行政复议活动中行政复议机关及其工作人员、作为被申请人的行政机关及其工作人员是最主要的责任主体，而承担法律责任的主要方式是处分。监察机关的监察范围覆盖所有公职人员，自然也包括行政复议活动中的公职人员。监察机关对于行政复议法律责任的追究，主要依据《公职人员政务处分法》的规定，按照管理权限对违法的公职人员进行政务处分。

（二）公职人员任免机关、单位

《行政机关公务员处分条例》第四章对"处分的权限"作出了规定。根据该条例第三十四条的规定，对行政机关公务员给予处分，由任免机关或者监察机关按照管理权限决定。从这一规定中可以看出，对于行政机关公务员的处分，任免机关是第一责任人，总的原则是

"谁任免，谁决定"。这里的"按照管理权限"指的是干部管理权限。比如，对经全国人民代表大会及其常务委员会决定任命的国务院组成人员给予处分，由国务院决定；对经地方各级人民代表大会及其常务委员会选举或者决定任命的地方各级人民政府领导人员给予处分，由上一级人民政府决定；对地方各级人民政府工作部门正职领导人员给予处分，由本级人民政府决定。

（三）公安机关

《行政复议法》及其实施条例针对不同责任主体规定了不同的责任内容，对于公职人员的违法行为可以通过任免机关或者监察机关处分予以惩戒，而针对不具有公职人员身份的其他人员则无法通过处分追究其行政责任，因此在法律责任中规定了对这类责任人员给予治安处罚的追责方式。根据《治安管理处罚法》的规定，治安管理职责由县级以上人民政府公安机关依法履行，对扰乱公共秩序、妨害社会管理等违反治安管理行为依法给予治安管理处罚。处罚的种类包括警告、罚款、行政拘留、吊销公安机关发放的许可证等。

（四）司法机关

行政复议法律责任中的刑事责任只能由司法机关来追究。按照《刑事诉讼法》第三条的规定，对刑事案件的侦查、拘留、执行逮捕、预审，由公安机关负责；检察、批准逮捕、检察机关直接受理的案件的侦查、提起公诉，由人民检察院负责；审判由人民法院负责。除法律特别规定的以外，其他任何机关、团体和个人都无权行使这些权力。

三、怎么追究责任

从责任追究机关的角度出发，追究责任的程序大致为：发现违法事实——调查处理——作出决定。其中，发现违法事实是前提，也是法律责任得以落实的关键一步。在行政复议实务中主要有以下几种途径：（1）当事人举报，主要针对行政复议机关不履行法定职责的情况，比如行政复议机关作出的行政复议决定明显偏袒被申请人，申请人掌握了负责审理案件的行政复议人员徇私舞弊的证据，遂向监察机关提交了举报材料。（2）行政复议机构提供，比如行政复议机构发现被申请人对申请人打击报复，向任免机关移送违法事实材料，建议对该责任人员作出处分。（3）他人报案，比如当事人以暴力阻挠行政复议人员调查取证造成人员伤亡，接到报案后公安机关出警并按规定立案处理。下面以行政复议机构提供线索或者移送材料为例讨论。[①]

（一）行政复议机关移送违法事实材料或者问题线索

按照《行政复议法》第八十五条、第八十六条的规定，行政复议机关在办理行政复议案件过程中，发现行政机关及其工作人员违反本法规定的，可以向监察机关或者公职人员任免机关、单位移送有关人员违法的事实材料；发现公职人员涉嫌贪污贿赂、失职渎职等职务违法或者职务犯罪的问题线索，应当依照有关规定移送监察机关。《行政复议法实施条例》还赋予行政复议机构处分建议权，其第六十五条规定行政复议机构可以向人事、监察部门提出对有关责任人员的处分建议。[②]

需要注意的是，行政复议机关对于涉及职务犯罪案件的移交属于义务，并非其自由裁量范围，不能擅自以处分代替刑事处罚，否则可能因此承担法律责任。

（二）监察机关或者任免机关依法处理

按照《行政机关公务员处分条例》第十六条的规定，行政机关经

[①] 处分的主要依据是《公职人员政务处分法》，该法第二条第一款、第二款规定："本法适用于监察机关对违法的公职人员给予政务处分的活动。本法第二章、第三章适用于公职人员任免机关、单位对违法的公职人员给予处分。处分的程序、申诉等适用其他法律、行政法规、国务院部门规章和国家有关规定。"

[②] 事实上，1990 年《行政复议条例》就有类似规定，其第五十二条明确规定，被申请人拒绝履行行政复议决定的，复议机关可以直接或者建议有关部门对其法定代表人给予行政处分。

人民法院、监察机关、行政复议机关或者上级行政机关依法认定有行政违法行为或者其他违法违纪行为，需要追究纪律责任的，对负有责任的领导人员和直接责任人员给予处分。

收到行政复议机构移送的材料后，监察机关或者任免机关应当按照规定程序进行处理。以监察机关为例，程序大致如下：一是对涉嫌违法的公职人员进行调查，向有关单位和个人了解情况，收集、调取证据。二是将调查认定的违法事实及拟给予政务处分的依据告知被调查人，听取被调查人的陈述和申辩。三是调查终结后，根据不同情况分别作出处理。决定给予政务处分的，应当制作政务处分决定书，及时送达被处分人和被处分人所在机关、单位，并在一定范围内宣布。公职人员对监察机关作出的涉及本人的政务处分决定不服的，可以依法向作出决定的监察机关申请复审；公职人员对复审决定仍不服的，可以向上一级监察机关申请复核。

这里应当注意，对公职人员的同一违法行为，监察机关和公职人员任免机关、单位不得重复给予政务处分和处分。同时，为了避免公职人员任免机关或单位徇私，法律规定，监察机关发现公职人员任免机关、单位应当给予处分而未给予，或者给予的处分违法、不当的，应当及时提出监察建议。

（三）通报处理结果

根据《行政复议法实施条例》的规定，监察机关等有权处理机关按照法定权限和程序对有关责任人员进行处理后，应当将处理结果通报转送的行政复议机构。关于通报结果的问题，《行政复议法》在修改时并没有直接引入《行政复议法实施条例》的有关规定，但这并不代表监察机关没有必要通报行政复议机构。事实上，《公职人员政务处分法》第四十六条也有类似的规定，要求监察机关作出政务处分决定后，应当根据被处分人的具体身份书面告知相关的机关、单位。

第九章 行政复议的指导与监督

第一节 加强行政复议指导监督工作的意义

行政复议指导监督，是加强行政复议能力建设、提高行政复议工作规范化水平、发挥行政复议制度作用的重要手段和方式。只有持续加强指导监督，才能不断推进新征程行政复议工作高质量发展。

行政复议指导监督，在1999年制定《行政复议法》以及其后历次修改时均没有作出专章规定，而是散见于各章的具体条文当中。比如2017年《行政复议法》第二十条对行政复议受理的监督作了规定，明确公民、法人或者其他组织依法提出行政复议申请，行政复议机关无正当理由不予受理的，上级行政机关应当责令其受理；必要时，上级行政机关也可以直接受理。第三十二条对行政复议决定履行的监督作了规定，明确被申请人不履行或者无正当理由拖延履行行政复议决定的，行政复议机关或者有关上级行政机关应当责令其限期履行。同时，《行政复议法实施条例》第五章用九个条文对行政复议指导监督作了专章规定。司法部严格落实法律法规的这些规定，指导监督各级行政复议机构履职尽责，推动行政复议各项工作取得了明显成效。一是行政复议保障经济社会高质量发展的效果更加显著。各级行政复议机构牢固树立服务大局意识，加大涉企行政复议案件的办理力度，为企业纾困解难，推动优化法治化营商环境。严格依法保护耕地，坚决纠正土地管理领域违法行政行为，助力守牢耕地保护红线。统筹发展与安全，公正高效办理涉及生态环境保护、安全生产等重点领域和教育、社会保障、医药卫生、住房等民生领域的行政复议案件，解决人民群众急难愁盼问题。二是行政复议监督依法行政的力度持续强化。各级行政复议机构充分发挥行政复议监督依法行政的功能作用，聚焦行政执法重点领域，加强对个案的监督制约，坚决纠正违法或者不当行政行为。积极运用意见书、建议书、到执法机关开展错案讲评等方式，从源头上规范行政执法，倒逼依法行政，做好复议监督"后半篇文章"。三是行政复议实质性化解行政争议的效能不断凸显。各级行政复议机构重视解决当事人法律诉求背后的实际利益问题，加大调解力度，着力解决人民群众急难愁盼问题。近年来，多数行政复议案件在行政复议程序中得到实质性化解，实现"案结事了人和"。四是行政复议体制机制进一步优化健全。各地按照《行政复议体制改革方案》的要求，将原来分散在政府部门的行政复议职责整合到政府统一行使，实现一级政府只设立一个行政复议机关，"一口对外"受理行政复议案件，优化了行政复议资源配置。五是行政复议规范化水平明显提高。各级行政复议机构在具体工作中，根据实际制定了听证、行政复议委员会工作规则等配套制度，行政复议受理、审理、决定、履行等办案流程不断规范，办案场所、设施设备、工作经费等方面的保障逐步加强。六是行政复议队伍能力素质稳步提升。2017年《行政复议法》明确要求，行政机关中初次从事行政复议的人员，应当通过国家统一法律职业资格考试取得法律职业资格，从法律层面提出了加强行政复议人员能力素质的硬性要求。各级行政复议机构普遍加强行政复议人员专业化建设，通过开展培训、技能比武等方式，提升了行政复议人员的政治素质和专业能力。

但是不可否认，目前行政复议工作还存在一定问题，主要表现在：行政复议的社会知晓度需要进一步提高，群众遇到行政争议时选择行政复议维护自身合法权益的还不够多；行政复议工作质量还有待进一步提高，实质性化解行政争议的效能需要进一步提升等，迫切需要通过加强指导监督等方式予以解决。

新修订的《行政复议法》以打造化解行政争议的主渠道为目标，坚持问题导向，对行政复议制度作了全面修订，对行政复议申请、受理、审理、决定各流程均作了细化完善。同时，进一步明确了行政复议机关和行政复议机构的职责。第四条规定，行政复议机关应当加强行政复议工作，支持和保障行政复议机构依法履行职责。上级行政复议机构对下级行政复议机构的行政复议工作进行指导、监督。这为加强行政复议指导监督工作提供了明确法律依据。面对新形势新任务对行政复议工作提出的新要求，有必要进一步压实行政复议机关和行政复议机构的责任，通过更为有力地开展指导监督，推动行政复议工作高质量发展。

第二节　行政复议指导监督工作的主要环节和方式

行政复议指导监督，应当按照法律的明确规定展开。新修订的《行政复议法》对行政复议案件办理、质量管理、队伍建设等均作了相关规定，需要上级行政复议机构加强指导监督，确保法律各项规定落地落实。以下分别介绍。

一、规范行政复议案件办理

新修订的《行政复议法》对各级行政复议机构办案提出了新的更

高要求。指导监督办案工作中，需要关注的重点是：在行政复议申请和受理方面，准确把握新法关于扩大行政复议范围和复议前置范围的规定，将与人民群众息息相关的各类行政行为都纳入行政复议审查范围；正确适用权利告知、法律援助等便民为民的新举措，提升人民群众申请行政复议的便利度、满意度等；适用新修订的《行政复议法》第三十五条、第四十条等规定，关注无正当理由不予受理、驳回申请、受理后超过行政复议期限不作答复以及行政复议机关无正当理由中止行政复议等情形。在行政复议审理及决定方面，全面履行繁简分流等各项新的程序性规定，准确把握新的决定类型和适用条件。在行政复议法律文书履行方面，可以采取加强宣传、探索建立履行情况报告机制、定期开展专项检查等方式推动履行；仍不履行的，应当加强与纪检监察机关的沟通衔接，强化对故意不履行的责任追究，确保维护群众合法权益的"最后一公里"畅通。

关于监督的处理方式，新修订的《行政复议法》规定了责令纠正、直接受理两种，与修订前相比，监督力度更大。其中，责令纠正可以采取将申请人的监督申请材料转请下一级行政复议机关处理这种方式。在运用时应当注意，一方面要将监督机关的审查意见明确告知被监督的行政复议机关，并要求限期反馈处理情况，不能一转了之。另一方面要将转送情况同时告知申请人，以此形成对被监督行政复议机关的约束，避免出现材料已经转出很久，但是申请人还在等待监督机关审查结论的现象。

二、加强行政复议质量管理

行政复议办案质量是行政复议工作的生命线。如果办案质量不高，即便案件数量增长了，也难以真正化解行政争议，最终会影响主渠道建设的成效。以往，行政复议工作存在一个很大的问题，即审理机制不健全、程序不完善，影响了办案质量和制度公信力。新修订的《行政复议法》着力提升案件办理质量，对行政复议审理程序作了很大调整，如建立健全证据规则、完善普通程序的审理要求、新设行政复议委员会制度等，根本目的就是提高行政复议办案质量，提升行政复议制度的公信力。加强对正确理解适用这些新规定的指导监督，认真查找、逐项整改以往办案实践中存在的短板弱项，能够有效提升办案质量，让人民群众在每一起行政复议案件中感受到公平正义。

加强对行政复议质量管理的指导监督，需要重点关注两个方面。

一方面，要严格履行新的办案程序。这是确保公正、高效办理行政复议案件的重要基础。例如，法律新设置了听取意见程序，虽然在一定程度上增加了工作量，但是办案人员应当认识到，该程序对于增强行政复议案件办理的公开性和透明度，保障当事人充分参与案件办理的合法权益具有重要意义，因此必须转变工作理念，在适用普通程序时，原则上要听取当事人意见，并将听取的意见记录在案，除非因当事人的原因不能听取意见，否则即构成程序违法。当然，听取意见的方式可以灵活多样，通过电话、当面、互联网、书面等方式均可。办案人员在严守办案程序的同时，要做到原则性与灵活性相统一，选择符合办案实际情况的方式，不断提高案件办理的效率。

另一方面，要建立行政复议质量管理的长效机制。实践中，可以探索以下方式。

1. 建立行政复议质量评查机制。通过明确评查范围、评查标准、评查方式，细化评查程序，强化评查结果的应用等，从案件办理的"末端"倒逼案件办理的"前端"质量不断提高。有的行政复议机构以案卷评查为抓手，制定了专门的评查办法，对内容不全面、管理不规范等问题予以通报，督促有关单位切实整改由此反映出来的办案中存在的问题，在提高办案质量方面取得了明显成效。

2. 进行行政复议工作检查。对下级机关的行政复议工作进行检查是指导监督的重要方式。《行政复议法实施条例》第五十六条规定，县级以上地方各级人民政府应当按照职责权限，通过定期组织检查、抽查等方式，对所属工作部门和下级人民政府行政复议工作进行检查，并及时向有关方面反馈检查结果。新修订的《行政复议法》在法律上落实了《行政复议体制改革方案》，取消了地方政府工作部门的行政复议职责，因此未来需要对本条进行修订。但从实际工作来看，政府作为行政复议机关，定期对下级政府的行政复议工作进行检查是必要的。需要注意的是，开展行政复议检查的主体是各级政府，政府以检查、抽查等方式，可以有力促进下级行政复议工作的开展。如果由行政复议机构开展检查、抽查，其力度不如各级人民政府的力度大，效果也不如各级人民政府组织的检查、抽查好。至于行政复议检查、抽查的具体内容，法律没有作明确规定。实际工作中，与行政复议业务工作有关的事项都可以列入检查、抽查内容。在具体实施过程中，可以每次选取某个方面作为检查、抽查重点，有所侧重地推进特定方面的工作。

3. 评选优秀复议文书。一份事实清楚、法律适用准确、说理透彻的行政复议文书，能够准确还原案件事实，厘清纷争焦点，增强当事人对行政复议结果的认同度，将行政争议化解在行政复议程序中。司法部曾在全国范围内组织开展行政复议优秀文书评选活动，组织专家评审出了"全国行政复议优秀文书"，发挥了很好的示范带动作用。各级行政复议机构要不断提升行政复议文书质量，结合本地工作实际，制定优秀文书评选标准、组织优秀文书评选、开展优秀文书讲评等，努力提升文书制作水平，营造辨法析理、追求卓越的写作氛围，培育打磨更多的标杆文书。

4. 建立行政复议错案责任追究机制。《行政复议法》强化了行政复议人员的法律责任，明确规定行政复议人员有渎职失职行为的，要依法给予处分，这为建立行政复议办案人员的错案追究机制提供了法律依据。实践中，有的地方已经开始探索建立这项机制，制定了相关制度，行政复议人员的责任感、行政复议工作质量有了很大提升，取得了不错的成效。

三、充分发挥行政复议指导性案例和典型案例的示范作用

指导性案例是加强行政复议专业化建设，推动行政复议工作高质量发展的重要抓手。新修订的《行政复议法》第四条规定，国务院行政复议机构可以发布行政复议指导性案例。这是法律对国务院行政复议机构的一项明确授权。一个案例胜过一打文件，在法律中明确指导性案例这一制度具有重要意义：一是通过发布指导性案例，可以明确有关法律条文的具体含义，帮助广大行政复议人员理解和掌握法律精神，提高办案能力，促进法律准确实施。二是通过发布指导性案例，可以建立类案处理标准，在进一步提升行政复议工作效率的同时，提高行政复议的透明度，能够稳定申请人预期，提高对行政复议结果的认同度。三是通过发布指导性案例，有利于统一裁判尺度，解决同案不同判问题，提高行政复议公信力。四是通过发布指导性案例，可以明确行政执法的标准和尺度，有利于从源头上规范行政执法，预防和减少行政争议的发生。

典型案例与此不同，更侧重于社会行为规则的引领。通过定期挖掘、发布类型新颖，具有一定代表性，受社会公众普遍关注，影响较大的典型案例，可以回应人民群众的新期待，弘扬社会主义核心价值观，帮助社会公众确立行为规则，自觉规范未来的行为，从而培育法律意识，营造尊法、守法的法治氛围。

指导性案例和典型案例有着明显区别。

1. 发布主体不同。指导性案例的发布主体是国务院行政复议机构，国务院部门行政复议机构、省级及省级以下行政复议机构均不得发布指导性案例。典型案例的发布主体较为广泛，包括国务院行政复议机构在内的各级行政复议机构均可以发布典型案例。

2. 受众对象不同。指导性案例主要是面向各级行政复议机构和行政复议人员，供其在办案时参考。典型案例主要是面向社会公众，向社会传递行政复议工作成效，进行普法宣传。

3. 效力不同。指导性案例具有约束力，各级行政复议机构在审理类似案件时应当参照。虽然不能将指导性案例作为作出行政复议决定的依据，但不得作出与指导性案例观点不一致的行政复议决定。典型案例不具有约束力，各级行政复议机构在审理类似案件时可以参考，但不是必须参照适用。

下一步，司法部将研究制定指导性案例和典型案例的工作规则，各级行政复议机构也可以根据本单位办案实际，定期发布典型案例，充分发挥典型案例的示范引领作用。

四、加强行政复议队伍专业化、职业化建设

行政复议工作不同于一般的行政工作，其主要任务是通过法律程序解决行政争议，化解矛盾纠纷，调处利益冲突，消除社会矛盾，是一项具有"准司法"性质的工作。行政复议人员也不同于一般的政府公务员，在审理行政复议案件时具有准法官的性质。2017年《行政复议法》第三条第二款规定，行政机关中初次从事行政复议的人员，应当通过国家统一法律职业资格考试取得法律职业资格。这对行政复议人员提出了更高要求，也为建设高素质的行政复议人员队伍提供了法律依据。但是不可否认，目前行政复议人员队伍还存在一些问题，如部分行政复议机构的人员数量与新修订的《行政复议法》实施后正在增加的案件数量还不匹配，部分行政复议人员的能力素质需要进一步提高等。这些问题的存在，一定程度上制约了行政复议的发展。

为了解决这些问题，确保行政复议人员力量和业务素质符合行政复议工作实际需要，新修订的《行政复议法》专门明确了人才保障问题。其中第六条规定，国家建立专业化、职业化行政复议人员队伍。行政复议机构中初次从事行政复议工作的人员，应当通过国家统一法律职业资格考试取得法律职业资格，并参加统一职前培训。国务院行政复议机构应当会同有关部门制定行政复议人员工作规范，加强对行政复议人员的业务考核和管理。第七条规定，行政复议机关应当确保行政复议机构的人员配备与所承担的工作任务相适应，提高行政复议人员专业素质。第九条规定，对在行政复议工作中做出显著成绩的单位和个人，按照国家有关规定给予表彰和奖励。这些规定，从法律上明确了行政复议工作专业化、职业化建设的方向。在贯彻落实过程中，各级行政复议机构应当重点做好以下几个方面的工作。

（一）配齐配强行政复议人员

《行政复议法》第五十条规定，审理重大、疑难、复杂的行政复议案件，行政复议机构应当组织听证。行政复议机构认为有必要听证，或者申请人请求听证的，行政复议机构可以组织听证。听证由一名行政复议人员任主持人，两名以上行政复议人员任听证员，一名记录员制作听证笔录。该条规定对行政复议人员数量提出了明确要求。各级行政复议机构应当加强人员配备，确保从事行政复议工作的人员不少于4人，否则在审理重大、疑难、复杂的行政复议案件时无法组织听证，进而构成重大程序违法。在落实法律强制性要求的基础上，还应当加强与相关部门的衔接配合，根据行政复议案件数量和办理情况进一步增强办案力量，确保新增加的案件能够"接得住、办得好"。

（二）加强培训工作

除了新增加人员以外，提高现有人员的能力素质也是非常重要的方面。新修订的《行政复议法》实施后,各级行政复议机构办理的案件数量明显增加,案件类型不断丰富。在此背景下,进一步加强培训工作,不断提升全体行政复议人员的政治素质和业务能力尤为重要。新修订的《行政复议法》第六条第二款规定,行政复议机构中初次从事行政复议工作的人员,应当通过国家统一法律职业资格考试取得法律职业资格,并参加统一职前培训。《行政复议法实施条例》第六十条规定,各级行政复议机构应当定期组织对行政复议人员进行业务培训,提高行政复议人员的专业素质。根据上述规定,对行政复议人员的培训包括职前培训和在职培训两个方面。

关于职前培训。2022年2月28日,中共中央组织部、最高人民法院、最高人民检察院、司法部印发了《关于建立法律职业人员统一职前培训制度的指导意见》,要求因地制宜、有序推进行政机关中初次从事行政处罚决定法制审核、行政复议、行政裁决和法律顾问的公务员的职前培训工作。落实该指导意见和新修订的《行政复议法》相关规定,要求各级行政复议机构在行政复议人员的入口关就重视加强人员能力素质建设,合理确定培训时间,就政治理论、职业道德和专业技能等方面,对初次从事行政复议工作的人员进行职前培训,确保参训人员尽快熟悉理论知识,掌握实务技能,提高专业化水平。有条件的地方可以会同有关部门共同开展法官、检察官、行政复议人员、律师等法律职业人员统一职前培训和同堂培训,提高培训实用性、实效性。

关于在职培训。对已经进入行政复议队伍的工作人员,各级行政复议机构都可以组织开展培训,上级行政复议机构也可以组织对下级行政复议机构工作人员的培训。在培训对象上,可以采取分级培训体系,对分管行政复议工作的领导班子成员、行政复议业务骨干和新入职干部侧重不同的培训内容,将培训的普遍性要求与不同岗位行政复议人员的特殊需要结合起来,增强培训的互动性、实践性和实效性。

在具体方式上，可以根据工作特点，采取脱产培训、在职自学、岗位练兵等多种形式。需要注意的是，加强对行政复议人员的专业培训是一项重要的指导工作方式，各单位无论工作任务多繁重，工作经费多紧张，都要从行政复议工作长远、可持续发展的角度出发，做好培训工作。

（三）开展行政复议表彰和奖励

《行政复议法实施条例》第六十一条规定，各级行政复议机关应当定期总结行政复议工作，对在行政复议工作中做出显著成绩的单位和个人，依照有关规定给予表彰和奖励。在总结实践经验的基础上，《行政复议法》将该规定上升为法律制度。表彰和奖励是激励行政复议人员履职尽责、担当作为的重要手段，将理想信念坚定、践行为民宗旨、工作实绩突出、工作作风优良的复议人员选树为典型，进行表彰和奖励，有利于激励被表彰的人员继续保持先进，也有利于鼓励其他人员向被表彰人员学习，不断提高工作水平，形成人人争当先进的浓厚氛围，共同推动行政复议工作高质量发展。

（四）探索建立行政复议员制度

相对于法官、检察官、监察官等，目前行政复议人员没有实行单独职务序列管理，在法律上也没有专有称谓，行政复议人员的职业化程度有待进一步加强。实践中，浙江、广西、甘肃等地方作了一些探索，在本地区试行行政复议员制度，在任职条件、任免程序、职责、权利和义务等方面作了细化规定，虽然具体做法并不相同，但均提升了行政复议人员的政治荣誉感和工作责任感，取得了不错的效果。其中，杭州市对行政复议员统一"政府任命"、统一"宪法宣誓"、统一"职业形象"、统一"退出机制"、统一"分级管理"、统一"执业规范"，进一步增强了行政复议人员的办案权威，提升了行政复议队伍稳定性。其他地方也可以结合本地实际，探索建立行政复议员制度，有条件的地方还可以加强待遇保障，提高行政复议人员的能动性。

（五）制定行政复议人员工作规范

制定行政复议人员工作规范，是进一步加强行政复议队伍专业化、职业化建设的重要举措，有利于规范和保障行政复议人员依法履职，树立良好的行政复议职业形象。行政复议办案具有严格的程序，包括当面接待申请人、审查是否受理行政复议申请、准确查明事实、正确适用法律、依法作出复议决定等，其间还要经过听证、听取意见等环节，有必要根据各个阶段的特点，制定明确、具体的行动指引，进一步提高办案的规范性。同时，行政复议是政治性很强的业务工作，应当对行政复议人员的政治素质、业务能力等方面提出更高要求。这些内容，都需要在制定行政复议人员工作规范时予以明确。

（六）建立行政复议业务专家制度

新修订的《行政复议法》实施后，随着行政复议职责集中和受案范围扩大，案件类型将更加多样，审理的专业性、复杂性会进一步增强。面对新任务新要求，建立业务专家制度，在行政复议人员中培养一批精通业务、经验丰富的专家型优秀人才，发挥他们的示范引领和传帮带作用，有利于提升行政复议办案人员的专业能力，增强行政复议办案质效，更好发挥行政复议在化解行政争议、监督依法行政和维护群众合法权益等方面的重要作用。行政复议业务专家不同于外部专家，是从行政复议人员内部产生，主要参与行政复议制度的研究论证、参与办理重大疑难复杂案件、参与研究行政复议工作中的重大事项等。行政复议业务专家不仅可以参加本单位的上述工作，还可以受邀参与其他行政复议机构的重要工作。各级行政复议机构可以根据案件办理的实际需要，评审本地区、本行业的行政复议业务专家，加强日常管理，并为其履职提供必要的支持和保障。

五、加强行政复议信息化建设

加强行政复议的信息化建设,对于推动行政复议工作的高质量发展具有重要意义。首先,加强信息化建设是打造化解行政争议主渠道的内在要求。通过行政复议信息化建设,可以进一步畅通渠道,如增设网上申请行政复议功能,人民群众足不出户就能在线申请行政复议、在线参加行政复议听证、在线接收法律文书等。信息化平台提供的可视化流程查询和相对公开透明的信息环境,以及智能化的辅助办案功能,可以进一步消除公众对行政复议"闭门办案"的疑虑,提高公众对案件办理结果的认同度,最终有利于将更多的矛盾吸纳进行政复议、解决在行政复议,助力行政复议成为化解行政争议的主渠道。其次,加强信息化建设是加快推进法治政府建设的有效途径。通过加强行政复议信息化建设,既可以统一裁判尺度、压缩人为裁量空间,提高裁判质量、加大纠错力度,倒逼行政机关依法行政;也可以通过大数据分析精准查找法治政府建设的堵点、痛点和难点问题,有针对性地改进执法、完善立法,更好地推进法治政府建设。最后,加强信息化建设,是提高行政复议案件办理质量和效率的重要手段。通过加强行政复议信息化建设,可以减少办案人员在事务性工作上所耗费的时间和精力,以最高的效率应对案件激增带来的新要求。同时,信息化能够实现办案活动全过程留痕,督促办案人员认真负责、积极作为,倒逼办案质量提高。

近年来,司法部指导各级行政复议机构深入学习领会习近平法治思想和习近平总书记关于网络强国的重要思想,积极主动拥抱现代科技,促进现代科技与行政复议、行政应诉工作深度融合,取得了积极进展。司法部开发建设了全国行政复议行政应诉工作平台,并在全国各级行政复议机构中部署推广。通过使用该平台,上级行政复议机构能够随机调用下级行政复议机构的办案信息，对下级行政复议机构进行实时指导监督。同时，实现了对依法行政状况的大数据分析，通过复议案件在线办理、数据实时汇聚，能够及时发现依法行政水平相对薄弱的重点省份、重点领域、重点环节以及常见的违法共性问题，为有针对性地改进行政执法提供参考。目前，全国行政复议"一张网"态势初步形成。但是不可否认，当前行政复议信息化建设还不同程度存在一定问题，如重建设轻应用，成果转化运用不足等。新修订的《行政复议法》重视信息化手段的作用，在不同部分对加强信息化建设提出了明确要求。其中第八条规定，行政复议机关应当加强信息化建设，运用现代信息技术，方便公民、法人或者其他组织申请、参加行政复议，提高工作质量和效率。第二十二条第二款规定，书面申请的，可以通过邮寄或者行政复议机关指定的互联网渠道等方式提交行政复议申请书，也可以当面提交行政复议申请书。行政机关通过互联网渠道送达行政行为决定书的，应当同时提供提交行政复议申请书的互联网渠道。下一步，要通过指导监督，督促各级行政复议机构落实这些新的规定，用足用好全国行政复议行政应诉工作平台，充分发挥信息化建设对于提高行政复议工作质效的保障作用；稳步拓展在线复议功能，方便人民群众通过互联网维护自身合法权益；逐步推进与其他信息系统的互联互通，实现对行政执法行为全周期、全过程监督。

六、加强行政复议设施、工作经费保障

配备功能齐全的行政复议办案场所、落实足额的工作经费是开展行政复议工作的重要基础。新修订的《行政复议法》施行后，一级地方人民政府只设立一个行政复议机关，由行政复议机构（主要是司法行政机关）统一办理行政复议事项，无论是办案数量，还是办案要求，都对各级行政复议机构提出了新的更高要求，需要加强各方面的保障，确保行政复议工作依法顺利开展。

新修订的《行政复议法》增加了许多新的程序性要求，如第五条规定，行政复议机关办理行政复议案件，可以进行调解。调解应当遵循合法、自愿的原则，不得损害国家利益、社会公共利益和他人合法权益，不得违反法律、法规的强制性规定。第四十七条规定，行政复议期间，申请人、第三人及其委托代理人可以按照规定查阅、复制被申请人提出的书面答复、作出行政行为的证据、依据和其他有关材料，除涉及国家秘密、商业秘密、个人隐私或者可能危及国家安全、公共安全、社会稳定的情形外，行政复议机构应当同意。第五十条规定，审理重大、疑难、复杂的行政复议案件，行政复议机构应当组织听证。行政复议机构认为有必要听证，或者申请人请求听证的，行政复议机构可以组织听证。听证由一名行政复议人员任主持人，两名以上行政复议人员任听证员，一名记录员制作听证笔录。第五十一条第一款规定，行政复议机构组织听证的，应当于举行听证的五日前将听证的时间、地点和拟听证事项书面通知当事人。这意味着，除了配备办理行政复议案件所必需的接待室、案件审理室、档案室外，还需要配备调解室、阅卷室、听证室等功能性用房，才能更好地履行法律所赋予的职责。

同时，为了保障办案的顺利进行，还需要配备必要的设备。如办案和归档需要打印复印、扫描投影、案卷装订设备，听证需要录音录像及存储设备等。这就要求各级行政复议机关根据工作需要，保障足额的工作经费。对此，新修订的《行政复议法》作了明确规定，第七条要求，县级以上各级人民政府应当将行政复议工作经费列入本级预算。除了行政复议机关外，各级行政复议机构也应当积极争取支持，加强行政复议工作经费保障，为高质量履行法定职责提供坚实基础。

七、加强行政复议宣传

新形势新任务下，加强行政复议宣传，对于提升行政复议社会知晓度和影响力，引导人民群众更多运用行政复议维护自身合法权益，充分发挥行政复议化解行政争议的主渠道作用，都具有重要意义。

加强行政复议宣传需要多方参与。首先，领导干部在行政复议宣传中发挥着头雁效应。中共中央办公厅、国务院办公厅印发的《关于建立领导干部应知应会党内法规和国家法律清单制度的意见》明确，领导干部应当认真学习包括《行政复议法》在内的行政法律。各地各部门应当把《行政复议法》列入领导干部年度学法计划，通过在党委（党组）理论学习中心组学习《行政复议法》或政府常务会议会前学习《行政复议法》等方式，提高领导干部贯彻实施《行政复议法》的自觉性。其次，行政执法人员在行政复议宣传中发挥着重要作用。行政执法量大面广，与人民群众直接接触，在履职中宣传行政复议，一方面能够更加规范自身的执法行为，另一方面也能直接扩大行政复议影响力。各地各部门要把《行政复议法》作为行政执法人员入职培训、在职业务培训的必训内容，严格落实"谁执法谁普法"的要求，不断增强行政执法人员宣传行政复议的自觉性，提升行政复议宣传效果。最后，行政复议人员在行政复议宣传中发挥着主体作用。行政复议人员依法公正高效审理行政复议案件，维护公民、法人和其他组织的合法权益，提高人民群众的法治获得感，就是对行政复议的最好宣传。各地各部门要不断畅通行政复议渠道，通过公正高效审理行政复议案件，坚决纠正违法或者不当行政行为，实质性化解行政争议，不断扩大行政复议社会知晓度和影响力。

加强行政复议宣传可以采取多种方式。行政复议宣传是一项综合性工作，既包括对行政系统内部工作人员的宣传，也包括对社会公众的宣传。对行政系统内部宣传方面，可以把《行政复议法》宣传融入"法律进机关"、机关法治文化建设、学习型机关建设，组织行政复议人员、法官、行政执法人员同堂培训，开展岗位练兵，进行行政复议知识网上竞答，编发典型案例以案释法等，推动行政复议宣传走深走实。在对社会公众宣传方面，可以利用各类普法平台、载体、渠道提升宣传效果。例如，针对人民群众关心关注的行政复议有关问题，在社会公共场所发放宣传资料、投放播放宣传产品，在政务服务中心、行政复议申请受理窗口、信访接待中心等重点场所设立专门的宣传园地，协调利用"报、网、端、微、屏"等媒体平台深入浅出、通俗易懂地开展宣传。

加强行政复议宣传要拓宽宣传内容。行政复议工作内涵丰富，宣传时需要全面、充分展示行政复议的制度优势。首先，要加强新修订的《行政复议法》的宣传。充分宣传《行政复议法》修订的重大意义，聚焦《行政复议法》修订的重点内容，形成学法用法的浓厚氛围。其次，要加强行政复议推进法治政府建设制度功能的宣传。行政复议既审查行政行为的合法性，又审查行政行为的合理性；既可以通过个案监督纠正违法或者不当行政行为，又能够采取行政复议意见书、建议书等方式，从源头上加强对行政执法行为的指引。这是行政复议特有的制度优势，实践中也取得了明显成效，需要通过持续宣传，教育引导行政复议人员用足用好这些务实管用的制度。最后，要加强行政复议实质性化解行政争议制度效能的宣传。行政复议具有解决人民群众急难愁盼问题，实质性化解行政争议的层级优势、资源优势，在坚持和发展新时代"枫桥经验"，将矛盾纠纷化解在基层方面具有重要作用。新修订的《行政复议法》进一步加强调解工作，明确在行政复议案件办理全过程中，可以依法对各类行政争议进行调解。要大力宣传行政复议有效化解行政争议、"穿透式"解决人民群众实际利益问题方面的制度效能，使人民群众更加相信行政复议、更愿意选择行政复议解决涉及自身的行政争议。

新修订的《行政复议法》经十四届全国人大常委会第五次会议审议通过以来，司法部专门下发通知，指导各级行政复议机构大力加强宣传工作，在全国组织开展《行政复议法》学习宣传月活动，聘请首届行政复议特邀监督员，自觉接受社会监督。各级行政复议机构按照通知要求，同步举办《行政复议法》宣传开放日、组织千场基层宣讲、进行知识竞答，大幅提升了行政复议的社会知晓度和公信力。下一步，各级行政复议机构还需要继续发力，不断健全完善宣传工作机制，丰富宣传内容，拓宽宣传载体等，讲好复议故事，让行政复议更好走到人民群众身边，走进人民群众心里。

第三节　行政复议意见书的应用

行政复议意见书、建议书最开始是由《行政复议法实施条例》规定的。《行政复议法实施条例》第五十七条规定，行政复议期间行政复议机关发现被申请人或者其他下级行政机关的相关行政行为违法或者需要做好善后工作的，可以制作行政复议意见书。有关机关应当自收到行政复议意见书之日起六十日内将纠正相关行政违法行为或者做好善后工作的情况通报行政复议机构。行政复议期间行政复议机构发现法律、法规、规章实施中带有普遍性的问题，可以制作行政复议建议书，向有关机关提出完善制度和改进行政执法的建议。实践中，行政复议意见书发挥了重大作用。2023年修订《行政复议法》时，将行政复议意见书的相关规定作进一步修改后上升为法律制度。新修订的《行政复议法》第七十六条规定，行政复议机关在办理行政复议案件过程中，发现被申请人或者其他下级行政机关的有关行政行为违法或者不当的，可以向其制发行政复议意见书。有关机关应当自收到行政复议意见书之日起六十日内，将纠正相关违法或者不当行政行为的情况报送行政复议机关。

一、确立行政复议意见书制度的意义

确立行政复议意见书制度的重要意义，可以从以下三个方面加以认识。

（一）可以更加有力地促进行政机关依法行政

实践中，部分行政复议机关在对案件进行审查时，仅审查申请人申请事项的合法性和合理性。对于在办案过程中发现的与申请人申请事项有关的其他违法行为不作审查，也不作处理，甚至对于与申请人申请事项直接相关的违法现象，由于申请人没有明确提出来，也不作审查和处理。这显然是不符合行政复议法律规定的做法，也影响了行政复议制度的公信力和权威性。为了解决这个问题，2023年修订《行政复议法》时，从法律上确立了行政复议意见书制度，并且赋予行政复议意见书与行政复议决定相同的法律效力。通过行政复议意见书，行政复议机关可以对与案件没有直接关系的违法行为等，要求相关行政机关及时改正，并积极做好相关善后工作。这是促进行政机关依法行政的有力手段。

（二）可以更加便利行政复议机关履行行政复议职责

行政复议机关处理的行政复议案件千差万别。如果固守机械的法律主义，简单地按照法律规定一裁了之，结案了事，就难以真正实现有效化解行政纠纷的目的。而灵活处理行政纠纷，有效化解行政争议，需要有相应的更为灵活的法律手段。行政复议意见书制度，正是赋予行政复议机关更加灵活的法律手段的一种制度。对于违法但不严重的

行为，虽然不能撤销，但是可以通过意见书加以纠正；对于撤销后可能出现的被申请人不再积极解决申请人有关问题的，或者被申请人消极怠慢可能引发新的矛盾纠纷的，可以通过意见书提出具有法律效力的明确要求。可以说，行政复议意见书制度丰富了行政复议机关纠正违法行政行为、妥善处理行政争议、有效化解行政纠纷的法律手段，增强了行政复议工作的灵活性和便利性，有利于行政复议工作的开展。

(三) 可以更加充分维护人民群众合法权益

行政复议是根据法律规定对人民群众的法律诉求作出判断的行为。行政复议案件涉及的社会领域非常复杂，情况也是千差万别。在一些案件中存在某些具体情形，使得仅适用行政复议决定难以充分保障相对人的合法权益。例如，行政行为存在违法情形但是情节比较轻微，依法不足以撤销，但是又确实对相对人的合法权益造成了损害，这种情况下仅作出维持或者确认违法决定都难以切实维护相对人合法权益。通过行政复议意见书，可以在作出维持决定或者确认违法决定的同时，责令有关行政机关帮助当事人解决实际利益问题，切实增强人民群众的法治获得感和满意度。

二、行政复议意见书制度的具体运用

在具体运用行政复议意见书制度的过程中，需要注意以下几个方面。

(一) 行政复议意见书的制作主体是审理案件的行政复议机关

这意味着，行政复议机构不能以自己的名义出具行政复议意见书。在具体行政复议工作中，行政复议机构有时需要以自己的名义与被申请人或者其他相关行政机关进行沟通，这种沟通可以以其他方式进行，不能使用行政复议意见书。

(二）行政复议意见书一般在行政复议期间制发，与行政复议决定同时发出

如果没有行政复议案件，行政复议机关一般不能径行发布行政复议意见书。需要注意的一个问题是，如果因为种种原因，在发出行政复议决定书的时候并没有发现其他有关违法行为，或者在当时没有发现需要善后的事项，在事后才发现有必要对当时的案件有关情况制发行政复议意见书，这种情况下是否还可以制发行政复议意见书呢？从立法意图和功能上考虑，行政复议意见书制度本身就是以妥善处理行政复议案件为目的。如果事后发现确实存在与案件有重大关系，并且有必要制发行政复议意见书，也可以制发行政复议意见书。

（三）行政复议意见书应当履行同样的签发手续、使用同样的发文字号

行政复议意见书与行政复议决定具有同样的法律效力。因此，从签发权限、外在形式上，都应当与行政复议决定相同。

三、行政复议意见书的落实

新修订的《行政复议法》从两个方面保障行政复议意见书的落实：第一，明确了落实的期限，即自有关行政机关收到行政复议意见书之日起六十日内。第二，规定了报告反馈制度，收到行政复议意见书的有关机关应当将落实情况反馈给行政复议机关。下一步，需要研究建立行政复议意见书跟踪问效机制，加大行政复议意见书落实力度，确保办案产生实实在在的成效。

关于行政复议意见书落实情况的反馈对象，《行政复议法实施条例》规定的是行政复议机构。为了进一步加大行政复议意见书的落实力度，新修订的《行政复议法》将反馈的对象修改为行政复议机关。

第四节　行政复议建议书制度

行政复议建议书，是指行政复议期间行政复议机构发现法律、法规、规章实施中带有普遍性的问题，向有关机关提出完善制度和改进行政执法建议的文书。行政复议建议书制度，是《行政复议法实施条例》确立的。由于新修订的《行政复议法》对此没有修改，因此在实践中仍然可以适用。

一、确立行政复议建议书制度的意义

确立行政复议建议书制度的意义在于规范行政行为，提高依法行政的水平。行政复议是观察依法行政运行情况、评估依法行政实际效果、发现依法行政薄弱环节、提高依法行政水平的有效途径，因此，充分发掘并运用行政复议的这些功能，就成为推进依法行政的必然选择。行政复议建议书制度，要求行政复议机构对行政复议期间发现的法律、法规、规章实施中带有普遍性的问题，向有关机关提出完善制度和改进行政执法的建议。

二、行政复议建议书与行政复议意见书的区别

行政复议建议书制度与行政复议意见书制度在功能作用等方面有很大相似之处，同时，二者也存在明显的区别。

1. 制发对象不同。行政复议建议书主要是对有关立法机关或者其他有关机关作出的，行政复议意见书主要是针对被申请人或者其他下级行政机关作出的。

2. 目的不同。行政复议建议书的主要目的，是向立法机关或者其

他有关机关提出完善立法、改善执法的建议。行政复议意见书的主要目的，是督促下级行政机关纠正违法或者不当的相关行政行为，或者要求下级行政机关就个案做好善后工作。

3. 制作主体不同。行政复议建议书是以行政复议机构名义制发的，而行政复议意见书是以行政复议机关名义制发的。

4. 法律效力不同。行政复议建议书属于行政复议机构对有关机关完善立法、改进执法提出的建议性质的法律文书，没有法律强制力。行政复议意见书具有与行政复议决定同等的法律效力，有关行政机关必须严格执行，并在收到意见书之日起六十日内反馈落实情况。

附 录

中华人民共和国行政复议法

（1999年4月29日第九届全国人民代表大会常务委员会第九次会议通过 根据2009年8月27日第十一届全国人民代表大会常务委员会第十次会议《关于修改部分法律的决定》第一次修正 根据2017年9月1日第十二届全国人民代表大会常务委员会第二十九次会议《关于修改〈中华人民共和国法官法〉等八部法律的决定》第二次修正 2023年9月1日第十四届全国人民代表大会常务委员会第五次会议修订 2023年9月1日中华人民共和国主席令第9号公布 自2024年1月1日起施行）

目 录

第一章 总 则
第二章 行政复议申请
  第一节 行政复议范围
  第二节 行政复议参加人
  第三节 申请的提出
  第四节 行政复议管辖
第三章 行政复议受理
第四章 行政复议审理
  第一节 一般规定
  第二节 行政复议证据
  第三节 普通程序

第四节　简易程序

第五节　行政复议附带审查

第五章　行政复议决定

第六章　法律责任

第七章　附　　则

第一章　总　　则

第一条　为了防止和纠正违法的或者不当的行政行为，保护公民、法人和其他组织的合法权益，监督和保障行政机关依法行使职权，发挥行政复议化解行政争议的主渠道作用，推进法治政府建设，根据宪法，制定本法。

第二条　公民、法人或者其他组织认为行政机关的行政行为侵犯其合法权益，向行政复议机关提出行政复议申请，行政复议机关办理行政复议案件，适用本法。

前款所称行政行为，包括法律、法规、规章授权的组织的行政行为。

第三条　行政复议工作坚持中国共产党的领导。

行政复议机关履行行政复议职责，应当遵循合法、公正、公开、高效、便民、为民的原则，坚持有错必纠，保障法律、法规的正确实施。

第四条　县级以上各级人民政府以及其他依照本法履行行政复议职责的行政机关是行政复议机关。

行政复议机关办理行政复议事项的机构是行政复议机构。行政复议机构同时组织办理行政复议机关的行政应诉事项。

行政复议机关应当加强行政复议工作，支持和保障行政复议机构依法履行职责。上级行政复议机构对下级行政复议机构的行政复议工作进行指导、监督。

国务院行政复议机构可以发布行政复议指导性案例。

第五条 行政复议机关办理行政复议案件，可以进行调解。

调解应当遵循合法、自愿的原则，不得损害国家利益、社会公共利益和他人合法权益，不得违反法律、法规的强制性规定。

第六条 国家建立专业化、职业化行政复议人员队伍。

行政复议机构中初次从事行政复议工作的人员，应当通过国家统一法律职业资格考试取得法律职业资格，并参加统一职前培训。

国务院行政复议机构应当会同有关部门制定行政复议人员工作规范，加强对行政复议人员的业务考核和管理。

第七条 行政复议机关应当确保行政复议机构的人员配备与所承担的工作任务相适应，提高行政复议人员专业素质，根据工作需要保障办案场所、装备等设施。县级以上各级人民政府应当将行政复议工作经费列入本级预算。

第八条 行政复议机关应当加强信息化建设，运用现代信息技术，方便公民、法人或者其他组织申请、参加行政复议，提高工作质量和效率。

第九条 对在行政复议工作中做出显著成绩的单位和个人，按照国家有关规定给予表彰和奖励。

第十条 公民、法人或者其他组织对行政复议决定不服的，可以依照《中华人民共和国行政诉讼法》的规定向人民法院提起行政诉讼，但是法律规定行政复议决定为最终裁决的除外。

第二章　行政复议申请

第一节　行政复议范围

第十一条 有下列情形之一的，公民、法人或者其他组织可以依照本法申请行政复议：

（一）对行政机关作出的行政处罚决定不服；

（二）对行政机关作出的行政强制措施、行政强制执行决定不服；

（三）申请行政许可，行政机关拒绝或者在法定期限内不予答复，或者对行政机关作出的有关行政许可的其他决定不服；

（四）对行政机关作出的确认自然资源的所有权或者使用权的决定不服；

（五）对行政机关作出的征收征用决定及其补偿决定不服；

（六）对行政机关作出的赔偿决定或者不予赔偿决定不服；

（七）对行政机关作出的不予受理工伤认定申请的决定或者工伤认定结论不服；

（八）认为行政机关侵犯其经营自主权或者农村土地承包经营权、农村土地经营权；

（九）认为行政机关滥用行政权力排除或者限制竞争；

（十）认为行政机关违法集资、摊派费用或者违法要求履行其他义务；

（十一）申请行政机关履行保护人身权利、财产权利、受教育权利等合法权益的法定职责，行政机关拒绝履行、未依法履行或者不予答复；

（十二）申请行政机关依法给付抚恤金、社会保险待遇或者最低生活保障等社会保障，行政机关没有依法给付；

（十三）认为行政机关不依法订立、不依法履行、未按照约定履行或者违法变更、解除政府特许经营协议、土地房屋征收补偿协议等行政协议；

（十四）认为行政机关在政府信息公开工作中侵犯其合法权益；

（十五）认为行政机关的其他行政行为侵犯其合法权益。

第十二条 下列事项不属于行政复议范围：

（一）国防、外交等国家行为；

（二）行政法规、规章或者行政机关制定、发布的具有普遍约束力的决定、命令等规范性文件；

（三）行政机关对行政机关工作人员的奖惩、任免等决定；

（四）行政机关对民事纠纷作出的调解。

第十三条 公民、法人或者其他组织认为行政机关的行政行为所依据的下列规范性文件不合法，在对行政行为申请行政复议时，可以一并向行政复议机关提出对该规范性文件的附带审查申请：

（一）国务院部门的规范性文件；

（二）县级以上地方各级人民政府及其工作部门的规范性文件；

（三）乡、镇人民政府的规范性文件；

（四）法律、法规、规章授权的组织的规范性文件。

前款所列规范性文件不含规章。规章的审查依照法律、行政法规办理。

第二节 行政复议参加人

第十四条 依照本法申请行政复议的公民、法人或者其他组织是申请人。

有权申请行政复议的公民死亡的，其近亲属可以申请行政复议。有权申请行政复议的法人或者其他组织终止的，其权利义务承受人可以申请行政复议。

有权申请行政复议的公民为无民事行为能力人或者限制民事行为能力人的，其法定代理人可以代为申请行政复议。

第十五条 同一行政复议案件申请人人数众多的，可以由申请人推选代表人参加行政复议。

代表人参加行政复议的行为对其所代表的申请人发生效力，但是代表人变更行政复议请求、撤回行政复议申请、承认第三人请求的，应当经被代表的申请人同意。

第十六条 申请人以外的同被申请行政复议的行政行为或者行政复议案件处理结果有利害关系的公民、法人或者其他组织，可以作为第三人申请参加行政复议，或者由行政复议机构通知其作为第三人参加行政复议。

第三人不参加行政复议，不影响行政复议案件的审理。

第十七条 申请人、第三人可以委托一至二名律师、基层法律服务工作者或者其他代理人代为参加行政复议。

申请人、第三人委托代理人的，应当向行政复议机构提交授权委托书、委托人及被委托人的身份证明文件。授权委托书应当载明委托事项、权限和期限。申请人、第三人变更或者解除代理人权限的，应当书面告知行政复议机构。

第十八条 符合法律援助条件的行政复议申请人申请法律援助的，法律援助机构应当依法为其提供法律援助。

第十九条 公民、法人或者其他组织对行政行为不服申请行政复议的，作出行政行为的行政机关或者法律、法规、规章授权的组织是被申请人。

两个以上行政机关以共同的名义作出同一行政行为的，共同作出行政行为的行政机关是被申请人。

行政机关委托的组织作出行政行为的，委托的行政机关是被申请人。

作出行政行为的行政机关被撤销或者职权变更的，继续行使其职权的行政机关是被申请人。

第三节 申请的提出

第二十条 公民、法人或者其他组织认为行政行为侵犯其合法权益的，可以自知道或者应当知道该行政行为之日起六十日内提出行政复议申请；但是法律规定的申请期限超过六十日的除外。

因不可抗力或者其他正当理由耽误法定申请期限的，申请期限自障碍消除之日起继续计算。

行政机关作出行政行为时，未告知公民、法人或者其他组织申请行政复议的权利、行政复议机关和申请期限的，申请期限自公民、法人或者其他组织知道或者应当知道申请行政复议的权利、行政复议机关和申请期限之日起计算，但是自知道或者应当知道行政行为内容之日起最长不得超过一年。

第二十一条　因不动产提出的行政复议申请自行政行为作出之日起超过二十年，其他行政复议申请自行政行为作出之日起超过五年的，行政复议机关不予受理。

第二十二条　申请人申请行政复议，可以书面申请；书面申请有困难的，也可以口头申请。

书面申请的，可以通过邮寄或者行政复议机关指定的互联网渠道等方式提交行政复议申请书，也可以当面提交行政复议申请书。行政机关通过互联网渠道送达行政行为决定书的，应当同时提供提交行政复议申请书的互联网渠道。

口头申请的，行政复议机关应当当场记录申请人的基本情况、行政复议请求、申请行政复议的主要事实、理由和时间。

申请人对两个以上行政行为不服的，应当分别申请行政复议。

第二十三条　有下列情形之一的，申请人应当先向行政复议机关申请行政复议，对行政复议决定不服的，可以再依法向人民法院提起行政诉讼：

（一）对当场作出的行政处罚决定不服；

（二）对行政机关作出的侵犯其已经依法取得的自然资源的所有权或者使用权的决定不服；

（三）认为行政机关存在本法第十一条规定的未履行法定职责情形；

（四）申请政府信息公开，行政机关不予公开；

（五）法律、行政法规规定应当先向行政复议机关申请行政复议的其他情形。

对前款规定的情形，行政机关在作出行政行为时应当告知公民、法人或者其他组织先向行政复议机关申请行政复议。

第四节　行政复议管辖

第二十四条　县级以上地方各级人民政府管辖下列行政复议案件：

（一）对本级人民政府工作部门作出的行政行为不服的；

（二）对下一级人民政府作出的行政行为不服的；

（三）对本级人民政府依法设立的派出机关作出的行政行为不服的；

（四）对本级人民政府或者其工作部门管理的法律、法规、规章授权的组织作出的行政行为不服的。

除前款规定外，省、自治区、直辖市人民政府同时管辖对本机关作出的行政行为不服的行政复议案件。

省、自治区人民政府依法设立的派出机关参照设区的市级人民政府的职责权限，管辖相关行政复议案件。

对县级以上地方各级人民政府工作部门依法设立的派出机构依照法律、法规、规章规定，以派出机构的名义作出的行政行为不服的行政复议案件，由本级人民政府管辖；其中，对直辖市、设区的市人民政府工作部门按照行政区划设立的派出机构作出的行政行为不服的，也可以由其所在地的人民政府管辖。

第二十五条　国务院部门管辖下列行政复议案件：

（一）对本部门作出的行政行为不服的；

（二）对本部门依法设立的派出机构依照法律、行政法规、部门规章规定，以派出机构的名义作出的行政行为不服的；

（三）对本部门管理的法律、行政法规、部门规章授权的组织作出的行政行为不服的。

第二十六条　对省、自治区、直辖市人民政府依照本法第二十四条第二款的规定、国务院部门依照本法第二十五条第一项的规定作出的行政复议决定不服的，可以向人民法院提起行政诉讼；也可以向国务院申请裁决，国务院依照本法的规定作出最终裁决。

第二十七条　对海关、金融、外汇管理等实行垂直领导的行政机关、税务和国家安全机关的行政行为不服的，向上一级主管部门申请行政复议。

第二十八条　对履行行政复议机构职责的地方人民政府司法行政部门的行政行为不服的，可以向本级人民政府申请行政复议，也可以向上一级司法行政部门申请行政复议。

第二十九条　公民、法人或者其他组织申请行政复议，行政复议机关已经依法受理的，在行政复议期间不得向人民法院提起行政诉讼。

公民、法人或者其他组织向人民法院提起行政诉讼，人民法院已经依法受理的，不得申请行政复议。

第三章　行政复议受理

第三十条　行政复议机关收到行政复议申请后，应当在五日内进行审查。对符合下列规定的，行政复议机关应当予以受理：

（一）有明确的申请人和符合本法规定的被申请人；

（二）申请人与被申请行政复议的行政行为有利害关系；

（三）有具体的行政复议请求和理由；

（四）在法定申请期限内提出；

（五）属于本法规定的行政复议范围；

（六）属于本机关的管辖范围；

（七）行政复议机关未受理过该申请人就同一行政行为提出的行政复议申请，并且人民法院未受理过该申请人就同一行政行为提起的行政诉讼。

对不符合前款规定的行政复议申请，行政复议机关应当在审查期限内决定不予受理并说明理由；不属于本机关管辖的，还应当在不予受理决定中告知申请人有管辖权的行政复议机关。

行政复议申请的审查期限届满，行政复议机关未作出不予受理决定的，审查期限届满之日起视为受理。

第三十一条 行政复议申请材料不齐全或者表述不清楚，无法判断行政复议申请是否符合本法第三十条第一款规定的，行政复议机关应当自收到申请之日起五日内书面通知申请人补正。补正通知应当一次性载明需要补正的事项。

申请人应当自收到补正通知之日起十日内提交补正材料。有正当理由不能按期补正的，行政复议机关可以延长合理的补正期限。无正当理由逾期不补正的，视为申请人放弃行政复议申请，并记录在案。

行政复议机关收到补正材料后，依照本法第三十条的规定处理。

第三十二条 对当场作出或者依据电子技术监控设备记录的违法事实作出的行政处罚决定不服申请行政复议的，可以通过作出行政处罚决定的行政机关提交行政复议申请。

行政机关收到行政复议申请后，应当及时处理；认为需要维持行政处罚决定的，应当自收到行政复议申请之日起五日内转送行政复议机关。

第三十三条 行政复议机关受理行政复议申请后，发现该行政复议申请不符合本法第三十条第一款规定的，应当决定驳回申请并说明理由。

第三十四条 法律、行政法规规定应当先向行政复议机关申请行政复议、对行政复议决定不服再向人民法院提起行政诉讼的，行政复议机关决定不予受理、驳回申请或者受理后超过行政复议期限不作答复的，公民、法人或者其他组织可以自收到决定书之日起或者行政复议期限届满之日起十五日内，依法向人民法院提起行政诉讼。

第三十五条 公民、法人或者其他组织依法提出行政复议申请，行政复议机关无正当理由不予受理、驳回申请或者受理后超过行政复议期限不作答复的，申请人有权向上级行政机关反映，上级行政机关应当责令其纠正；必要时，上级行政复议机关可以直接受理。

第四章　行政复议审理

第一节　一般规定

第三十六条 行政复议机关受理行政复议申请后，依照本法适用普通程序或者简易程序进行审理。行政复议机构应当指定行政复议人员负责办理行政复议案件。

行政复议人员对办理行政复议案件过程中知悉的国家秘密、商业秘密和个人隐私，应当予以保密。

第三十七条 行政复议机关依照法律、法规、规章审理行政复议案件。

行政复议机关审理民族自治地方的行政复议案件，同时依照该民族自治地方的自治条例和单行条例。

第三十八条 上级行政复议机关根据需要，可以审理下级行政复议机关管辖的行政复议案件。

下级行政复议机关对其管辖的行政复议案件，认为需要由上级行政复议机关审理的，可以报请上级行政复议机关决定。

第三十九条 行政复议期间有下列情形之一的,行政复议中止:

(一)作为申请人的公民死亡,其近亲属尚未确定是否参加行政复议;

(二)作为申请人的公民丧失参加行政复议的行为能力,尚未确定法定代理人参加行政复议;

(三)作为申请人的公民下落不明;

(四)作为申请人的法人或者其他组织终止,尚未确定权利义务承受人;

(五)申请人、被申请人因不可抗力或者其他正当理由,不能参加行政复议;

(六)依照本法规定进行调解、和解,申请人和被申请人同意中止;

(七)行政复议案件涉及的法律适用问题需要有权机关作出解释或者确认;

(八)行政复议案件审理需要以其他案件的审理结果为依据,而其他案件尚未审结;

(九)有本法第五十六条或者第五十七条规定的情形;

(十)需要中止行政复议的其他情形。

行政复议中止的原因消除后,应当及时恢复行政复议案件的审理。

行政复议机关中止、恢复行政复议案件的审理,应当书面告知当事人。

第四十条 行政复议期间,行政复议机关无正当理由中止行政复议的,上级行政机关应当责令其恢复审理。

第四十一条 行政复议期间有下列情形之一的,行政复议机关决定终止行政复议:

(一)申请人撤回行政复议申请,行政复议机构准予撤回;

(二)作为申请人的公民死亡,没有近亲属或者其近亲属放弃行政复议权利;

（三）作为申请人的法人或者其他组织终止，没有权利义务承受人或者其权利义务承受人放弃行政复议权利；

（四）申请人对行政拘留或者限制人身自由的行政强制措施不服申请行政复议后，因同一违法行为涉嫌犯罪，被采取刑事强制措施；

（五）依照本法第三十九条第一款第一项、第二项、第四项的规定中止行政复议满六十日，行政复议中止的原因仍未消除。

第四十二条 行政复议期间行政行为不停止执行；但是有下列情形之一的，应当停止执行：

（一）被申请人认为需要停止执行；

（二）行政复议机关认为需要停止执行；

（三）申请人、第三人申请停止执行，行政复议机关认为其要求合理，决定停止执行；

（四）法律、法规、规章规定停止执行的其他情形。

第二节 行政复议证据

第四十三条 行政复议证据包括：

（一）书证；

（二）物证；

（三）视听资料；

（四）电子数据；

（五）证人证言；

（六）当事人的陈述；

（七）鉴定意见；

（八）勘验笔录、现场笔录。

以上证据经行政复议机构审查属实，才能作为认定行政复议案件事实的根据。

第四十四条 被申请人对其作出的行政行为的合法性、适当性负有举证责任。

有下列情形之一的，申请人应当提供证据：

（一）认为被申请人不履行法定职责的，提供曾经要求被申请人履行法定职责的证据，但是被申请人应当依职权主动履行法定职责或者申请人因正当理由不能提供的除外；

（二）提出行政赔偿请求的，提供受行政行为侵害而造成损害的证据，但是因被申请人原因导致申请人无法举证的，由被申请人承担举证责任；

（三）法律、法规规定需要申请人提供证据的其他情形。

第四十五条 行政复议机关有权向有关单位和个人调查取证，查阅、复制、调取有关文件和资料，向有关人员进行询问。

调查取证时，行政复议人员不得少于两人，并应当出示行政复议工作证件。

被调查取证的单位和个人应当积极配合行政复议人员的工作，不得拒绝或者阻挠。

第四十六条 行政复议期间，被申请人不得自行向申请人和其他有关单位或者个人收集证据；自行收集的证据不作为认定行政行为合法性、适当性的依据。

行政复议期间，申请人或者第三人提出被申请行政复议的行政行为作出时没有提出的理由或者证据的，经行政复议机构同意，被申请人可以补充证据。

第四十七条 行政复议期间，申请人、第三人及其委托代理人可以按照规定查阅、复制被申请人提出的书面答复、作出行政行为的证据、依据和其他有关材料，除涉及国家秘密、商业秘密、个人隐私或者可能危及国家安全、公共安全、社会稳定的情形外，行政复议机构应当同意。

第三节　普通程序

第四十八条　行政复议机构应当自行政复议申请受理之日起七日内,将行政复议申请书副本或者行政复议申请笔录复印件发送被申请人。被申请人应当自收到行政复议申请书副本或者行政复议申请笔录复印件之日起十日内,提出书面答复,并提交作出行政行为的证据、依据和其他有关材料。

第四十九条　适用普通程序审理的行政复议案件,行政复议机构应当当面或者通过互联网、电话等方式听取当事人的意见,并将听取的意见记录在案。因当事人原因不能听取意见的,可以书面审理。

第五十条　审理重大、疑难、复杂的行政复议案件,行政复议机构应当组织听证。

行政复议机构认为有必要听证,或者申请人请求听证的,行政复议机构可以组织听证。

听证由一名行政复议人员任主持人,两名以上行政复议人员任听证员,一名记录员制作听证笔录。

第五十一条　行政复议机构组织听证的,应当于举行听证的五日前将听证的时间、地点和拟听证事项书面通知当事人。

申请人无正当理由拒不参加听证的,视为放弃听证权利。

被申请人的负责人应当参加听证。不能参加的,应当说明理由并委托相应的工作人员参加听证。

第五十二条　县级以上各级人民政府应当建立相关政府部门、专家、学者等参与的行政复议委员会,为办理行政复议案件提供咨询意见,并就行政复议工作中的重大事项和共性问题研究提出意见。行政复议委员会的组成和开展工作的具体办法,由国务院行政复议机构制定。

审理行政复议案件涉及下列情形之一的，行政复议机构应当提请行政复议委员会提出咨询意见：

（一）案情重大、疑难、复杂；

（二）专业性、技术性较强；

（三）本法第二十四条第二款规定的行政复议案件；

（四）行政复议机构认为有必要。

行政复议机构应当记录行政复议委员会的咨询意见。

第四节 简易程序

第五十三条 行政复议机关审理下列行政复议案件，认为事实清楚、权利义务关系明确、争议不大的，可以适用简易程序：

（一）被申请行政复议的行政行为是当场作出；

（二）被申请行政复议的行政行为是警告或者通报批评；

（三）案件涉及款额三千元以下；

（四）属于政府信息公开案件。

除前款规定以外的行政复议案件，当事人各方同意适用简易程序的，可以适用简易程序。

第五十四条 适用简易程序审理的行政复议案件，行政复议机构应当自受理行政复议申请之日起三日内，将行政复议申请书副本或者行政复议申请笔录复印件发送被申请人。被申请人应当自收到行政复议申请书副本或者行政复议申请笔录复印件之日起五日内，提出书面答复，并提交作出行政行为的证据、依据和其他有关材料。

适用简易程序审理的行政复议案件，可以书面审理。

第五十五条 适用简易程序审理的行政复议案件，行政复议机构认为不宜适用简易程序的，经行政复议机构的负责人批准，可以转为普通程序审理。

第五节　行政复议附带审查

第五十六条　申请人依照本法第十三条的规定提出对有关规范性文件的附带审查申请，行政复议机关有权处理的，应当在三十日内依法处理；无权处理的，应当在七日内转送有权处理的行政机关依法处理。

第五十七条　行政复议机关在对被申请人作出的行政行为进行审查时，认为其依据不合法，本机关有权处理的，应当在三十日内依法处理；无权处理的，应当在七日内转送有权处理的国家机关依法处理。

第五十八条　行政复议机关依照本法第五十六条、第五十七条的规定有权处理有关规范性文件或者依据的，行政复议机构应当自行政复议中止之日起三日内，书面通知规范性文件或者依据的制定机关就相关条款的合法性提出书面答复。制定机关应当自收到书面通知之日起十日内提交书面答复及相关材料。

行政复议机构认为必要时，可以要求规范性文件或者依据的制定机关当面说明理由，制定机关应当配合。

第五十九条　行政复议机关依照本法第五十六条、第五十七条的规定有权处理有关规范性文件或者依据，认为相关条款合法的，在行政复议决定书中一并告知；认为相关条款超越权限或者违反上位法的，决定停止该条款的执行，并责令制定机关予以纠正。

第六十条　依照本法第五十六条、第五十七条的规定接受转送的行政机关、国家机关应当自收到转送之日起六十日内，将处理意见回复转送的行政复议机关。

第五章　行政复议决定

第六十一条　行政复议机关依照本法审理行政复议案件，由行政复议机构对行政行为进行审查，提出意见，经行政复议机关的负责人同意或者集体讨论通过后，以行政复议机关的名义作出行政复议决定。

经过听证的行政复议案件，行政复议机关应当根据听证笔录、审查认定的事实和证据，依照本法作出行政复议决定。

提请行政复议委员会提出咨询意见的行政复议案件，行政复议机关应当将咨询意见作为作出行政复议决定的重要参考依据。

第六十二条 适用普通程序审理的行政复议案件，行政复议机关应当自受理申请之日起六十日内作出行政复议决定；但是法律规定的行政复议期限少于六十日的除外。情况复杂，不能在规定期限内作出行政复议决定的，经行政复议机构的负责人批准，可以适当延长，并书面告知当事人；但是延长期限最多不得超过三十日。

适用简易程序审理的行政复议案件，行政复议机关应当自受理申请之日起三十日内作出行政复议决定。

第六十三条 行政行为有下列情形之一的，行政复议机关决定变更该行政行为：

（一）事实清楚，证据确凿，适用依据正确，程序合法，但是内容不适当；

（二）事实清楚，证据确凿，程序合法，但是未正确适用依据；

（三）事实不清、证据不足，经行政复议机关查清事实和证据。

行政复议机关不得作出对申请人更为不利的变更决定，但是第三人提出相反请求的除外。

第六十四条 行政行为有下列情形之一的，行政复议机关决定撤销或者部分撤销该行政行为，并可以责令被申请人在一定期限内重新作出行政行为：

（一）主要事实不清、证据不足；

（二）违反法定程序；

（三）适用的依据不合法；

（四）超越职权或者滥用职权。

行政复议机关责令被申请人重新作出行政行为的，被申请人不得以同一事实和理由作出与被申请行政复议的行政行为相同或者基本相同的行政行为，但是行政复议机关以违反法定程序为由决定撤销或者部分撤销的除外。

第六十五条　行政行为有下列情形之一的，行政复议机关不撤销该行政行为，但是确认该行政行为违法：

（一）依法应予撤销，但是撤销会给国家利益、社会公共利益造成重大损害；

（二）程序轻微违法，但是对申请人权利不产生实际影响。

行政行为有下列情形之一，不需要撤销或者责令履行的，行政复议机关确认该行政行为违法：

（一）行政行为违法，但是不具有可撤销内容；

（二）被申请人改变原违法行政行为，申请人仍要求撤销或者确认该行政行为违法；

（三）被申请人不履行或者拖延履行法定职责，责令履行没有意义。

第六十六条　被申请人不履行法定职责的，行政复议机关决定被申请人在一定期限内履行。

第六十七条　行政行为有实施主体不具有行政主体资格或者没有依据等重大且明显违法情形，申请人申请确认行政行为无效的，行政复议机关确认该行政行为无效。

第六十八条　行政行为认定事实清楚，证据确凿，适用依据正确，程序合法，内容适当的，行政复议机关决定维持该行政行为。

第六十九条　行政复议机关受理申请人认为被申请人不履行法定职责的行政复议申请后，发现被申请人没有相应法定职责或者在受理前已经履行法定职责的，决定驳回申请人的行政复议请求。

第七十条　被申请人不按照本法第四十八条、第五十四条的规定提出书面答复、提交作出行政行为的证据、依据和其他有关材料的，视为该行政行为没有证据、依据，行政复议机关决定撤销、部分撤销该行政行为，确认该行政行为违法、无效或者决定被申请人在一定期限内履行，但是行政行为涉及第三人合法权益，第三人提供证据的除外。

第七十一条 被申请人不依法订立、不依法履行、未按照约定履行或者违法变更、解除行政协议的，行政复议机关决定被申请人承担依法订立、继续履行、采取补救措施或者赔偿损失等责任。

被申请人变更、解除行政协议合法，但是未依法给予补偿或者补偿不合理的，行政复议机关决定被申请人依法给予合理补偿。

第七十二条 申请人在申请行政复议时一并提出行政赔偿请求，行政复议机关对依照《中华人民共和国国家赔偿法》的有关规定应当不予赔偿的，在作出行政复议决定时，应当同时决定驳回行政赔偿请求；对符合《中华人民共和国国家赔偿法》的有关规定应当给予赔偿的，在决定撤销或者部分撤销、变更行政行为或者确认行政行为违法、无效时，应当同时决定被申请人依法给予赔偿；确认行政行为违法的，还可以同时责令被申请人采取补救措施。

申请人在申请行政复议时没有提出行政赔偿请求的，行政复议机关在依法决定撤销或者部分撤销、变更罚款，撤销或者部分撤销违法集资、没收财物、征收征用、摊派费用以及对财产的查封、扣押、冻结等行政行为时，应当同时责令被申请人返还财产，解除对财产的查封、扣押、冻结措施，或者赔偿相应的价款。

第七十三条 当事人经调解达成协议的，行政复议机关应当制作行政复议调解书，经各方当事人签字或者签章，并加盖行政复议机关印章，即具有法律效力。

调解未达成协议或者调解书生效前一方反悔的，行政复议机关应当依法审查或者及时作出行政复议决定。

第七十四条 当事人在行政复议决定作出前可以自愿达成和解，和解内容不得损害国家利益、社会公共利益和他人合法权益，不得违反法律、法规的强制性规定。

当事人达成和解后，由申请人向行政复议机构撤回行政复议申请。行政复议机构准予撤回行政复议申请、行政复议机关决定终止行政复议的，申请人不得再以同一事实和理由提出行政复议申请。但是，申请人能够证明撤回行政复议申请违背其真实意愿的除外。

第七十五条　行政复议机关作出行政复议决定，应当制作行政复议决定书，并加盖行政复议机关印章。

行政复议决定书一经送达，即发生法律效力。

第七十六条　行政复议机关在办理行政复议案件过程中，发现被申请人或者其他下级行政机关的有关行政行为违法或者不当的，可以向其制发行政复议意见书。有关机关应当自收到行政复议意见书之日起六十日内，将纠正相关违法或者不当行政行为的情况报送行政复议机关。

第七十七条　被申请人应当履行行政复议决定书、调解书、意见书。

被申请人不履行或者无正当理由拖延履行行政复议决定书、调解书、意见书的，行政复议机关或者有关上级行政机关应当责令其限期履行，并可以约谈被申请人的有关负责人或者予以通报批评。

第七十八条　申请人、第三人逾期不起诉又不履行行政复议决定书、调解书的，或者不履行最终裁决的行政复议决定的，按照下列规定分别处理：

（一）维持行政行为的行政复议决定书，由作出行政行为的行政机关依法强制执行，或者申请人民法院强制执行；

（二）变更行政行为的行政复议决定书，由行政复议机关依法强制执行，或者申请人民法院强制执行；

（三）行政复议调解书，由行政复议机关依法强制执行，或者申请人民法院强制执行。

第七十九条　行政复议机关根据被申请行政复议的行政行为的公开

情况，按照国家有关规定将行政复议决定书向社会公开。

县级以上地方各级人民政府办理以本级人民政府工作部门为被申请人的行政复议案件，应当将发生法律效力的行政复议决定书、意见书同时抄告被申请人的上一级主管部门。

第六章　法律责任

第八十条　行政复议机关不依照本法规定履行行政复议职责，对负有责任的领导人员和直接责任人员依法给予警告、记过、记大过的处分；经有权监督的机关督促仍不改正或者造成严重后果的，依法给予降级、撤职、开除的处分。

第八十一条　行政复议机关工作人员在行政复议活动中，徇私舞弊或者有其他渎职、失职行为的，依法给予警告、记过、记大过的处分；情节严重的，依法给予降级、撤职、开除的处分；构成犯罪的，依法追究刑事责任。

第八十二条　被申请人违反本法规定，不提出书面答复或者不提交作出行政行为的证据、依据和其他有关材料，或者阻挠、变相阻挠公民、法人或者其他组织依法申请行政复议的，对负有责任的领导人员和直接责任人员依法给予警告、记过、记大过的处分；进行报复陷害的，依法给予降级、撤职、开除的处分；构成犯罪的，依法追究刑事责任。

第八十三条　被申请人不履行或者无正当理由拖延履行行政复议决定书、调解书、意见书的，对负有责任的领导人员和直接责任人员依法给予警告、记过、记大过的处分；经责令履行仍拒不履行的，依法给予降级、撤职、开除的处分。

第八十四条　拒绝、阻挠行政复议人员调查取证，故意扰乱行政复议工作秩序的，依法给予处分、治安管理处罚；构成犯罪的，依法追究刑事责任。

第八十五条　行政机关及其工作人员违反本法规定的，行政复议机关可以向监察机关或者公职人员任免机关、单位移送有关人员违法的事实材料，接受移送的监察机关或者公职人员任免机关、单位应当依法处理。

第八十六条　行政复议机关在办理行政复议案件过程中，发现公职人员涉嫌贪污贿赂、失职渎职等职务违法或者职务犯罪的问题线索，应当依照有关规定移送监察机关，由监察机关依法调查处置。

第七章　附　　则

第八十七条　行政复议机关受理行政复议申请，不得向申请人收取任何费用。

第八十八条　行政复议期间的计算和行政复议文书的送达，本法没有规定的，依照《中华人民共和国民事诉讼法》关于期间、送达的规定执行。

本法关于行政复议期间有关"三日"、"五日"、"七日"、"十日"的规定是指工作日，不含法定休假日。

第八十九条　外国人、无国籍人、外国组织在中华人民共和国境内申请行政复议，适用本法。

第九十条　本法自2024年1月1日起施行。

图书在版编目（CIP）数据

新行政复议法实务教程／周院生主编．—北京：中国法制出版社，2024.4
ISBN 978-7-5216-3877-6

Ⅰ．①新… Ⅱ．①周… Ⅲ．①行政复议-行政法-中国-教材 Ⅳ．①D922.112

中国国家版本馆 CIP 数据核字（2023）第 172115 号

责任编辑：宋　平　　　　　　　　　　　　　　　　封面设计：杨泽江

新行政复议法实务教程
XIN XINGZHENG FUYIFA SHIWU JIAOCHENG

主编/周院生
经销/新华书店
印刷/三河市紫恒印装有限公司
开本/710 毫米×1000 毫米　16 开　　　　　印张/ 19.25　字数/ 213 千
版次/2024 年 4 月第 1 版　　　　　　　　　2024 年 4 月第 1 次印刷

中国法制出版社出版
书号 ISBN 978-7-5216-3877-6　　　　　　　　　　　　　　　　定价：68.00 元

北京市西城区西便门西里甲 16 号西便门办公区
邮政编码：100053　　　　　　　　　　　　　传真：010-63141600
网址：http://www.zgfzs.com　　　　　　　　编辑部电话：010-63141825
市场营销部电话：010-63141612　　　　　　　印务部电话：010-63141606

（如有印装质量问题，请与本社印务部联系。）